História do TURISMO no BRASIL

Celso Castro
Valeria Lima Guimarães
Aline Montenegro Magalhães
(Organizadores)

História do TURISMO no BRASIL

FGV
EDITORA

Direitos desta edição reservados à
Editora FGV
Rua Jornalista Orlando Dantas, 37
22231-010 | Rio de Janeiro, RJ | Brasil
Tels.: 0800-021-7777 | 21-3799-4427
Fax: 21-3799-4430
editora@fgv.br | pedidoseditora@fgv.br
www.fgv.br/editora

Impresso no Brasil | *Printed in Brazil*

Este livro foi editado segundo as normas do Acordo Ortográfico da Língua Portuguesa, aprovado pelo Decreto Legislativo nº 54, de 18 de abril de 1995, e promulgado pelo Decreto nº 6.583, de 29 de setembro de 2008.

1ª edição – 2013

Revisão dos originais: Fernanda Villa Nova de Mello
Revisão: Cecília Moreira
Projeto gráfico de miolo e capa: Ilustrarte Design e Produção Editorial

Ficha catalográfica elaborada pela Biblioteca Mario Henrique Simonsen/FGV

História do turismo no Brasil / Celso Castro, Valeria Lima Guimarães e Aline Montenegro Magalhães (organizadores). – Rio de Janeiro : Editora FGV, 2013.
288 p. : il. -

Inclui bibliografia.
ISBN:978-85-225-1307-9

1. Turismo – Brasil – História. I. Castro, Celso, 1963- . II. Guimarães, Valéria Lima. III. Magalhães, Aline Montenegro. IV. Fundação Getulio Vargas.

CDD – 338.479181

SUMÁRIO

APRESENTAÇÃO:

Por uma história do turismo no Brasil

Celso Castro,
Valeria Lima Guimarães e
Aline Montenegro Magalhães

O estudo do trabalho e dos trabalhadores é um dos temas mais nobres da historiografia, tendo inspirado várias gerações a produzir pesquisas de alto nível sob os mais diferentes enfoques, e sobre diversos tempos e espaços. Já o espaço do não trabalho, daquilo que se faz no tempo livre, como forma de lazer, nem sempre foi percebido como matéria relevante de estudos para a História.

O turismo, uma prática social que se consolida com a modernidade, é apontado como um dos fenômenos mais importantes de nosso tempo, acessível a cada vez mais pessoas ávidas por viajar pelas mais diversas motivações — desfrutar momentos de prazer, realizar negócios, cuidar da saúde ou participar de eventos num lugar distante do habitual.

Trata-se de um fenômeno histórico complexo que causa impactos na economia, no planejamento e na gestão de localidades, nas condições de mobilidade, nas políticas de preservação ambiental, nas relações de hospitalidade e alteridade. É também um fenômeno multidisciplinar, que atrai pesquisadores das ciências sociais e humanas e que começa a chamar a atenção dos historiadores e dos pesquisadores do turismo, que buscam conhecê-lo em perspectiva histórica. No lugar de uma história linear, evolutiva, que se preocupava com a busca das origens e com a canonização de seus mitos, o passado do turismo começa a ser revisitado sob um enfoque crítico e problematizador. Surgem novos trabalhos que procuram interpretar a dinâmica do turismo brasileiro à luz de sua condição periférica no capitalismo mundial, reconhecendo as semelhanças, mas também as especificidades de nosso turismo em relação ao turismo europeu ou norte-americano.

Neste livro, reunimos 15 trabalhos de pesquisadores que decidiram investigar a história do turismo brasileiro, rompendo com o lugar-comum das cronologias turísticas e lançando-se na difícil tarefa de caça às fontes — nem sempre escassas, mas, não raramente, dispersas, malconservadas, sequer organizadas. A maioria foi apresentada no seminário temático "História e memória do turismo", durante o XXVI Simpósio Nacional de História, realizado na USP em julho de 2011. Trata-se, é importante assinalar, do primeiro encontro da Associação Nacional dos Professores Universitários de História (Anpuh) a contar com um seminário específico sobre a história do turismo. Boa parte desses trabalhos resultou de teses e dissertações acadêmicas, ainda inéditas, defendidas nos últimos anos em programas de pós-graduação em História no país, indicando esse novo olhar da academia, sobretudo da História e das Ciências Sociais, para o turismo.

A abordagem do turismo como uma construção social, historicamente datável, norteia o raciocínio dos autores reunidos neste livro, indicando que a constituição e os usos turísticos dos destinos e dos atrativos, as políticas públicas de turismo (ou ausência/dispersão delas), as formas de operação turística e de publicidade não são, de forma alguma, dados apriorísticos, mas resultados de processos que dramatizam as tensões e contradições da sociedade brasileira e do contexto internacional em diferentes momentos de sua história recente.

Não foram poucas as dificuldades, comuns a todos os autores, para localizar e ter acesso à documentação. De jornais de grande circulação ou jornais de bairro a guias, mapas, revistas, folhetos e cartazes turísticos, muitos ainda desconhecidos, o livro explora um amplo espectro de fontes, muitas delas em poder de pesquisadores particulares, antiquários dos séculos XX e XXI que recolhem e guardam consigo aqueles "testemunhos da história", generosamente compartilhados com os autores.

O livro foi dividido, para manter um equilíbrio entre os textos, em duas partes. A primeira trata da cidade e do estado do Rio de Janeiro. Por motivos históricos, foi para o Rio que se dirigiu em primeiro lugar o turismo, tanto nacional quanto internacional — ainda hoje, a cidade do Rio é o destino turístico mais visitado do Brasil. A segunda parte trata de outras cidades, regiões e estados do Brasil. Apesar de seu caráter incompleto — em termos de abrangência nacional —, fornecem uma visão diversificada de diferentes especificidades do turismo temático e de outras regiões do país.

Celso Castro e Bianca Freire-Medeiros abordam a formação do Rio como destino turístico, enfatizando a necessidade de se perceber a historicidade do fenômeno. Isabella Perrota e André Daibert consultaram os guias turísticos do final do século XIX e das primeiras décadas do XX para tomar a direção do Rio turístico e da Petrópolis turística, respectivamente. A análise dessas fontes possibilitou aos autores conhecerem os atrativos apresentados aos viajantes da época, bem diferentes daqueles que os pesquisadores e turistas contemporâneos encontrariam nesses destinos.

A Copacabana que Julia O'Donnell visitou na década de 1920 reivindicava ser reconhecida como um luxuoso balneário, frequentado por moradores e turistas distintos, que ilustravam as páginas de um dos principais jornais do bairro e porta-voz desse desejo explícito de elitização. Ainda não era a Copacabana que conhecemos hoje, um dos principais destinos turísticos da cidade, mas o leitor verá assim como se constituiu historicamente.

Do mesmo modo, como analisou João Henrique Christóvão, a ênfase no sol de Cabo Frio e a opção pela urbanização deste que é um dos municípios mais antigos do Brasil também deixaram transparecer um projeto elitista que preferiu o turismo (e o turista de maior poder aquisitivo) aos ofícios tradicionais. A opção pelo balneário como atrativo turístico acabou varrendo da história e apagando da memória o trabalho nas diversas salinas, que foi uma das principais atividades econômicas locais, hoje desativadas.

Aline Montenegro visita o Museu Histórico Nacional e mostra como a relação entre museus e turismo, que em princípio parece tão óbvia, é recente. Sua análise baseia-se em folhetos distribuídos pela instituição, onde esta apresenta sua imagem e suas atividades ao público.

Hernán Venegas Marcelo preferiu tomar a estrada em direção ao litoral sul fluminense, escolhendo Paraty como destino. Analisa o processo de patrimonialização e turistificação dessa cidade colonial, apontado como caminho para o desenvolvimento local.

Saindo do Rio de Janeiro e viajando para outras partes do Brasil, vamos para o sul, onde Dalila Müller aborda o turismo quando ainda nem era chamado assim. A autora procura compreender se as denominadas "viagens de recreio" entre Pelotas (RS) e as cidades vizinhas, realizadas durante o século XIX, podem ser consideradas as primeiras manifestações do turismo na cidade. Já Susana Gastal e Mariana Machiavelli analisam os cartazes da Festa Nacional do Champanha (Fenachamp), realizada entre 1981 e 2011, no sentido de avaliar seu impacto turístico sobre a cidade onde é realizada, Garibaldi (RS). Continuando no Sul, mas em outro estado, Maria Henriqueta Gimenes analisa como o barreado, um prato típico do litoral paranaense, contribuiu para a construção de Morretes (PR) como um destino turístico no período entre 1989 e 1992.

Voltando para a Região Sudeste, mais especificamente no estado de São Paulo, Priscylla Hammerl estuda como Campos do Jordão constitui-se destino turístico a partir de sua "vocação" como estância de saúde, ao longo da primeira metade do século XX. Já Valéria Guimarães, lança mão dos principais periódicos da capital para analisar as representações sociais acerca do fenômeno turístico, percebendo os diferentes espaços que o tema ocupa nas publicações ao longo do período de 1930 a 1945.

Leila Bianchi Aguiar dirige-se para Ouro Preto com o objetivo de compreender as diferentes construções de memória sobre essa cidade e sua transformação não só em patrimônio cultural, mas também, posteriormente, em destino turístico.

Subindo agora em direção ao Nordeste, o livro é encerrado com os artigos de Dirceu Marroquim e Ana Amélia Oliveira. O primeiro analisa as políticas e ações voltadas para o turismo na cidade de Recife (PE) no período de 1939 a 1945. Para tanto, toma como estudo de caso a chegada do navio holandês *Rotterdam*, que aportou na capital pernambucana em julho de 1939, trazendo uma comitiva da World Federation of Educational Association (WFEA). Já a segunda reflete sobre os discursos e as imagens que se construíram sobre Fortaleza ao longo do século XX, mais especificamente nas décadas de 1960 e 1970, procurando compreender como o turismo se apropria e é apropriado por essas representações que visam forjar uma identidade cearense.

Pode-se dizer que este é um livro militante: ao procurar outras formas de abordagem da história do turismo no Brasil, pretende chamar a atenção dos historiadores e pesquisadores em turismo acerca da relevância do tema, bem como reivindica — junto às instituições públicas e privadas envolvidas no turismo brasileiro — a guarda e conservação de sua memória. Além disso, objetiva estimular o desenvolvimento de novas pesquisas sobre a história do turismo no Brasil. Independentemente do sucesso de nosso empreendimento, uma coisa é certa: o turismo brasileiro tem muita história para contar.

PARTE I

O turismo no Rio de Janeiro

Destino: Cidade Maravilhosa

Bianca Freire-Medeiros e Celso Castro

Rio turístico: primeiros momentos

Se tivéssemos de escolher uma data de nascimento do Rio de Janeiro como destino turístico internacional, uma possibilidade seria 22 de julho de 1907. Nesse dia chegou ao Rio o navio *Byron*, trazendo um grupo de turistas na primeira viagem à América do Sul promovida pela filial de Nova York da agência Thomas Cook, pioneira no turismo internacional.

Hospedados no Hotel Internacional, no Silvestre, o grupo de 10 a 12 turistas, acompanhados de um ou dois representantes da agência (os números variam conforme as fontes), passou cerca de uma semana na cidade.[1] Seus nomes foram registrados nos jornais da época, pois tratavam de celebrar o reconhecimento do Rio como um destino turístico para visitantes oriundos dos países considerados mais desenvolvidos. Uma matéria do *Correio da Manhã* do dia seguinte à chegada do grupo dizia tratar-se de fato digno de registro por ser "uma homenagem sobremodo lisonjeira para nós":

---

[1] Ver o *Jornal do Brasil* de 22 jul. a 1º ago. 1907, a *Gazeta de Notícias* de 23 jul. 1907, o *Correio da Manhã* de 21 e 23 jul. 1907 e a revista *Fon-Fon*, n. 19, de 19 ago. 1907.

Figura 1: Fôlder da agência inglesa Thomas Cook, 1908. Fonte: Acervo Thomas Cook.

> O Rio de Janeiro e, por consequência, o Brasil, não merecera ainda ser objeto de atenção por parte da poderosa e útil agência internacional. Indicando agora o nosso país, dá-nos a agradabilíssima prova de que os progressos da capital já despertam no estrangeiro certo interesse, prestando-nos ao mesmo tempo relevante serviço.[2]

O periódico aproveitou a oportunidade para desfiar um rosário de lamúrias sobre a ausência de infraestrutura turística e as precárias condições de receptividade oferecidas aos visitantes:

> O que é de lamentar é que ao encontro desses excursionistas não possamos mandar cicerones habilitados, que os guiem inteligentemente, ministrando-lhes informações seguras e minuciosas acerca dos acontecimentos mais notáveis de que tem sido teatro a nossa capital, das transformações já realizadas e em via de realização, das belezas naturais que a adornam, das nossas tradições, da vida, enfim, de uma grande cidade, sob os múltiplos aspectos por que pode ser encarada no espaço e no tempo.[3]

O Rio era visto como um espelho de todo o país, sua vitrine para o mundo. Comemoravam-se os "progressos" e "transformações" pelos quais a cidade passava — tratava-se do conjunto de medidas urbanísticas que se tornou conhecido com o nome de Reforma Pereira Passos, obra do prefeito da cidade entre 1903 e 1906. Dentre os "melhoramentos" promovidos pelo prefeito estavam a construção do Canal do Mangue, do Porto e das avenidas Beira-Mar e Central (atual Rio Branco), pontos que viriam a ser incorporados ao roteiro turístico da cidade por várias décadas.

[2] *Correio da Manhã*, 23 jul. 1907.

[3] Ibid.

Em 3 de dezembro de 1908 partiu, do porto inglês de Liverpool, a bordo do navio *Orcoma*,[4] mais um tour da Thomas Cook para a América do Sul, agora organizado pela matriz inglesa. O Brasil era a parada inicial de uma viagem de quatro meses de duração pelo continente, apresentado no folheto de divulgação como "um campo inteiramente novo e intacto para prazer e viagem".[5]

O programa previa breves escalas nos portos de Recife e Salvador antes de chegar ao Rio de Janeiro, entrando por sua "linda enseada", no dia 23 de dezembro, uma quarta-feira. Nos cinco dias seguintes, o folheto de publicidade da companhia propunha as seguintes experiências:

> Passeio de carruagem pela cidade, visitando a rua do Ouvidor, o famoso distrito de compras, os lindos parques, museus, o surpreendentemente interessante mercado, a catedral e outras belas igrejas, os imponentes edifícios públicos, Botafogo e o Jardim Botânico (considerado o mais belo do mundo com exceção do de Java). Um passeio ao Corcovado, um célebre arrabalde do Rio, será feito de cremalheira. A vista do cume do Corcovado é considerada por viajantes uma das mais magníficas do mundo. Uma excursão será feita de navio a vapor em meio a centenas de ilhas na famosa baía. Viagens de bonde para Tijuca, Santa Teresa e Sumaré, os lindos arrabaldes nas montanhas. Uma excursão de balsa e trem será feita a Petrópolis, no alto da Serra dos Órgãos, uma cidade linda e elegante, onde estão localizadas as missões diplomáticas estrangeiras.[6]

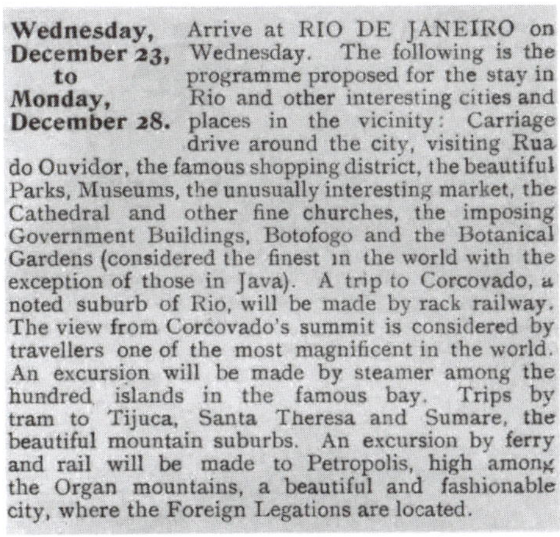

Wednesday, December 23, to Monday, December 28. Arrive at RIO DE JANEIRO on Wednesday. The following is the programme proposed for the stay in Rio and other interesting cities and places in the vicinity: Carriage drive around the city, visiting Rua do Ouvidor, the famous shopping district, the beautiful Parks, Museums, the unusually interesting market, the Cathedral and other fine churches, the imposing Government Buildings, Botofogo and the Botanical Gardens (considered the finest in the world with the exception of those in Java). A trip to Corcovado, a noted suburb of Rio, will be made by rack railway. The view from Corcovado's summit is considered by travellers one of the most magnificent in the world. An excursion will be made by steamer among the hundred islands in the famous bay. Trips by tram to Tijuca, Santa Theresa and Sumare, the beautiful mountain suburbs. An excursion by ferry and rail will be made to Petropolis, high among the Organ mountains, a beautiful and fashionable city, where the Foreign Legations are located.

Figura 2: Folheto informativo da agência Thomas Cook, 1908. Fonte: Acervo Thomas Cook, Thomas Cook Group.

---

[4] Este era, na época, o maior e mais rápido navio da Pacific Company, com cerca de 11.500 toneladas e capacidade para 1.150 passageiros.

[5] Thomas Cook Group, 1908: n.p.

[6] Ibid.

Na noite do dia 28 de dezembro, uma segunda-feira, os turistas partiriam do Rio no RMS *Aragon* com destino ao porto de Santos.

Através de consultas ao arquivo da Thomas Cook na Inglaterra e a revistas e jornais brasileiros da época, pudemos localizar o folheto da excursão e informações sobre a chegada do *Orcoma* ao Rio no dia 22 de dezembro, um dia antes do previsto. Há o registro de uns dez nomes de passageiros estrangeiros, alguns com a informação de que vinham acompanhados de suas famílias.[7] Não conseguimos confirmar se eles eram de fato turistas, nem o que efetivamente fizeram no Rio. De qualquer forma, esses primeiros Cook's Tours ao Rio já são, em si mesmos, marcos do ingresso da cidade no então recente circuito turístico internacional.

Figura 3: Por 12 anos, até a eclosão da Segunda Guerra Mundial, em 1939, o navio *Cap Arcona* fez viagens regulares entre Hamburgo e o Rio de Janeiro. Fonte: Acervo pessoal de Celso Castro.

O caminho para o desenvolvimento turístico do Rio de Janeiro foi lento. A década de 1920, contudo, testemunha tentativas ousadas de organização do turismo como um "negócio" moderno na cidade. Surgem os primeiros hotéis turísticos, agências de viagem e órgãos oficiais destinados prioritariamente a atrair e a receber visitantes — com destaque para a criação, em 1923, da Sociedade Brasileira de Turismo (renomeada, em 1926, como Touring Club do Brasil).

No centro das iniciativas que, a um só tempo, pretendiam celebrar o Centenário da Independência e colocar o Rio de Janeiro no mapa do turismo mundial, destacam-se o lançamento da pedra fundamental do monumento do Cristo Redentor, em 4 de abril de 1922 (mas as obras só teriam início quatro anos depois) e a inauguração de dois empreendimentos hoteleiros de vulto: o Hotel Glória

[7] *Jornal do Brasil*, 23 dez. 1908, p. 7.

(1922) e o Copacabana Palace (1923).[8] Influenciados pelo Hotel Ritz de Paris, ambos ofereciam banheiro privativo em cada quarto e contavam com equipes de empregados uniformizados — um luxo para a época.[9] O semanário *Fon-Fon!*, ao descrever a inauguração do Hotel Glória, destacou o acontecimento com eloquência, situando-o no contexto da construção do Rio de Janeiro como destino turístico internacional.

> HOTEL GLÓRIA — UMA OBRA DE GRANDE VULTO ONTEM INAUGURADA
> O Hotel Glória [...] reúne uma série de fatores que o colocam em situação de destaque no mundo inteiro. Sob o ponto de vista de conforto para os hóspedes é a última palavra. Pode-se dizer que ali se encontra tudo que possa ser exigido por uma pessoa que viaja, desde a agência dos correios e telégrafos, modistas, barbeiros etc. até as mais insignificantes cousas. Tudo isso tem o especial realce da natureza, porque o Hotel Glória, construído em um promontório situado em um trecho encantador, domina o mais lindo panorama da famosa Baía de Guanabara e de uma grande cidade.
>
> Só no mobiliário distribuído nos oito confortáveis andares a firma Rocha Miranda & Filhos empregou vultosa cifra. Nada menos de dez mil peças de móveis, secretárias, etc. estão distribuídas nas numerosas dependências do Hotel Glória. A rede telefônica ocupa trezentos aparelhos e nos corredores foram estendidas corredeiras em uma extensão de mais de mil e oitocentos metros. Tudo isso dá uma ligeira ideia do que é, na verdade, o Hotel Glória, cujos diversos misteres ocuparão duzentos e cinquenta empregados, entre os quais dezessete cozinheiros. [10]

Se o Hotel Glória se beneficiava da proximidade com o Centro da cidade, o Copacabana Palace de Octávio Guinle[11] apostava no potencial turístico e imobiliário de uma Copacabana ainda pouco habitada. Segundo dados

---

[8] Antes, em 1906, fora inaugurado o Hotel Avenida, bastante sofisticado para a época, mas ainda sem o glamour do Hotel Glória e do Copacabana Palace.

[9] Cf. Barbosa e Leitão, 2005.

[10] *Fon-Fon!*, 2 set. 1922.

[11] O Copacabana Palace teve apenas dois proprietários: a família Guinle e o grupo Orient-Express Hotels, que o adquiriu em 1989. Antes disso, em 1985, esteve sob ameaça de demolição, o que foi evitado com seu tombamento pelo Iphan (Federal).

da Riotur, em 2011 o bairro representava 34% da rede hoteleira da cidade do Rio de Janeiro, com um total de 8.402 unidades habitacionais. Isso sem falar da grande quantidade de imóveis comercializados por temporada no bairro.

Mas voltando ao nosso percurso no tempo, em 1926, os cariocas assistiram à inauguração do moderníssimo Hipódromo da Gávea, onde se reunia a elegante elite de chapéus e ares europeus. E, em 1929, viram a década se encerrar com a criação da viação New York, Rio and Buenos Aires Line (NYRBA), logo depois incorporada à Pan American.

Ao longo da década seguinte, o Rio foi acumulando iniciativas públicas e privadas que transformaram a paisagem da cidade turística. Não por acaso, o então vice-presidente do Touring, B. P. de Cerqueira Lima, afirmava no final de 1933 que havia dez anos que a organização vinha se batendo "para criar, entre nós, uma coisa hoje perfeitamente nítida e segura: uma mentalidade turística no Brasil".[12]

Enfim, ainda nos primeiros anos, temos a inauguração da estátua do Cristo Redentor (em 12 de outubro de 1931), a oficialização dos desfiles das escolas de samba (em 1932) e a transferência da sede social do Touring do Edifício Guinle para o da Estação de Passageiros do Cais do Porto (em 12 de junho de 1933). Era nesse local que os turistas, ao desembarcar dos navios, recebiam as primeiras informações sobre a cidade e suas atrações.

Também em 1933, o prefeito do Distrito Federal, Pedro Ernesto Batista, criou o Conselho Consultivo de Turismo no Rio de Janeiro. Em 1934, enquanto o Rio de Janeiro era definitivamente consagrado como *Cidade Maravilhosa* pelas notas do compositor André Filho, o dirigível *Zeppelin* cruzava os céus cariocas em onze viagens feitas a partir da Alemanha, com duração de três dias, trazendo até vinte passageiros de cada vez[13] — isso antes mesmo da inauguração do Aeroporto Santos Dumont, que ocorreria em 1936. Em 1937, o Touring lançou o Departamento de Excursionismo, que criou o programa "Passeios Turísticos no DF", aos domingos, indo a lugares então remotos, como o Recreio dos Bandeirantes e a Pedra de Guaratiba.

---

[12] Touring Club do Brasil, 1933: 6.

[13] Id., 1934: 5.

Figura 4: Cartão-postal do dirigível Graf Zepellin. Rio de Janeiro, 1930. Fonte: Cpdoc/FGV, Arquivo José Maria Whitaker.

Até o final da primeira metade do século XX, marcos da cidade foram sendo construídos e, pouco a pouco, configurando a paisagem do Rio turístico que circularia mundo afora.

Rio de sol, samba e sexo

Os anos 1960 tiveram seu início marcado por uma ampla discussão em nível internacional acerca do papel a ser desempenhado pelo turismo como propulsor do desenvolvimento das economias ditas periféricas. Vale lembrar que as Nações Unidas, na Conferência de 1963 sobre viagens e turismo internacional, chegaram a recomendar explicitamente que países mais pobres atentassem para o valor do turismo como meio de desenvolvimento. Nesse clima de aposta nas potencialidades das atividades turísticas, em 1966 o governo militar criou a Embratur no Rio de Janeiro (sua sede seria transferida para Brasília apenas em 1992, quando passou a ser vinculada ao Ministério da Indústria, do Comércio e do Turismo).

À empresa caberia, por um lado, regulamentar o setor turístico brasileiro com base na Política Nacional do Turismo e, por outro, promover o Brasil como destino turístico no exterior.[14] A Embratur surgia, assim, como parte de uma política estatal que previa não apenas estímulos e incentivos fiscais à iniciativa privada, mas também uma séria campanha de adesão ao programa de integração nacional. Essa proposta de integração da nação pela via do turismo assume contornos ainda mais explícitos na década seguinte, que tem início com a mobilização em torno do Primeiro Ano Nacional do Turismo, cuja missão era levar "a mensagem do turismo a todas as classes sociais, e a imagem da política objetiva do Governo Federal, promovendo seu desenvolvimento através da Embratur".[15]

Se não era tarefa simples fazer ouvir tal mensagem no vasto território nacional, o que dizer da dificuldade de se atingirem potenciais turistas espalhados pelo mundo? Para contornar essa dificuldade, a Embratur passou a se valer de pesquisas de opinião que encomendava ou que eram realizadas por outras instituições creditadas. Foi o caso da enquete divulgada pelo *Jornal do Brasil* em 1971 sobre a imagem do país em Nova York. De certa maneira, a pesquisa confirmou aquilo que já se sabia: os estrangeiros tinham um conhecimento bastante estereotipado do país. Para os entrevistados, o Brasil era a terra do café, das mulheres bonitas e sensuais, das grandes fazendas, de belas melodias (foram citados o carnaval, o samba e a bossa nova) e da seleção de futebol tricampeã do mundo. Era também o país detentor das florestas virgens e das flores exóticas, dos animais selvagens nem sempre confinados ao hábitat natural, mas passíveis de serem encontrados em ambientes urbanos. No fim da lista, a nova capital, Brasília.

Embora o próprio presidente da Embratur à época admitisse publicamente que Copacabana e o carnaval carioca eram as duas únicas atrações turísticas conhecidas pelo público estrangeiro,[16] isso não impedia que em todo o material publicado pela empresa fosse mantida a prioridade reservada desde o início ao Rio de Janeiro: os ícones mais óbvios (Pão de Açúcar

---

[14] Com a criação do Ministério do Turismo, em janeiro de 2003, a Embratur passou a cuidar exclusivamente da promoção do Brasil no exterior.

[15] Apud Alfonso, 2006: 45.

[16] Palestra proferida em 1974 por Paulo Protásio, apud Alfonso, 2006: 87.

e Corcovado), as praias (reduzidas a Copacabana e Ipanema), o carnaval (sobretudo o desfile das escolas de samba) e as mulheres, na maioria das vezes tomadas como representativas da "mulher brasileira".

No mesmo período, mais precisamente em fevereiro de 1972, é lançada, com o apoio da Embratur, a revista *Rio, Samba e Carnaval*. Distribuída em vários idiomas no Brasil e no exterior (e ainda hoje em circulação com tiragem de 60 mil exemplares), a publicação também povoaria as páginas com inúmeras fotos de mulheres compondo diferentes paisagens, sempre com pouca roupa, disponíveis ao olhar e à imaginação do turista.

Figura 5: A casa de shows Plataforma, no Leblon, Zona Sul do Rio, há várias décadas apresenta shows de mulatas o ano inteiro. Fonte: Acervo pessoal de Bianca Freire-Medeiros.

Nesse meio-tempo, mais precisamente em 1969, o locutor de rádio e apresentador de televisão Oswaldo Sargentelli, que havia sido proibido de trabalhar na imprensa pelo regime militar em 1964, começou a fazer os primeiros shows com mulatas. Em 1969, assumiu a direção de sua primeira casa, o Sambão, em Copacabana. Um ano depois abriu o Sucata e, em 1973, transformou o antigo Zeppellin — uns dos redutos da contracultura carioca — no Oba-Oba, a casa de shows onde Sargentelli se consagrou como o grande produtor de "mulatas". Na época surgiram inclusive cursos profissionalizantes que preparavam jovens mulheres para tal carreira.[17] Foi o início de uma atração turística com a marca do erotismo, até hoje sucesso em casas de espetáculo cujas grandes atrações são os "shows de mulatas" e uma amostra de escolas de samba embaladas para exportação.

Em 1973, a cidade do Rio de Janeiro foi escolhida para sediar o 45º Congresso Mundial da American Society of Travel Agents (ASTA), evento que reuniu alguns dos milhares de profissionais responsáveis por pelo

[17] Giacomini, 1991.

menos 60% de todo o fluxo turístico mundial. A revista *Veja* registrava que "problemas de toda ordem" haviam cercado "os preparativos finais do Congresso":[18] hotéis previstos para acomodar os visitantes não ficaram prontos a tempo, os menus com as especialidades regionais precisaram ser revistos (para se evitarem "as clássicas consequências gástricas provocadas nos visitantes pelas doses maciças de condimentos usados nas comidas típicas"), os chamados hotéis de alta rotatividade tiveram de ser incorporados oficialmente ao circuito de hospedagem. Maquiagens nada sutis foram feitas, segundo a matéria de *Veja*:

> E mesmo a paisagem em torno do Hotel Nacional, local das reuniões diárias, foi habilmente modificada para não chocar os visitantes. Assim a feia favela da Rocinha, próxima e fatalmente visível, foi dissimulada por muro e cartazes publicitários. Até mesmo a bica de água, onde os favelados lavam suas roupas, foi mudada das proximidades da pista de acesso do túnel Dois Irmãos para o interior da favela.

No ano seguinte, foi fundada a Riotur, ligada à estrutura administrativa municipal (a Flumitur, hoje TurisRio, ocupava-se do restante do estado), porém voltada para o diálogo com o *trade* turístico como um todo. Nesse contexto de investimentos públicos e parcerias com o setor privado, a hotelaria carioca superava pouco a pouco a crise vivida nos anos 1960. Um bom exemplo é a inauguração do já citado Hotel Nacional em São Conrado. Com projeto arquitetônico assinado por Oscar Niemeyer e jardim desenhado por Burle Marx, o Nacional chegou a ostentar durante alguns anos o título de "o maior e mais moderno da América do Sul". Em 1974, começaram a operar o Rio Sheraton e o International Rio; um ano depois, foi inaugurado o Le Méridien.

Os anos 1980 marcam uma profunda transmutação da imagem do Brasil na mídia internacional: abandona-se uma representação positiva (quase paternalista) e passa-se a propagar a de um lugar desregrado e violento. Paralelamente, o Rio vai sendo desenhado como um território sem lei, uma

[18] *Veja*, 22 out. 1975.

terra de corrupção e iniquidade para onde os filmes de Hollywood mandavam seus bandidos viver um final feliz e impune.[19]

Por outro lado, a agenda governamental insistia em vender um Brasil ensolarado e receptivo aos estrangeiros. A partir dos escritórios de apoio sediados em Nova York e Frankfurt, a Embratur buscava difundir a marca Brasil nos Estados Unidos, na Alemanha e na Suíça, apresentando ao público internacional produtos brasileiros diferenciados e um mercado mais segmentado. Persistiam também as campanhas promocionais em torno do Rio de Janeiro, como foi o caso da campanha "Você está pronto para o Rio?", lançada em 1983 com o objetivo de promover as novas tarifas aéreas entre os Estados Unidos e o Brasil. A própria imagem da cidade não sofreu grande alteração: o Rio continuava sendo divulgado como a cidade da Baía de Guanabara, do Pão de Açúcar, do Cristo Redentor, do Carnaval e da Garota de Ipanema, linda, dourada e de biquíni. A bem da verdade, o produto "mulher carioca" parecia adquirir então lugar ainda mais explícito na prateleira de produtos turísticos. Nos estandes montados pela Embratur no Incentive Travel Show (Chicago) e no Travel & Vacation Show (Nova York), eventos realizados em 1980, a decoração se valia de um enorme cartaz horizontal estampando uma mulher vestida com um minúsculo biquíni estendida nas areias de Copacabana. Ainda mais constrangedora talvez fosse a matéria publicada na edição de 1982 da revista *Rio, Samba e Carnaval*. Com o título "Rio é sol, é cio", a reportagem prometia: "A cidade, como virgem transtornada pelo cio, enlouquece, cai no desvario, na alegria, na euforia, no desatino, num voo-mergulho de vertigem, sofrimento, gozo e êxtase".[20]

Essa é exatamente a cidade que Stanley Donen, consagrado diretor de musicais da época de ouro de Hollywood, retrata na comédia *Blame it on Rio* (no Brasil, *Feitiço do Rio*, de 1984). Logo nas primeiras cenas, Matthew (personagem interpretado pelo ator Michael Caine) encara a câmera e explica: "Eu vinha trabalhando em São Paulo, a Nova York do Brasil. São Paulo é onde todo o trabalho é feito. Onde toda a diversão acontece é no Rio... como todos dizem, a cidade mais excitante, mais sensual do mundo...".

[19] Ver Amâncio, 2000.

[20] Apud Alfonso, 2006:101.

Apesar de contar com algumas cenas rodadas no Centro da cidade, o filme se vale da ideia do Rio de Janeiro como paraíso tropical e sexual. Até mesmo em ambientes internos, os personagens são cercados por "florestas": um papel de parede verde decora de alto a baixo a sala da mansão em que os visitantes se hospedam, com palmeiras, cercas-vivas e animais exóticos compondo o restante do cenário. A ênfase visual recai em elementos ligados a adjetivos como "natural", "fértil" e "exuberante". Para onde quer que Matthew e seu grupo se dirijam, lá estão os cariocas, dançando e rindo, com macaquinhos e papagaios nos ombros. Na praia de Copacabana, os homens executam um sambinha malemolente na areia enquanto as mulheres de topless andam despreocupadas, de mãos dadas com crianças também seminuas, numa referência explícita ao paraíso de liberação que as campanhas turísticas prometiam. E o roteiro do filme não poderia ser mais enfático nesse sentido: após manter relações sexuais com a filha adolescente do melhor amigo nas areias de Copacabana, Matthew pede absolvição dizendo que "a culpa é do Rio".[21]

Há muito tempo estrangeiros elaboram narrativas sobre o Rio de Janeiro, mas *Feitiço do Rio* de certa maneira inaugura uma lista de filmes ficcionais, documentários, desenhos animados e videoclipes que, ao longo das décadas seguintes, provocaram constrangimento ou mesmo repúdio entre muitos brasileiros sob o argumento, entre outros, de que seriam peças diretamente prejudiciais ao turismo. Difícil não lembrarmos aqui do tumulto provocado pela vinda da família Simpson ao Rio, em 2002, no episódio *Blame it on Lisa* (A culpa é da Lisa),[22] cujo título original faz alusão justamente a *Feitiço do Rio*. Assim como na comédia de premissas incestuosas, o Rio do desenho animado dos Simpsons celebra atrações há muito consagradas no imaginário turístico internacional — o Cristo Redentor, o Pão de Açúcar, a Baía de Guanabara — e os supostos elementos distintivos da cultura brasileira — o futebol, o carnaval, as mulheres exuberantes.

[21] Ver Freire-Medeiros, 2005.

[22] Para uma reflexão mais detida sobre o desenho animado, e também sobre o filme *Turistas*, ver Name e Freire-Medeiros, 2010.

No hotel em Copacabana, Bart assiste eufórico a um programa infantil chamado *Teleboobies* (Telepeitos), apresentado por uma loura seminua. Quando saem para dar uma volta pela cidade, são atacados por meninos de rua e macacos. Visitam uma favela infestada de ratos e uma escola de samba onde os alunos aprendem lambada, macarena e a "penetrada". O meio de transporte principal é a conga e os taxistas são sequestradores sem disfarce.

Poucos dias depois de *Blame it on Lisa* ter ido ao ar nos Estados Unidos, José Eduardo Guinle, então presidente da Riotur e secretário municipal de Turismo do Rio, pronunciou-se publicamente contra a Fox Cable International, ameaçando processá-la por ultrajar a imagem da cidade e causar danos ao turismo. Guinle argumentava que US$ 18 milhões haviam sido gastos na sua gestão com o intuito de promover a cidade no exterior e que o episódio teria "drásticas consequências" no âmbito do mercado norte-americano. Não demorou muito para que o então presidente Fernando Henrique Cardoso entrasse em cena protestando contra o desenho, que admitiu não ter visto.[23]

As reações indignadas de Guinle e FHC acabaram por atrair muito mais atenção internacional, particularmente na Europa, do que as imagens que o desenho veiculou.[24] "Um episódio do famoso desenho incomodou até o presidente Cardoso", noticiava o jornal italiano *Corriere della Sera*. A agência de notícias francesa AFP, a inglesa Reuters e a espanhola EFE, os sites da televisão inglesa BBC e da rede americana CNN, o jornal inglês *The Guardian* e o americano *Houston Chronicle* comentaram o episódio, mas não tanto quanto a polêmica gerada.

O então embaixador do Brasil em Washington, Rubens Barbosa, fez uma declaração mais ponderada:

> Eu, pessoalmente, acho que deveríamos concentrar nossa atuação em matérias que efetivamente afetem de alguma maneira nosso interesse. [E concluiu:] Só a apresentação desses jornais aí no Brasil e o que os correspondentes

[23] Riotur diz..., 2002.

[24] Polêmica sobre..., 2002.

> estrangeiros reportam aqui fora faz um dano muito maior à percepção que se tem do país do que alguma análise satírica ou gozadora que se faz de maneira estereotipada de uma realidade que existe no Brasil.[25]

É preciso situar a reação exagerada do governo brasileiro no contexto sombrio que se vinha desenhando para o turismo desde início dos anos 1990. Dados da Embratur mostram que em 1988 chegaram ao Rio de Janeiro 800 mil estrangeiros; em 1991, apenas 400 mil — queda mais acentuada ainda se considerarmos que, em todo o mundo, o movimento turístico aumentou no mesmo período.[26] Nessa época, o quase colapso do turismo na cidade foi decorrência direta da percepção sobre o aumento da violência.

Com o objetivo de substituir essa imagem de um país violento e de criminalidade descontrolada, então predominante no exterior, o governo federal decidiu que o Rio seria a sede da Conferência Internacional 1992 Earth Summit (Rio Conference on Environment and Sustainable Development). Conhecido entre nós como Eco-92, o evento trouxe ao Rio mais de 30 mil pessoas, incluindo cerca de 100 chefes de Estado e 10 mil jornalistas. As autoridades públicas em seus três níveis — municipal, estadual e federal — investiram esforços explícitos na tentativa de garantir uma atmosfera de ordem e segurança na cidade. Durante os 12 dias de conferência, as ruas da Zona Sul foram sanitarizadas, com o recolhimento da população de rua, e várias favelas foram camufladas, em uma tentativa de fazê-las invisíveis e inaudíveis aos estrangeiros. O Exército manteve tanques de guerra estacionados na entrada das favelas mais próximas aos locais onde as atividades da conferência eram realizadas, enquanto soldados patrulhavam a área.

O tiro saiu pela culatra quando as agências de notícia nacionais e internacionais passaram a acusar o governo brasileiro de maquiar as ruas do Rio para o evento. Pedro Mendonça, então presidente da Federação dos Moradores de Favela, reivindicou uma oportunidade para apresentar as demandas dos favelados ao Conselho da Conferência, mas teve sua participação

---

[25] Barbosa, 2002.

[26] Ver Teixeira, 1994; 1995; 1996.

negada.[27] Lideranças de diversos movimentos sociais e do Greenpeace decidiram, então, organizar uma visita à Rocinha a fim de revelar aos delegados do evento, aos militantes das ONGs e a cerca de 200 jornalistas, as condições de vida dos favelados que o poder público insistia em esconder. Algumas agências de turismo viram ali uma oportunidade para um novo negócio, que prosperaria na década seguinte: os tours de favela. O dono de uma das operadoras pioneiras na promoção do turismo na Rocinha recorda o processo:

> Na Eco-92 [...] a gente estava fazendo o passeio pela floresta [da Tijuca] e, na volta, a gente estava passando por São Conrado, onde os turistas tiveram a curiosidade de ver a favela. Na época estava tendo aquela coisa de segurança, carro blindado para todo lado, e os turistas filmaram, fotografaram. A gente entrou na favela, e surgiu todo o contraste entre o jipe com os turistas e os canhões apontando para as favelas. Aí foi legal, as agências compraram a coisa... A coisa foi crescendo por si só, não foi nada programado, simplesmente foi surgindo de forma gradativa ao longo dos anos... [28]

Figura 6: Totem de boas vindas localizado na entrada da Rocinha. Fonte: Freire-Medeiros, 2009.

Na virada do milênio, assim como o carnaval, as praias, o futebol e as mulatas, a favela carioca — seja Rocinha, Santa Marta, Cantagalo ou Mangueira — tornou-se oficialmente parte constitutiva da imagem estereotípica do "pacote Brasil".

[27] *O Estado de S. Paulo*, 18 jun. 1992.

[28] Apud Freire-Medeiros, 2009: 23.

Rio: destino global

Estatísticas oficiais indicam que o volume de turistas estrangeiros no Brasil cresceu consideravelmente entre 1991 e 2005: de pouco mais de um milhão para mais de cinco milhões. O Rio de Janeiro segue como destino preferencial dos visitantes internacionais, embora sua participação relativa ao Brasil tenha caído de 50,3% em 1991 para 34,7% em 2005 — note-se que não houve uma redução do número de visitantes no Rio, mas aumento do número de turistas em outras cidades.[29] Dados divulgados pela imprensa afirmam que em 2008 a cidade recebeu um total de 2,820 milhões de turistas. Mas, se estamos à frente de outras importantes capitais da América Latina (a Cidade do México recebeu 2,598 milhões e Buenos Aires, 2,399 milhões no mesmo período), ficamos atrás de cidades como Dublin, Kiev e Bucareste. Em 2010, o número de turistas estrangeiros no Brasil como um todo havia decaído em relação a 2008, sobretudo como efeito da crise econômica vivida pela maior parte dos países da Europa e pelos Estados Unidos.

Os periódicos internacionais de maior circulação ainda falam de um Rio de Janeiro marcado pela corrupção e pela violência. Em 12 de outubro de 2004, o jornal norte-americano *The Independent* informava aos leitores que o Rio é "a cidade da cocaína e da carnificina" que esconde atrás de suas famosas praias "o tráfico de drogas e dúzias de assassinatos por semana". Em 2010, o tiroteio entre um grupo de homens armados e a polícia, seguido pela invasão do luxuoso Hotel Intercontinental, em São Conrado, foi destaque em vários veículos da imprensa internacional. O episódio ganhou primeira página no site do jornal argentino *El Clarín* com o título: "Rio de Janeiro: narcotraficantes fazem reféns em hotel de luxo". O jornal *The New York Times* trouxe matéria intitulada "Homens armados invadem hotel no Rio de Janeiro", enquanto o site da emissora americana CNN destacou em manchete: "No Brasil, uma pessoa morre em tiroteio em hotel". Até o site da emissora de TV Al Jazeera chamou a atenção para o fato de que, em uma cidade que se prepara para sediar a Copa de 2014 e as Olimpíadas de 2016, a questão da segurança precisa ser revista.

[29] Ver site do Ministério do Turismo: http://www.turismo.gov.br/turismo/home.html.

A despeito de episódios violentos envolvendo visitantes da cidade, das manchetes que eles ganham mundo afora e dos efeitos negativos que geram nos vários setores do turismo, o Rio de Janeiro chegou à segunda década do século XXI em clima de aposta no presente e no futuro turístico da cidade.

Consolida-se na década de 2010 um fenômeno que já se fazia perceber timidamente desde a segunda metade dos anos 1980: o resgate do "carnaval de rua". Somaram-se aos blocos tradicionais, como a Banda de Ipanema, que desfilou pela primeira vez em 1965, outras centenas de blocos e bandas que começam a "brincar" em diferentes bairros da cidade antes mesmo da abertura oficial do carnaval. O desfile das escolas de samba também teve sua estratégia de promoção revista: antes vinculado quase exclusivamente ao desfile de mulheres seminuas, passou a ser divulgado, sobretudo, como um grande espetáculo musical e cenográfico dirigido para um público amplo. Isso não quer dizer, obviamente, que tenhamos superado, na construção da imagem do Rio turístico, o apelo ao erótico. Se a Lei Estadual nº 4.642, de 17 de novembro de 2005, proíbe "a veiculação, exposição e venda de postais turísticos, que usem fotos de mulheres, em trajes sumários, que não mantenham relação ou não estejam inseridas na imagem original dos cartões-postais de pontos turísticos, no âmbito do Estado do Rio de Janeiro", o fato é que sua comercialização nas bancas de jornais da cidade segue muitas vezes impune.[30] Mas a associação entre a cidade e as mulheres, objetificadas para consumo, não é, por certo, exclusiva dos postais. Exemplo da persistência da imagem de paraíso sexual é o título de uma matéria da *Vogue* de 2000, com

Figura 7: A revista *Vogue* define o Brasil, a partir do corpo de Gisele Bündchen, como a terra das caipirinhas e biquínis, sambas e supermodelos. Fonte: Vogue, maio 2000.

[30] A lei no 4.779/06, de 26 de junho de 2006 determina, para os infratores, multas em valores que variam entre 500 e mil Ufirs. Cf. http://alerjln1.alerj.rj.gov.br.

a foto da modelo Gisele Bündchen de biquíni numa praia e, mais uma vez, a retomada do já famoso título *Blame it on Rio*.

Investimentos maciços vêm sendo feitos pelos setores público e privado para colocar o Rio de Janeiro no circuito dos megaeventos, incluídos aqui os espetáculos musicais, os eventos do mundo da moda e as competições esportivas internacionais. Para que a cidade fosse sede dos Jogos Pan-Americanos de 2007, foram investidos recursos dos três níveis de governo sob a justificativa de que os jogos seriam como uma vitrine de exposição da cidade para o mundo. Se, como efeito positivo, se obteve a nomeação da cidade como sede dos jogos Olímpicos de 2016, o fato é que o número de turistas durante o evento ficou muito abaixo da expectativa: falava-se em cerca de 1,4 milhão de visitantes, o dobro do número normalmente registrado no carnaval, porém não foram mais que 625 mil turistas.[31]

Ainda assim, é incontestável que experimentamos um momento de grande otimismo no que diz respeito ao Rio turístico. A cidade em 2011 voltou às telas do mundo todo nas asas da arara Blu, do filme *Rio*. O Rio Convention & Visitors Bureau (RCVB), instituição responsável pela atração de eventos e promoção da cidade no circuito de turismo, já estaria falando do que seria efeito direto do sucesso do filme: turistas solicitando às agências pacotes de visita aos mesmos locais frequentados pela ararinha azul, que incluem atrações óbvias como o Cristo Redentor, o Pão de Açúcar e as praias, mas também lugares um tanto esquecidos no circuito turístico por causa da violência, como a Vista Chinesa. A animação dirigida pelo diretor brasileiro Carlos Saldanha teria atraído mais de 80 marcas mundiais, que aliaram suas campanhas, com apoio de marketing de US$ 100 milhões.[32]

Encerrando este pequeno apanhado das várias histórias do turismo no Rio de Janeiro, o jornal *O Globo*[33] publicou, no contexto do seminário Rio Cidade Sede, matéria intitulada "Meta é colocar o Rio entre as cinco cidades mais visitadas do mundo". Segundo a notícia, o presidente da Embratur, Mário Moysés, teria dito que "o Rio tem condições de se transformar,

---

[31] Legado do..., 2007.

[32] *Metrô Rio*, maio 2011.

[33] *O Globo*, 30 maio 2011.

nos próximos anos, em uma das cinco cidades mais importantes do planeta para a visitação turística, se souber aproveitar as oportunidades que se abrirão com a Copa do Mundo de 2014 e os Jogos Olímpicos Rio 2016". Esses dois eventos conformariam, segundo Moysés, "uma oportunidade única de renovar a imagem turística no mundo". A intenção parece ser substituir a imagem gasta de paraíso tropical pela de cidade emergente e moderna, rica em diversidade cultural, capaz de contornar o problema da segurança pública.

A historicidade da experiência turística

No espaço de um pouco mais de um século, pudemos observar a existência de diferentes narrativas a respeito da qualidade turística da cidade: o Rio glamouroso, o Rio exótico, o Rio sensual, o Rio violento, o Rio esperançoso no futuro. Embora, em diferentes períodos de tempo, tenha ocorrido a predominância de uma ou outra dessas narrativas, tentamos demonstrar aqui que não se deve vê-las como se sucedendo linearmente ao longo do tempo. Todas elas, em certa medida, convivem umas com as outras, e tornam-se leituras concorrentes da realidade turística da cidade. Todas são, em diferentes lugares e horas, retratos possíveis do Rio de Janeiro.

Nos roteiros que emolduravam o que se entendia por "Rio de Janeiro turístico" nas primeiras décadas do século XX, encontramos alguns locais de interesse que não fazem parte, ao menos prioritariamente, do conjunto de atrativos normalmente recomendados pelas agências e guias turísticos nos dias atuais. Outros elementos que nos são óbvios, como o Pão de Açúcar e, acima de tudo, as praias, o samba e as menções hoje comuns à alegria, à hospitalidade ou à sensualidade de seus moradores, estavam então ausentes.

Os mapas também traçavam outros caminhos para o turista em visita à cidade. O primeiro mapa especificamente turístico produzido em 1937 pelo governo talvez nos cause estranhamento. Se, nos mapas turísticos da atualidade, são as praias da Zona Sul, na parte de baixo do mapa, que orientam o olhar a partir do qual se começa a apreender a geografia da cidade, no mapa antigo, esse lugar é ocupado pelo Centro do Rio. As praias nem

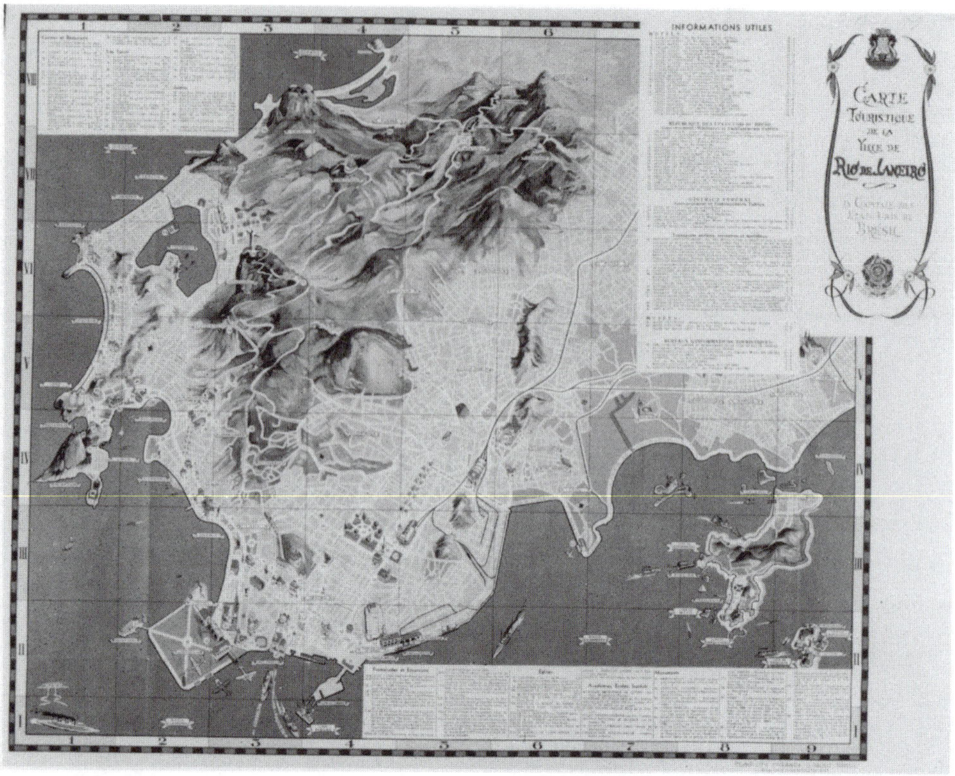

Figura 8: Mapa turístico oficial da cidade, da década de 1930, em que se provilegia o Centro da cidade em detrimento da Zona Sul. Fonte: Acervo pessoal de Celso Castro.

mesmo eram destacadas como atrações turísticas — apenas eram identificados os cassinos que nelas existiam. Por outro lado, aparecia em destaque uma série de monumentos, estátuas e edifícios, a maioria no Centro, muitos deles ausentes nos mapas e circuitos turísticos atuais.

O guia *Rio de Janeiro e seus arredores*, publicado em 1928 pela Sociedade Anônima de Viagens Internacionais, uma das primeiras agências de viagem a funcionar na cidade, também inicia suas descrições pela chegada ao porto. A grande maioria das atrações turísticas está na zona central da cidade, destacando-se a avenida Central ("a Quinta Avenida de Nova York na infância"), a rua Primeiro de Março (no centro do bairro comercial, que inclui a rua do Ouvidor, "onde se dava a rendez-vous a elegância do Rio monárquico") e a praça XV, todas cercadas por vários edifícios dignos de atenção. Grande destaque é dado, no guia, aos jardins, com seus monumentos, estátuas, bustos e chafarizes. Sobre o carioca, o guia afirma — ao contrário do que dizem todos os guias mais recentes — que ele "talvez não seja um povo alegre. Nascido à beira do mar, debaixo de um sol sempre aceso, fechado entre montanhas, o habitante destas paisagens tem um entusiasmo delirante, que logo se apaga numa imensa melancolia".

Figura 9: A companhia aérea holandesa convida potenciais viajantes a conhecer o Rio de Janeiro em 1947.
Fonte: Acervo pessoal de Celso Castro.

As narrativas e imagens turísticas das primeiras décadas do século XX conduziam o olhar dos turistas a partir da entrada da baía da Guanabara e do porto, por onde vinham os navios que traziam a maior parte dos visitantes da cidade — vale lembrar que, em 1937, o Rio de Janeiro havia sido incluído na rota dos principais transatlânticos do mundo. Isso, é claro, nos ajuda a entender por que, no mapa turístico oficial publicado nesse mesmo ano, a região do porto é que está na "entrada do mapa".

O famoso guia inglês *South American Handbook*, em sua edição de 1932, informava que a baía da Guanabara, com seu "soberbo brilho de cores, é a mais admirada do mundo", e que o "famoso" cone de granito do Pão de Açúcar e o pico do Corcovado emprestam forte individualidade à cena. A chegada ao porto do Rio era "um espetáculo sem igual, quer fosse de dia ou à noite". O guia destacava ainda a suntuosidade de muitos edifícios, a grande beleza das praças com suas fontes e estátuas, lindamente mantidas, e a vivacidade dos cafés ao ar livre. A cidade, segundo o guia, era "uma das mais saudáveis nos trópicos". Nenhuma palavra sobre carnaval ou futebol e, quanto a praias, apenas uma rápida menção ao "celebrado balneário" de Copacabana. O Rio seria mais bem percebido, nessa perspectiva, como uma exótica metrópole nos trópicos.

Em *Brazil looks forward*, publicado em 1945 pelo norte-americano Benjamim Hunnicult, que veio para o Brasil com a missão de organizar e dirigir a Escola de Agricultura de Lavras (Minas Gerais) e permaneceu no país por mais de trinta anos, recomendava-se enfaticamente um passeio de barca a Paquetá e visitas ao Instituto Científico de Manguinhos, à Biblioteca Nacional, ao Teatro Municipal, à Quinta da Boa Vista e ao Museu Nacional. Nesse livro, que é um híbrido de guia e de memória de viagens, o Rio é descrito como "uma combinação de Nova York com Washington", uma mistura ímpar de oceano e montanha, trabalho e diversão, atividade e descanso. As árvores, frutas e praias do Rio encantaram o norte-americano, que se impressionava com o fato de muitos cariocas banharem-se no mar todos os dias, antes e depois do trabalho. Se as praias já faziam parte do cotidiano dos moradores da cidade, ainda demoraria até se tornarem parte do circuito turístico de fato.

Acompanhando em linhas gerais mudanças urbanísticas, sociais e culturais da cidade, fica evidente, a partir desses poucos exemplos, como a experiência turística do Rio mudou desde então. Nos primeiros guias turísticos aparecem com destaque as praças; nos atuais, as praias. Naqueles, o foco está no Centro; nestes, na Zona Sul.

Ao longo da história da cidade foi sendo definida uma série de elementos dignos de serem experimentados pelos turistas, que foram fixados através de imagens e narrativas materializadas em roteiros, guias, cartões-postais, anúncios, cartazes, suvenires, discursos e muitos adjetivos que buscavam qualificar o tipo de experiência que se buscava oferecer aos visitantes. E, não sem divergências entre os vários atores sociais envolvidos na construção e divulgação dessas narrativas sobre o Rio turístico, foram sendo definidos roteiros e marcas da cidade, o que devia ser visto ou vivenciado pelo turista, de que forma e com que sentido. Ao produzir e divulgar as próprias impressões, baseados na experiência vivida na cidade, nossos visitantes também contribuíram para que o caráter de construção social do Rio como destino turístico se tornasse mais evidente.

O que hoje é percebido como uma "natureza turística" da cidade é, portanto, apenas um momento de um longo processo de construção cultural, sempre inacabado.[34]

---

[34] Ver, a esse respeito, Castro, 1999: 80-87.

Referências

ALFONSO, Louise. Embratur: formadora de imagens da nação brasileira. Campinas, 2006. Dissertação (Mestrado em Antropologia) — Universidade Estadual de Campinas. Campinas, 2006.

AMÂNCIO, Tunico. *O Brasil dos gringos*: imagens no cinema. Niterói: Intertexto, 2000.

BARBOSA, Gustavo; LEITÃO, Márcia. Breve história do turismo e da hotelaria. Rio de Janeiro: Confederação Nacional do Comércio/Conselho de Turismo, 2005.

BARBOSA, Rubens. Entrevista concedida ao programa *De Olho no Mundo,* BBC Brasil, Rio de Janeiro, 9 abr. 2002.

CASTRO, Celso. Narrativas e imagens do turismo no Rio de Janeiro. In: Velho, Gilberto (org.). *Antropologia urbana*. Rio de Janeiro: Zahar, 1999. p. 80-87.

FREIRE-MEDEIROS, Bianca. *Gringo na laje*: produção, circulação e consumo da favela turística. Rio de Janeiro: Editora FGV, 2009.

______. *O Rio de Janeiro que Hollywood inventou*. Rio de Janeiro: Zahar, 2005.

GIACOMINI, Sonia. Aprendendo a ser mulata: um estudo sobre a identidade da mulata profissional. In: Bruschini, Cristina; Costa, Albertina de O. (org.). *Entre a virtude e o pecado*. Rio de Janeiro: Rosa dos Tempos; São Paulo: Fundação Carlos Chagas, 1991.

THOMAS COOK GROUP. Folheto informativo. Liverpool: s.n., 1908. n.p.

Artigos de periódicos

BLAME it on Rio. Vogue, maio 2000. Point of view.

Correio da Manhã, 21 jul. 1907.

Correio da Manhã, 23 jul. 1907.

Fon-Fon!, 2 set. 1922.

Fon-Fon!, n. 19, 19 ago. 1907.

Gazeta de Notícias, 23 jul. 1907.

Jornal do Brasil, 1o ago. 1907.

Jornal do Brasil, 22 jul. 1907.

Jornal do Brasil, 23 dez. 1908, p. 7.

LEGADO DO Pan: uma nova fase para o Rio? *Revista TCMRJ*, n. 36, set. 2007. Disponível em: <http://www.tcm.rj.gov.br/Noticias/2951/aR36TCMRJ.pdf>. Acesso em: 1º jun. 2011.

METRÔ RIO, maio 2011.

NAME, Leonardo; FREIRE-MEDEIROS, Bianca. Turistas no Brasil: muitas polêmicas e algumas conclusões sobre duas narrativas audiovisuais recentes. *Arquitextos*,

São Paulo, v. 11, n. 122, 2010. Disponível em: <http://www.vitruvius.com.br/revistas/read/arquitextos/10.122/3502> Aceso em: 26 maio 2011.

O Estado de S. Paulo, 18 jun. 1992.

O Globo, 30 maio 2011. Caderno Rio. Disponível em: <http://oglobo.globo.com/rio/rio2016/mat/2011/05/30/rio-cidade-sede-meta-colocar-rio-entre-as-cinco-cidades-mais-visitadas-do-mundo-924560445.asp#ixzz1NrrLnxC5>. Acesso em: 1º jun. 2011.

POLÊMICA sobre "Os Simpsons" no Rio vira notícia internacional. *O Estado de S. Paulo*, 11 abr. 2002.

RIOTUR diz que processará produtora de "Os Simpsons". *Folha On Line*, 6 abr. 2002. Disponível em: <http://www1.folha.uol.com.br/folha/brasil/ult96u31065.shtml>. Acesso em: 3 ago. 2007.

TEIXEIRA, Ib. O colapso do turismo e a violência no Brasil. *Conjuntura Econômica*, FGV, p. 63-64, dez. 1995.

______. O fantástico colapso do turismo no Brasil. *Conjuntura Econômica*, FGV, p. 42-43, jan. 1996.

______. Os dólares que o Brasil perde com a violência. *Conjuntura Econômica*, FGV, p. 59-61, set. 1994.

TOURING Club do Brasil. *Informativo Touring Club do Brasil*, v. 2, n. 16, p. 5, out. 1934.

______. Rio, cidade de turismo. *Informativo Touring Club do Brasil*, v. 1, n. 9, p. 6, dez. 1933.

Veja, 22 out. 1975.

A construção dos atrativos turísticos do Rio de Janeiro a partir de seus primeiros guias para viajantes

Isabella Perrotta

Em decorrência da instalação da Corte portuguesa no Rio de Janeiro, em 1808, um grande contingente de estrangeiros se instalou na cidade. Entre eles estavam livreiros e editores que publicariam os mais diversificados textos, como guias de ruas e almanaques sobre estabelecimentos comerciais, e os primeiros guias da cidade para orientar outros viajantes que continuariam chegando.

Sabe-se que, na Europa, depois dos anos 1840, já havia um público bastante interessado em literatura de viagem, ainda que as obras fossem fantasiosas ou pouco fiéis. Foi também no Velho Continente que se deu o florescimento das edições de guias para viajantes, diretamente associado ao desenvolvimento do transporte mecânico. O *HandBook Murray* começou a circular na Inglaterra em 1836, o *Itinèraire de La Suiss*, na França, em 1841,[1] e a editora germânica Baedeker iniciou a publicação de seus guias em 1843.[2]

Em 1873, foi lançada pela editora Garnier aquela que parece ter sido a primeira publicação sobre a cidade do Rio dirigida ao viajante estrangeiro.

---

[1] Boyer, 2003: 25.

[2] Koshar, 2000.

Trata-se do *Guia do estrangeiro no Rio de Janeiro e uma notícia histórica sobre os principais monumentos*. Era uma publicação pequena, de 56 páginas em português, sem ilustrações, publicidade ou mapa, que deveria "servir de complemento ao *Livro de lembranças*[3] do Sr. Garnier". A publicação foi dividida em duas partes: na primeira havia uma relação de ruas e estabelecimentos, na segunda, uma "notícia histórica de alguns monumentos e estabelecimentos notáveis da cidade", assinada por Félix Ferreira

Do final do século XIX, quando ainda guardava aspectos coloniais, até as décadas de 1930 e 1940, quando já era um destino turístico incluído na rota de sofisticados transatlânticos, o Rio de Janeiro mudou muito. Da mesma forma, mudou o teor de seus guias para viajantes.

No final do século XIX o conceito de turismo ainda não estava consolidado e as viagens ao Brasil eram majoritariamente motivadas por interesses comerciais. Apenas em uma publicação de 1922 encontramos a indicação de uma agência de turismo, localizada na avenida Rio Branco. Nota-se que os títulos dos guias localizados referem-se a "estrangeiros", "viajantes" e "imigrantes". Essa primeira publicação chega a solicitar aos leitores "informações minuciosas sobre os estabelecimentos fabris manufatureiros de importância e estabilidade", instalados na cidade, para completar uma próxima edição.

Apesar de estas publicações se destinarem, prioritariamente, a facilitar a vida de estrangeiros que buscavam uma relação comercial com a cidade, todas destacam os aspectos aprazíveis da urbe, bem como as possibilidades de divertimento ou recreação que oferecia.

Aquela que julgamos ser a segunda[4] publicação destinada ao viajante na cidade, *Guia do viajante no Rio de Janeiro*, só veio a aparecer nove anos depois, em 1882, com o selo da *Gazeta de Notícias* e assinado por Alfredo do Valle Cabral.

É uma obra impressionante, com 488 páginas e informações que vão da história da cidade até legislações, escolas, hospitais e cemitérios, além de divertimentos, hospedagem e alimentação. O mesmo guia foi reeditado em

---

[3] O *Livro de lembranças* não foi encontrado.

[4] Entre os livros de interesse ao estrangeiro, citados pelo autor, o único guia de viajante é o de Félix Ferreira, de 1873.

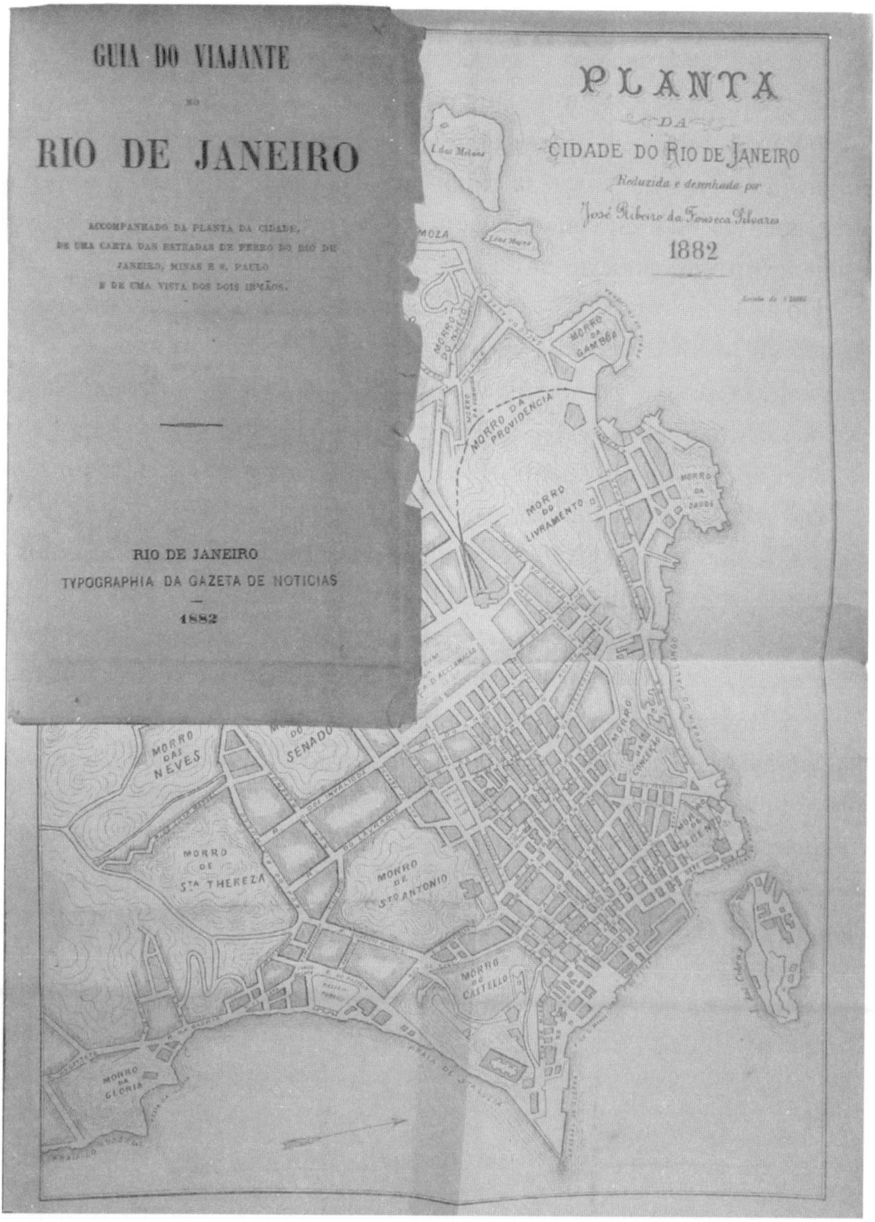

Figura 1: Folha de rosto e mapa da cidade (correspondente a parte do atual Centro). Fonte: *Guia do Viajante do Rio de Janeiro*, 1882.

1884, sem atualização do conteúdo, pelas três principais editoras da cidade na época – Luezinger, Garnier e Laemmert –, e parece ter se tornado um paradigma para os guias que surgiriam depois. Cabe destacar que Valle Cabral não mostra uma cidade tão bela quanto faziam crer os artistas viajantes: "quem aporta no Rio de Janeiro não recebe às vezes uma impressão agradável, tanto quanto era de esperar".

É difícil precisar quantos foram os guias sobre o Rio de Janeiro publicados a partir de então. Os 16 livros encontrados,[5] abrangendo do final do século XIX ao ano de 1937, foram localizados em acervos particulares e em bibliotecas dispersas. Línguas estrangeiras e mapas foram incorporados, assim como as imagens, que aos poucos transformaram os guias em verdadeiros souvenires da cidade. Alguns estão diretamente relacionados a eventos que trouxeram muitos visitantes à cidade — como as exposições de 1908 e 1922 —, enquanto outros têm propostas bem específicas, como aquele que sugere apenas passeios pela baía de Guanabara.

A maioria foi escrita e editada na cidade (ainda que por estrangeiros residentes), exceto o último — *Rio*, de 1937, editado em Nova York. Nele fica evidente o olhar estrangeiro que incorpora vários estereótipos que já tinham sido construídos, como o rótulo de simpatia do povo carioca. É curiosa uma imagem do morro do Corcovado com uma ingênua ilustração aplicada sobre a foto, simulando a estátua do Cristo Redentor que, inaugurada em 1931, já tinha se transformado no principal símbolo da cidade.

---

[5] São eles, citados em ordem cronológica: 1) *Guia do estrangeiro no Rio de Janeiro e uma notícia histórica sobre os principais monumentos*, de Félix Ferreira, 1873; 2) *Guia do viajante no Rio de Janeiro*, de Alfredo do Valle Cabral, 1882 e 1884; 3) *Impressões de viagem Brazil-Europa. Ida e volta — Livro-Guia de Viagem*, de E. M. Giolma, 1887; 4) *Hand Book of Rio de Janeiro*, de A. J. Lamoureux, 1887; 5) *La provincia de Rio de Janeiro — Notizie all' emigrante*, de Félix Ferreira e Antonio da Rocha Fernandes Leão, 1888; 6) *Guide des États-Unis du Brèsil*, de Olavo Bilac, Guimaraens Passos e Bandeira Júnior, 1904; 7) *Guia da cidade do Rio de Janeiro*, de Paula Pessoa, 1905; 8) *Guia do Rio de Janeiro*, de Cruz Sobrinho e Julio Andréa, de 1906; 9) *Guia do Rio de Janeiro*, de A. Moura, 1908; 10) *Guide de la Baie de Rio de Janeiro*, de Joaquim Lacerda, 1913; 11) *La Capitale des États-Unis du Brèsil et sus environs*, de Charles e Henrique Morel, c. 1914/1915; 12) *Guia artístico do Rio de Janeiro*, do Photo Studio Huberti, 1922; 13) *Guia e planta da cidade do Rio de Janeiro*, de Soria e Bofoni, 1922; 14) *Rio moderno. Lembrança do Hotel Glória*. Hotel Glória, 1932; 15) *Como conocer Río en automóvil*, de Mário Domingues e S. Lopes Fonseca, 1934; 16) *Rio*, de Hugh Gibson, Nova York: Doubleday/Doran & Company, Inc., 1937.

Os atrativos da cidade

O Pão de Açúcar, o Corcovado, a praia e o carnaval não foram sempre os principais atrativos do Rio de Janeiro. Ou pelo menos não seria por meio deles que os guias examinados pretendiam fazer da cidade um destino interessante aos olhos dos estrangeiros.

Não resta a menor dúvida de que o Pão de Açúcar é um dos ícones mais presentes na iconografia do Rio em todos os tempos, até porque está na entrada da baía que servia aos navios e muito próximo dos limites do primeiro aeroporto da cidade. No entanto, parece ter sido esquecido por esses guias do lado de fora da cidade. É preciso que se diga, porém, que, no século XIX, o bairro da Urca — região de entorno do morro — não existia, pois não contava com acesso por terra. Em 1882, ao falar do bairro de Botafogo, um guia informa que essa pedra já vinha sendo escalada desde 1817. Era apenas uma curiosidade, e não uma sugestão. Ele só voltou a ser citado depois de 1912, quando foi inaugurado seu caminho aéreo.

Já o cume do morro do Corcovado era um antigo passeio para os viajantes. Segundo Toussaint-Samson,[6] que o visitou em 1850, a excursão reunia em geral de 15 a 20 pessoas, saindo às 3 horas da manhã, com o suporte de escravos que levavam provisões e escravas que cuidavam das crianças. Parte da montanha podia ser subida a cavalo, enquanto a comida e as crianças seguiam em lombo de burro. Embora o guia de Valle Cabral de 1882 tenha dito que "o que se vê do alto do Corcovado é em tanta profusão que seria preciso um livro volumoso para se descrever", o autor não fornece detalhes sobre o agenciamento desse passeio. O mesmo foi percebido nos outros guias. Por outro lado, foi o interesse despertado por essa paisagem que levou ao início das obras de construção da primeira estrada de ferro eletrificada do Brasil, ainda em 1882. A obra foi marcada também como a primeira estrada de ferro com fins eminentemente turísticos no país.

Ao destacarem os atrativos da cidade, esses livros procuravam repetir o modelo de civilização europeia, apresentando como locais de interesse os monumentos da cidade, e não os lugares de divertimento. Ainda que, em seu disperso conjunto, esses monumentos não representassem um patri-

[6] Toussaint-Samson, 2003, p. 88.

mônio fantástico em relação ao dos países europeus, era a partir deles que a cidade mostrava o seu melhor, enquanto Corte imperial e enquanto cidade civilizada e progressista. Foi constantemente destacada, como um dos principais monumentos do Rio, a Estátua Equestre de d. Pedro I — "obra primorosa de escultura do estatuário francês Luiz Rochet" —, projetada em 1825 e inaugurada em 1862 na praça que hoje é conhecida como Praça Tiradentes.

Na primeira publicação, de 1873 — antes da notícia histórica sobre os monumentos, e seguindo a relação de ruas, praças, capelas, conventos, cemitérios e ministérios —, apenas meia página é dedicada aos "divertimentos", com suas ruas de localização e dias ou horários de funcionamento. São eles seis teatros, os grandes parques, como o Jardim Botânico, a Praça da Constituição, o Passeio Público e a Praça Duque de Caxias, e ainda o cassino (sem nome), uma fábrica de cerveja (sem nome) e a fábrica de cerveja Leiden. Nos guias seguintes, teatros, cervejarias e praças passam a ser citados como categorias separadas, com destaque para as praças e os teatros. As praças mereceram descrições detalhadas, principalmente a da Aclamação (hoje da República) e o Jardim Botânico.

Os teatros todos foram sempre listados, nunca passando de 15 casas em um mesmo guia. A temporada lírica da cidade tinha alguma relevância e alguns mapas de plateia dessas casas chegaram a ser veiculados em dois livros.

À medida que uma nova e mais complexa cidade surgia, confeitarias, teatros de revista, cafés-concerto, cafés-dançantes e chopes-berrantes[7] tornavam-se novas opções de entretenimento para os habitantes. Apesar da rápida ascensão, sintetizando a cultura de rua — em oposição aos salões elegantes das famílias nobres —, as casas noturnas com música popular não pareciam relevantes para os autores desses livros. No guia de Valle Cabral, as cervejarias apareceram dentro da seção de "alimentação e bebidas", e não como divertimento. Nesse guia, os pontos de interesse da cidade tomam 62 páginas e precisam ser listados sob classificações e subclassificações. Pela grande abrangência deste que parece ter se tornado

[7] Cervejarias com música ao vivo.

uma referência aos livros que se seguiram, vale exemplificar a seguir alguns dos pontos citados.

Além de "Monumentos, edifícios notáveis e outras obras de arte", é aberta uma seção só para "cemitérios", na qual se descrevem as sepulturas mais importantes, do ponto de vista artístico. Um passeio sugerido de quatro dias começa pelo Paço da Cidade e pelo morro do Castelo, que, apesar de arrasado no início do século seguinte, é considerado um dos lugares a serem "indispensavelmente visitados" porque "ali a vista é circular e simplesmente esplêndida. Descortinam-se a baía e toda a cidade."

Depois de percorrer ruas, praças e monumentos do Centro da cidade, o guia chega aos arrabaldes que circundam a cidade, descritos como "notáveis", pois em geral "primam pelo clima ameno e salubre e vegetação esplêndida", além de abrigar "excelentes palacetes, casas e chácaras", e dispor de "fáceis e cômodos meios de transportes a partir do Centro da cidade". Os arrabaldes mais antigos e mais próximos eram os que atualmente formam os bairros da Glória e do Catete, sendo neste último citados três hotéis. Também foram mencionados: Cosme Velho, Corcovado, Botafogo, Copacabana e Jardim Botânico. Sobre o Corcovado, indicam-se seus dois caminhos de acesso (Cosme Velho e Santa Teresa). Em Botafogo é citado o Pão de Açúcar. Copacabana é um passeio recomendado, apesar de ainda não ser servido por linha de bonde. São mencionados ainda: Gávea (onde são citadas as possíveis inscrições na pedra de mesmo nome), Santa Teresa (onde se encontram "magníficos" hotéis), Caju (local descrito como "muito ameno e agradável", onde se encontra a "Imperial Quinta do Caju" — hoje conhecida como a Casa de Banhos de d. João), Tijuca (recomendando-se a visitação ao Alto da Boa Vista, à Cascatinha, à Mesa do Imperador, à Vista Chinesa e ao Macaco, além de destacar seus "excelentes" hotéis) e lugares das zonas Norte e Oeste da cidade. É importante que se diga que a "volta da Tijuca e da Gávea" — percurso que começava pela Tijuca, passando pela Floresta e terminando pela avenida Niemeyer, no Leblon — foi considerada um dos principais passeios turísticos da cidade, até pelo menos a década de 1960. Tal passeio está especialmente destacado no guia *Como conocer Rio en Automovil*, de 1934.

Ainda considerando o guia de Valle Cabral, vários jardins públicos são citados. Cada um merece uma pequena descrição do tipo: "chafariz ao centro" ou "árvores frondosas". O único citado como "visita indispensável" é o Jardim Botânico: "Ao entrar-se no jardim, ante tão imponente cena que se desvenda aos olhos do visitante, sente-se uma impressão sem igual".

Festas populares são citadas, e sobre o carnaval o autor esclarece que desde 1854 o velho entrudo colonial foi substituído por carruagens e cavalgadas mascaradas e pomposas abrilhantadas pelas sociedades carnavalescas.

Os bilhares são listados com indicação de endereços e preços. Sobre os teatros, diz-se que são dez ao todo na cidade, sendo dois de grande porte, dois pequenos, cinco campestres (nos quais se apresentavam peças de gênero ligeiro) e um teatro-circo.

As regatas do Clube Guanabarense, na praia de Botafogo, constam como um divertimento público muito concorrido. O guia relaciona as linhas de bonde que serviam o local e esclarece que "o clube de regatas também dá partidas-concertos". As corridas de cavalo também eram gratuitas, e outro divertimento popular dos mais prestigiados. O Prado Fluminense, localizado entre S. Francisco Xavier e Benfica, era servido pela Estrada de Ferro D. Pedro II, por bondes e carros de aluguel. Por fim, em "divertimentos particulares", o guia relaciona clubes esportivos e musicais.

Na publicação de 1887, o carnaval é a única festa popular citada. Não é mais descrita como pomposa, e mereceu apenas algumas poucas linhas:

> A festa do carnaval tem todos os anos animação popular, as praças e ruas ficam tomadas de povo, as janelas ocupadas por famílias, todos para verem desfilar as sociedades, e à noite os bailes públicos nos teatros, aonde vão as famílias em camarote.
>
> Os bailes de fantasia em família têm sido dados em Petrópolis e Nova Friburgo, parecendo que as belas fluminenses não gostam da máscara que esconde seus encantos e serve para divertir os outros.[8]

[8] Giolma, 1887: 25.

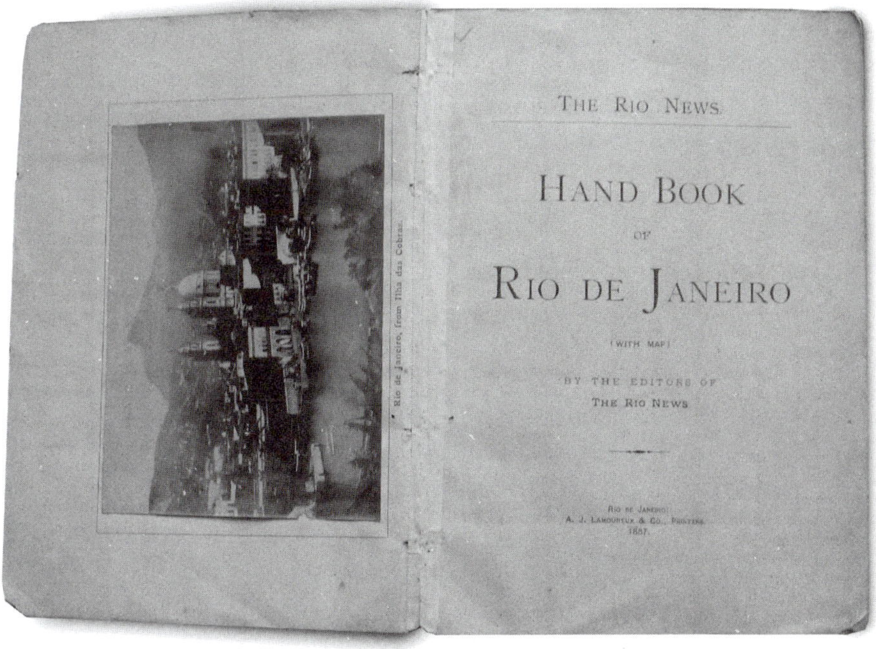

Figura 2: Folha de rosto e foto em papel fotográfico colada à segunda capa do *Hand Book of Rio de Janeiro*, de 1887. Fonte: The Rio News, 1887.

Em 1888, a apresentação da cidade discorre sobre o Centro, a rua do Ouvidor e as principais praças. É dito que a cidade conta com três belíssimos jardins de passeio: o Passeio Público (com terraço com vista para o mar), o Jardim Botânico (com mais de 300 mil espécies vegetais) e a Praça da Aclamação, como "um dos mais admiráveis jardins públicos do seu gênero que existem nas cidades mais afamadas da Europa e América".

Os antigos prédios da cidade são considerados de aparência ruim pelo autor, que, contudo, exalta as novas construções que nos últimos vinte anos vinham formando modernos subúrbios de pitoresca aparência, onde chalés, casas nobres e palacetes de luxo encontravam-se "na verdejante boscagem dos jardins".

Em 1904, o guia de Olavo Bilac oferece um "voo de pássaro", percorrendo o centro a partir da praça XV, passando pela praia de Botafogo, por Copacabana (incluindo Leme e Ipanema), Gávea, Corcovado, Silvestre, Pedregulho, Tijuca, Jardim Zoológico (em Vila Isabel) e baía do Rio de Janeiro.

BRÉSIL

Guide des Etats-Unis du Brésil

RIO DE JANEIRO

Système Bœdecker

FONDATEURS

OLAVO BILAC, GUIMARAENS PASSOS

ET

ANDEIRA JUNIOR

Traduction de ROBERTO GOMES

PREMIÈRE EDITION

ÉDITEURS

BILAC, PASSOS & BANDEIRA

13, Travessa do Rosario, 13

Figura 3: Folha de rosto do *Guide dês Etats-Unis du Brésil*. Fonte: Bilac, Passos e Bandeira, 1904.

A predileção por praças e jardins continuou, mas nesse guia apareceram, pela primeira vez, a avenida do Mangue, que passou a ser muito citada como importante obra de modernização da cidade, e a praia de Botafogo, que passou a ser citada como um dos lugares mais bonitos da cidade. À medida que o traçado urbano vai seguindo para a região à beira-mar, Leme, Copacabana e Ipanema também foram sendo incluídos.

O guia de 1905 faz um longo passeio pela cidade. Sem divisões na estrutura do texto, a descrição de um lugar é emendada à de outro. Igrejas, monumentos, praças, jardins, instituições, teatros e escolas são citados, partindo-se do Centro da cidade para Santa Teresa e Silvestre, então voltando-se ao Centro. "Arrabaldes" mereceu um dos poucos títulos do livro. Citam-se Glória, Catete (com o Palácio Presidencial), Botafogo e a praia de mesmo nome — com a observação de que "nenhum arrabalde da cidade leva-lhe vantagem em importância e beleza". Vamos ao Jardim Botânico, de onde se sugere um percurso de duas horas e meia, seguindo pela rua d. Castorina para se chegar à Vista Chinesa e Mesa do Imperador. Finaliza-se o tema citando os arrabaldes de Laranjeiras, Cosme Velho, Corcovado, Santa Teresa, Paula Matos e Catumbi, entre outros.

O guia de 1906, adotado pela Força Policial do Distrito Federal, despende a maior parte de suas páginas com condutas públicas, circunscrições policiais, repartições públicas e órgãos da Justiça, para depois, finalmente, tratar de assuntos de interesse do viajante, como transportes, hotéis e restaurantes. Logo após, apresenta a seção "Praças, Jardins e Passeios", e mais adiante "Teatros e casas de espetáculos". As principais ruas do Centro não são comentadas, embora esse conteúdo estivesse relativamente coberto pelo "indicador da cidade" ao final do guia. O Teatro Municipal, apesar de encontrar-se ainda em construção, mereceu descrição e foto de sua maquete em gesso, além da planta de plateia. Os teatros Lírico, Carlos Gomes, São José e Lucinda tiveram suas plantas divulgadas.

O guia de 1908, que se caracterizou pela centena de fotos da cidade, é bastante confuso na ordenação dos temas que percorre. Em seu extenso índice, os assuntos de interesse turístico se misturam a todo tipo de informação. Mesmo assim, podemos verificar a presença de alguns temas que dizem respeito às atrações da cidade: Passeios a fazer em um só dia; Teatros e diversões; Jardins e praças públicas; Aspectos do Rio; A Tijuca; O Corcovado; O Sumaré; Melhoramentos do Rio de Janeiro; Avenida Central; e Avenida Beira-mar. Além desta última avenida, o livro enaltece a praia de Botafogo, o Leme, Copacabana e Ipanema.

De 1913, o *Guide de la Baie de Rio de Janeiro* indica sugestões de passeio que se diferem por completo dos outros. No entanto, é preciso lembrar que a baía foi assunto de praticamente todos os livros. Os dois itinerários marítimos sugeridos nessa publicação partem do cais Pharoux, nas imediações da praça XV. O mesmo cais foi o ponto de partida para o "itinerário a seguir para visitar a cidade", desta vez por terra, sugerido pelo guia *La capitale des États-Unis du Brèsil et ses environs*, de 1915. Esse é outro guia a apresentar um enorme sumário, no qual se destacam sugestões de passeio com os seguintes temas: Itinerários a seguir para visitar a cidade; Passeios recomendados; Parques e jardins públicos; Museus e bibliotecas; Estátuas e monumentos; e Principais teatros. A Biblioteca Nacional é adjetivada como "um dos mais importantes edifícios da América Latina", e cita-se seu acervo de obras raras. Mais uma vez a Estátua Equestre de d. Pedro I é exaltada e descrita em detalhes. O acervo do Museu Nacional também é especificado. Além da praia de Botafogo, é citada a praia Vermelha, com referências à exposição de 1908. Em Copacabana e Ipanema são citados dois jardins públicos. A primeira praia é considerada mais pitoresca, mas sobre ambas é dito que são muito frequentadas como passeios para "respirar ar puro".

Seguem-se as recomendações de "parques e jardins públicos, museus e bibliotecas". Depois de "estátuas e monumentos" seguem-se os "principais teatros", com a reprodução das plantas de plateia dos teatros de grande porte — Teatro Municipal, Lírico e Pedro de Alcântara.

No *Guia artístico do Rio de Janeiro*, de 1922, um texto não muito longo, intitulado "A cidade em linhas gerais", percorre o litoral a partir do Arpoador em direção ao Centro. Aí se encontra um anúncio do Restaurante do Leme, que servia banquetes, piqueniques, almoços e jantares, e que ficava aberto durante toda a noite. A avenida Rio Branco e a rua do Ouvidor são citadas como as vias em que se pode ver a sociedade elegante circular. E a sucinta apresentação da cidade termina com um destaque para a festa que, anos mais tarde, se tornaria um dos principais atrativos turísticos do Rio:

> O Carnaval interessa a todas as classes. Altos funcionários, negociantes, empregados do comércio, operários, pessoal de serviço doméstico, todos se divertem na medida de suas posses, pelas ruas, nos bailes, nos préstitos, nos ranchos etc. Dir-se-ia um tríduo de loucura, que perturba a serenidade habitual do carioca. Passada essa vertigem, a cidade volta como por encanto à calma de sempre e o pessoal da limpeza pública apressa-se em apagar os vestígios da borrasca.[9]

O livro passa por aqueles que considera os pontos principais da cidade, como a avenida Rio Branco, avenida Atlântica, Leme, Copacabana e Ipanema. A rua do Ouvidor é a mais importante depois da Rio Branco — "onde se apresenta a sociedade carioca em todo o seu esplendor" — e na Praça Tiradentes o grande monumento equestre a d. Pedro I é mais uma vez destaque. Também merecem destaque: o Passeio Público, o Jardim da Praça da República, a Quinta da Boa Vista (com detalhes do jardim e do museu), o Jardim Botânico, o Jardim Zoológico, o Pão de Açúcar, o Silvestre, os arcos de Santa Teresa e o aqueduto da Carioca, as Paineiras, o Corcovado e a Tijuca. São sugeridas excursões de caminhada, bem detalhadas, à Pedra Bonita, à Pedra da Gávea e à Gruta da Imprensa.

No mesmo ano de 1922, o resumido guia da editora Soria e Boffoni não acrescenta novidades. Seus passeios recomendáveis são o Pão de Açúcar, por meio de "ascensor", o Corcovado, por meio de estrada de ferro, e também Jardim Botânico, Silvestre e Sumaré; Leme e Copacabana; Campo de Sant'Ana e algumas outras poucas localidades com as respectivas indicações de bondes. Sob o título "Esporte" são relacionados os clubes de futebol, *rowing* (remo) e turfe.

---

[9] Photo Studio Huberti, 1922: 42.

A orla vai sendo mais valorizada, porém, em 1932, o guia *Rio moderno* ainda nos mostra no Centro da cidade a sua principal referência de luxo: a avenida Rio Branco. Seguem-se fotos das avenidas litorâneas: Beira-mar (que incluía a praia de Botafogo), Atlântica e Leblon. Entre os lugares interessantes do Rio, destacam-se Pão de Açúcar, Corcovado, Floresta da Tijuca (incluindo Cascatinha, Gruta Paulo e Virgínia, Excelsior e Furnas Agassis), Quinta da Boa Vista, praças da República e Tiradentes e Jardim Zoológico.

A orla e o banho de mar

A receita médica prescrita para dom João VI demorou a se tornar um hábito carioca e um chamariz para turistas. Contudo, relatos e documentação fotográfica comprovam a existência do costume de se banhar no mar da orla do Rio ainda no século XIX, começando a tomar algum fôlego nos primeiros anos do século XX. As mais recorridas eram as praias do Centro, como Santa Luzia e Boqueirão do Passeio, seguidas da praia de Botafogo.

Enquanto na Europa já estava claro o potencial econômico dos balneários à beira-mar com seus hotéis-cassinos, o Rio demorou a investir nesse filão comercial. Se ainda no século XIX alguns hotéis já anunciavam na imprensa suas localizações próximas ao banho de mar, nossos guias praticamente ignoravam essa alternativa de desfrute da cidade. Decerto os estrangeiros que recorriam ao banho de mar no Rio não estavam aqui por esse motivo. Como já afirmamos, a demanda de viajantes à cidade devia-se predominantemente a interesses comerciais. O banho de mar seria apenas um valor a mais, agregado aos serviços dos hotéis, para aqueles estrangeiros que já cultivavam o hábito na Europa, onde começava a vigorar um turismo moderno, apoiado em três modismos: "o termalismo, o cassinismo e o paisagismo".[10]

Na literatura estudada neste trabalho, as referências à orla começam pela fruição da beleza, e não pelo banho em si. No guia de Valle Cabral, começam a aparecer alguns sinais de interesse pelo tema. Na sua seção "hospedagem", sobre o Hotel dos Estrangeiros, na rua do Catete, é dito: "o mar fica-lhe próximo"; e em "arrabaldes", a praia da Restinga do Jardim Botânico (hoje, Leblon) é citada pela natureza, não como local de banho.

[10] Gaspar, 2001: 89.

É um passeio agradabilíssimo, ir-se até à Praia da Restinga, onde furiosamente batem noite e dia ondas do Atlântico. Aí vê-se no final do caminho que começa a Praia do Pinto [na lagoa Rodrigo de Freitas], às vezes sangradouro que se costuma abrir em certas épocas para comunicar a lagoa com o mar.[11]

Ainda no mesmo guia, encontramos o título "asseio", incluindo "banhos", "calistas" (que em geral funcionavam nas casas de banho) e "barbeiros e cabeleireiros". São fornecidos os endereços das casas de banho e preços dos serviços, tais como "banhos frios e quentes de chuva [chuveiro] e de choque" [seriam duchas?]. Sobre o banho de mar, muito pouco é dito, e percebe-se que era praticado por intermédio de um estabelecimento especializado que oferecia diversos serviços:

De mar e de chuva de água salgada — Praia do Flamengo (entrada pelas ruas Dois de Dezembro e Buarque de Macedo) onde os banhos de mar avulsos custam 200 rs, 30 cartões 5$, com roupa 7$, lavagem e conservação de roupa 2$. — R. de Luiz de Vasconcellos (Boqueirão do Passeio) 2 e 4. Banhos de mar avulsos 200 rs, assinatura de 30 banhos 5$. Lavagem de roupa 2$ mensais. Banhos de chuva avulsos 1$ e a assinatura de 15 banhos 10$. Alugam-se gabinetes e vestimentas. Há café e bebidas na entrada do estabelecimento. — Rua de Santa Luzia, 1 — Palácio Flutuante, com magnífico tanque de natação [embarcação ancorada, com tanque de água natural a bordo]. Abre-se às 4h30 da m. O embarque é no Cais Pharoux, nas escadas da companhia. Duchas (aplicações de) sob direção médica, no hotel Balneário, em frente à r. do Marquês de Olinda (Botafogo). Preços: 30 cartões 45$, 15 ditos 20$.

O guia de 1888 (especificamente voltado para o imigrante italiano que trabalharia no campo) é bem superficial quanto ao assunto: "entre as praias a mais bela é a de Botafogo". No guia de 1904, o banho de mar é, outra vez, tratado junto com os banhos dos hotéis ou das casas de banho. O de mar é indicado nas praias do Boqueirão (Passeio), Santa Luzia, Flamengo,

[11] Cabral, 1882: 342.

Leme, Copacabana e São Cristóvão. Em 1905, Paula Pessôa fala da brisa fresca de Copacabana:

> Este é um bairro novo contando já considerável número de boas e bem construídas casas, sendo digno de visita pelas belezas naturais que oferece.
>
> Ainda mais recente é o bairro em seguida a este, na Praia do Arpoador, e conhecido pelo nome de Villa Ipanema — é aprazível, muito saudável, alegre, fresco e dispondo de fácil transporte nos *transways* elétricos que encontram-se no Largo da Carioca, com tabuleta indicadora.[12]

A publicação de 1908 diz que o Leme é uma das mais lindas praias e que, com as de Copacabana e Ipanema, forma uma trindade que constitui um dos mais agradáveis passeios a serem recomendados ao estrangeiro. O cais que contorna a praia de Botafogo, "descrevendo uma graciosa curva", também é considerado pelo autor um dos passeios mais lindos do mundo, e a avenida Beira-mar, outra atração.[13]

Em 1922, o *Guia artístico do Rio de Janeiro*[14] considera entre os pontos principais da cidade a avenida Rio Branco, a avenida Beira-mar, a avenida Atlântica, o Leme, Copacabana e Ipanema, quando por fim o banho de mar aparece com alguma relevância: "As praias são muito frequentadas na estação dos banhos. Foram grandemente apreciadas pelo Rei Alberto, da Bélgica, durante sua estada no Rio de janeiro em 1920, pois não dispensava o seu banho matinal".[15] Em seguida, o passeio pela avenida Atlântica é recomendado a pé, de automóvel ou de bonde. Na mesma publicação, um anúncio do Hotel Central, na praia do Flamengo, traz como chamariz: "Banhos de mar" e "Magnífica vista para a baía de Guanabara".

No mesmo ano, o guia da editora Soria e Boffoni indica como "praias de banho": Lavolina,[16] Flamengo, Copacabana, Leme, Arpoador e São Cristóvão, todas com as indicações das linhas de bondes que as serviam. E

[12] Pessoa, 1905: 128.

[13] Moura, 1908: 54.

[14] Apesar do nome, este não era um guia sobre os monumentos artísticos da cidade, mas um guia artisticamente ilustrado pelo fotógrafo Huberti.

[15] Photo Studio Huberti, 1922: 66.

[16] A praia da Urca era conhecida como Lavolina por causa de uma placa publicitária de um produto com esse nome instalada no local.

também aquelas localizadas em Niterói: Icaraí, Flecha, Saco de São Francisco, Vermelha e Boa Viagem. Finalmente, um guia editado pelo Hotel Glória, em 1932, abre com uma foto de praia em página inteira. Curiosamente não se trata dos arredores do hotel, mas da praia da Urca. E lotada! Apesar disso, o guia não fornece informações sobre as praias da cidade, ou dicas sobre o acesso ao banho de mar.

Quando o americano Gibson publica seu *Rio*, em 1937, claro que a praia — principalmente a de Copacabana — já era um atrativo notório da cidade, e uma imagem de Ipanema aparece em seu livro. As décadas de 1920 e 1930 fizeram surgir vários hotéis à beira-mar entre Botafogo e Copacabana, mas talvez desfrutar as altas temperaturas da cidade ainda fosse uma coisa culturalmente complicada. Por isso, o autor aconselha: "Vá no inverno, a não ser que você tenha uma boa razão para fazer de outro modo". Mas talvez seus leitores não tenham prestado atenção ao recado... Nascia o Rio de praia e sol, imagem que perdura até hoje.

Referências

BILAC, Olavo; PASSOS, Sebastião Cícero dos Guimarães; BANDEIRA JUNIOR, Antonio Francisco. *Guide des Etats-Unids du Brésil.* Rio de Janeiro: Bilac, Passos e Bandeira, 1904.

BOYER, Marc. *História do turismo de massa*. Bauru: Edusc/ Salvador: Edufba, 2003.

CABRAL, A. do Valle. *Guia do viajante no Rio de Janeiro*. Rio de Janeiro: Tipografia da Gazeta de Notícias. 1882.

GASPAR, Jorge. O retorno da paisagem à geografia. *Finisterra*, v. 36, p. 89, 2001.

GIOLMA, E. M. *Impressões de viagem Brasil-Europa*. Ida e volta — livro-guia de viagem. Rio de Janeiro: Tipografia Perseverança, 1887.

KOSHAR, Rudy. *German Travel Cultures*. Nova York: Berg, 2000.

MOURA, A. *Guia do Rio de Janeiro*. Rio de Janeiro: A. Moura, 1908.

PESSOA, Paula. *Guia da cidade do Rio de Janeiro*. Rio de Janeiro: Bevilacqua, 1905.

PHOTO STUDIO HUBERTI. *Guia artístico do Rio de Janeiro*. Rio de Janeiro: Photo Studio Huberti, 1922.

THE RIO NEWS (ed.). *Hand Book of Rio de Janeiro*. Rio de Janeiro: A.J. Lamoureux & Co., 1887.

TOUSSAINT-SAMSON, Adèle. *Uma parisiense no Brasil.* Rio de Janeiro: Capivara, 2003 [1883].

Uma Copacabana para o mundo: a década de 1920 e a invenção do Rio atlântico

Julia O'Donnell

Nos idos de 1824, em seu livro *Diário de uma viagem ao Brasil*, a escritora inglesa Maria Graham deixou o seguinte registro:

> [...] juntei-me a um alegre grupo num passeio a cavalo a uma pequena fortaleza que defende uma das baías atrás da praia Vermelha e de onde se pode ver algumas das mais belas vistas daqui. As matas das vizinhanças são belíssimas e produzem grande quantidade de excelente fruta chamada cambucá, e nos morros o gambá e o tatu encontram-se frequentemente.[1]

Dez anos mais tarde, em 1834, Jean-Baptiste Debret relatou, em seu *Viagem pitoresca e histórica ao Brasil*, o seguinte cenário:

> Vê-se no meio da areia a pequena igreja, isolada num pequeno platô, mais à direita um segundo plano, formado por um grupo de montanhas, entrando pelo mar, e esconde a sinuosidade do banco de areia, cuja extremidade reaparece com sua parte cultivada, tão reputada pelos seus deliciosos abacaxis.[2]

---

[1] Graham, 1990: 321.

[2] Debret, 1989: 213

Além do fato de as descrições serem fruto de viajantes europeus ao então Império do Brasil, com clara atenção aos atributos naturais e pitorescos da paisagem, os trechos guardam ainda uma importante semelhança: ambos se referem ao que hoje corresponde ao bairro de Copacabana. Não é preciso conhecer a região para compartilhar do estranhamento que tais descrições certamente despertam. Conhecida em todo o mundo, Copacabana seguramente faz jus ao texto que a apresenta, hoje, numa enciclopédia virtual:

> Copacabana é um dos bairros mais famosos da cidade do Rio de Janeiro. Localizado na Zona Sul da cidade, Copacabana tem em torno de 150 mil habitantes de todas as classes sociais [...]. Bairro de boêmia, glamour e riqueza, Copacabana deu origem a muitas músicas, livros, pinturas e fotografias, virando referência turística do Brasil. Copacabana é um dos bairros mais belos, cosmopolitas, democráticos e pujantes da cidade, atraindo grande contingente dos turistas para seus mais de 80 hotéis, que ficam especialmente cheios durante a época do Réveillon e do Carnaval. No fim de ano, a tradicional queima de fogos que pode ser contemplada por todos na areia é um festival que atrai uma multidão de pessoas, turistas ou não. A orla ainda é lugar de variados eventos, como shows nacionais e internacionais, durante o resto do ano.[3]

É fácil perceber que o texto acima não descreve somente o desenvolvimento espacial e demográfico da bucólica região que havia encantado os estrangeiros com seus cambucás, tatus e abacaxis. Não é difícil inferir que a apresentação atual do bairro não se limita a uma (impressionante) narrativa numérico-espacial. Boemia, glamour, riqueza, multidão, cosmopolitismo e turismo são algumas das palavras empregadas nessa descrição que corresponde, em grande medida, ao senso comum produzido acerca do bairro e recorrentemente acionado por quem nele vive, trafega ou até mesmo por aqueles cujo contato com a famosa praia se limita às transmissões anuais daquele que se pretende "o maior réveillon do mundo". Copacabana é, sem dúvida, hiperbólica.

[3] Wikipedia, s.n.t.

Copacabana foi, progressivamente, desde o final do século XIX, ocupando as páginas dos jornais, os cofres dos investidores e a imaginação dos cronistas. No entanto, diferentes fontes — entre elas cartões-postais, periódicos, documentos da municipalidade, crônicas etc. — apontam unanimemente em uma direção: não apenas o crescimento físico e demográfico do bairro, como também a consolidação de um estilo de vida explicitamente associado a Copacabana tomaram corpo ao longo da década de 1920, num processo de expansão cujo auge, na década de 1940, deu ao bairro as feições que ainda hoje o caracterizam..

Publicados em 1928 e 1932, respectivamente, os guias *O Rio de Janeiro e seus arredores* (da Sociedade Anônima de Viagens Internacionais) e *South American Handbook* (lançado na Inglaterra) mostravam uma cidade certamente estranha aos visitantes que hoje enchem a cidade nos meses de verão. Destacando o centro da então capital da República e chamando atenção dos potenciais turistas para praças, jardins, fontes, estátuas e cafés, aqueles guias deixavam de lado o Rio praiano, revelando o longo caminho que aquela parcela da cidade ainda teria de percorrer até se fixar no repertório turístico internacional.[4] Em 1937, a mesma ideia era reforçada pela *carte touristique* publicada pelo governo federal, na qual os bairros praianos ao sul, hoje centrais em qualquer mapa turístico da cidade, apareciam a noroeste da imagem, numa posição evidentemente secundária em relação ao principal polo de atrações.[5]

Um novo hotel para uma nova nação

Inaugurado em 1923, o Copacabana Palace representou um marco inconteste daquele processo de expansão urbana e de ressignificação simbólica do espaço por que passava a capital da República. Quem atualmente transita por Copacabana não encontra dificuldades para identificar a construção. O Copacabana Palace, o mais famoso hotel do Brasil, tornou-se parte natural da paisagem da Zona Sul carioca e marco inabalável de uma já não

[4] Castro, 1999: 83.

[5] Id., 2005: 121.

menos natural associação daquela região a signos como *status*, cosmopolitismo e lazer. Destacando-se por sua dimensão e opulência, o edifício integra um panorama formado por um verdadeiro paredão de prédios de mais de 10 andares que, conforme o ângulo a partir do qual se olha, o tornam invisível a quem caminha pela praia. A situação encontrada por um visitante que transitasse por Copacabana no início da década de 1920 era, como é de se imaginar, bastante diversa. Visível de qualquer ponto do Leme ou de Copacabana, em 1922 a construção se impunha, soberana, sobre os palacetes que, com seus dois ou três andares de altura, reverenciavam a magnitude do novo edifício dando as boas-vindas à civilização que se impunha como monumento.

Mas, além do otimismo trazido pelo anúncio da edificação do hotel aos moradores locais, que viam na novidade uma prova definitiva do desenvolvimento do bairro, é preciso entender, no âmbito mais amplo das dinâmicas socioespaciais daquele contexto, as motivações e, principalmente, os significados da ousadia sobre a qual se ergueu tão vultoso empreendimento.

O Copacabana Palace foi construído por sugestão do então presidente Epitácio Pessoa, cujo governo (1919-1922) enfrentava o desafio de repensar os contornos da nação em meio ao desgaste evidente do modelo republicano e às discussões impulsionadas pela proximidade do centenário da Independência. Inaugurando uma década de profundos debates sobre os rumos políticos e identitários do país, sua gestão viu no emblemático 7 de setembro de 1922 uma oportunidade para reunir, sob a grandiosidade de uma Exposição Universal, diferentes momentos e personagens da história nacional, numa nítida tentativa de (re)articulação do binômio brasilidade/modernidade. Em meio aos preparativos para o evento, uma questão de ordem prática se impunha: era preciso alocar os ilustres convidados do evento em consonância com a imagem com a qual se pretendia que o Brasil fosse propagandeado mundo afora. Urbana e salubre, pontilhada de morros verdejantes e suntuosos palacetes, bucólica e moderna, Copacabana despontava como candidata ideal. Ali, diante do oceano, respirando os ares puros da natureza junto aos ventos da novidade, os visitantes não teriam dúvidas a respeito do modelo de civilização com o qual o Brasil buscava seu lugar no mapa das nações.

Figura 1: "Residência ideal para famílias. Auto-ônibus para serviço dos hóspedes. Local delicioso para almoçar, jantar, chá, aperitivos etc. Luxuosos salões de banquetes e festas. Restaurante sob a direção de afamado chef francês". Fonte: *Revista da Semana*, 1º de setembro de 1923:

Procurado por Epitácio Pessoa, Otávio Guinle aceitou o desafio. Dono dos luxuosos Hotel Palace (na avenida Central) e Hotel Esplanada (em São Paulo), seu nome aliava dois componentes fundamentais à empreitada idealizada pelo então presidente: grandes somas de capital e farta experiência no ramo hoteleiro.

Inspirado em dois famosos hotéis da Riviera francesa (o Negresco, em Nice, e o Carlton, em Cannes), o projeto apresentado pelo arquiteto francês Alfred Gire não deixava dúvidas a respeito da magnitude do que se ergueria por entre os palacetes de Copacabana. Em meio ao cimento alemão, ao mármore de Carrara, aos vidros e lustres da Tchecoslováquia, aos móveis franceses e aos cristais da Boêmia,[6] nascia com os 250 quartos do hotel a firme sugestão de que aquele seria, sem tardar, o primeiro grande

[6] Ver Boechat, 1998.

balneário brasileiro, herdeiro estético e ideológico de um estilo de vida identificado com os mais sofisticados metros do litoral europeu.

Apesar de a inauguração do Copacabana Palace em 1923 ter representado um marco importante do investimento do poder público e do capital privado na inserção do Rio de Janeiro no mapa turístico mundial, a verdade é que, a despeito da observância aos mais rigorosos padrões internacionais de recepção, conforme sugerem os referidos guias turísticos do período, sua localização praiana parecia ser um empecilho. Mas, afinal, se os próprios cariocas, explicitamente inspirados em cenários europeus e norte-americanos, investiam desmedidamente na divulgação do estilo de vida praiano, por que o litoral demorava a se apresentar como alternativa aos turistas? Os periódicos da época nos sugerem boas pistas. Numa campanha que se alastrava pelos mais diversos meios de imprensa, a virada da década assistiu a uma avalanche de argumentos que, sob a forma de protesto ou de sugestão, deixavam bem claro seu recado: era preciso atrair os visitantes estrangeiros para os bairros atlânticos ao sul da cidade.

A cidade à *Beira-Mar*

Uma fonte preciosa para a apreciação daquele movimento é o periódico *Beira-Mar*. Lançado em 1922, com o propósito declarado de defender os interesses daquilo que identificava como a *CIL* — sigla empregada para designar o conjunto físico e simbólico composto por Copacabana, Ipanema, Leme e, mais tarde, Leblon —, o *Beira-Mar* dedicou seus 22 anos de publicações regulares a narrar, defender e analisar as causas dos "bairros atlânticos" e de seus ilustres moradores, os *cilenses*. Não é de se estranhar, portanto, que o periódico abraçasse sem reservas a causa do incremento do turismo na região, deixando muito claro que esse era um caminho certeiro à consolidação da *CIL* como menina dos olhos da capital da República.

Na primeira de suas tantas matérias dedicadas ao tema, as páginas do *Beira-Mar* convocavam seus leitores à reflexão:

> Os nossos irreverentes hóspedes sorriem ao notar que nada há aqui de brasileiro, excluindo os panoramas, alguns resquícios da prosódia tupi ou congole-

sa, e uma vivacidade subequatorial inconfundivelmente indígena. Tirando a beleza morena das nossas conterrâneas e a afabilidade dos nossos homens de Estado, que impressões levam os estrangeiros deste país? [7]

O texto termina com um lamento pela falta de "senso prático intuitivo" dos brasileiros, e com a afirmação de que os balneários poderiam ser ótimas fontes de renda para a municipalidade. Seja nas entrelinhas daquele pitoresco panorama da nacionalidade, ou na sugestão que encerra a reflexão, fica muito claro que o autor propunha a urgência de um esforço de dissociação do país daquela imagem exclusivamente exótica e pitoresca. Era preciso também investir em índices internacionalmente reconhecidos de civilização, sob pena de as benesses do turismo capitalista jamais aportarem em nossas terras.

Quatro meses mais tarde, o mesmo periódico explicitava aquela questão em termos bem mais pragmáticos. Perguntando-se "Por que os turistas não procuram Copacabana, a mais formosa praia do mundo?", o cronista discorre:

Já observaram que os turistas que nos visitam nada se demoram entre nós? [...] As nossas montanhas, as nossas águas e o nosso céu invadem-lhe as pupilas, e os recém-chegados, em sua gentil algaravia, compõem loas mais ou menos exageradas, ao esplendor da natureza brasileira [...]. Depois, esses visitantes depressa partem daqui, levando, nas tintas atordoadas da imaginação, a lembrança forte da nossa luz, da nossa vegetação e do nosso ar [...]. O motivo, evidentemente, é a falta de conforto e liberdade nos hotéis e ausência de estabelecimentos de recreio em que se gaste dinheiro com prazer. [...] O Brasil é uma insuperável natureza, e não vai além da natureza, para os nossos visitantes. Olhada a paisagem, nada mais eles têm a olhar... e embarcam... para a Argentina [...].[8]

Aqui, novamente, não pairam dúvidas sobre a atração exercida por nosso cenário natural sobre os turistas estrangeiros. A partir da reiteração des-

---

[7] *Beira-Mar*, 24 fev. 1929: 3.

[8] *Beira-Mar*, 16 jun. 1929: 2.

se fato inconteste, o que se anuncia no texto é a inserção do Rio de Janeiro (e do Brasil) numa espécie bastante peculiar de turismo que, baseada na contemplação, se caracterizava pela pouca demora dos visitantes entre nós. A exemplo do que sugeria o trecho anterior, isso se explicaria pela ausência de conforto e de opções de lazer diretamente ligadas ao gasto de dinheiro, numa clara associação da atividade turística com um modelo bastante específico de capitalismo e, na mesma medida, de individualismo. A caracterização do Rio de Janeiro como um mero lugar de passagem para viajantes rumo à Argentina só vem a reforçar essa imagem, mostrando que, a exemplo do que encontravam às margens do Prata, os estrangeiros estavam à procura de modelos locais de civilização que, ainda que em cores próprias, lhes proporcionassem o acesso a padrões internacionais de conforto e lazer. Não é um acaso que a famosa editora alemã de guias turísticos Baedeker fizesse do Rio de Janeiro, em 1914, um mero apêndice da edição dedicada à Argentina.[9]

Com a ideia de que era preciso unir às maravilhas da paisagem local um forte investimento em infraestrutura civilizatória, o mesmo autor conclui:

> Se a prefeitura, de comum acordo com os nossos capitalistas patriotas, quisesse atrair a curiosidade dos turistas estrangeiros para o grande balneário que se arqueia entre o Leme e Leblon — ora criando postos de salvamento novos, ora facilitando a construção de hotéis cassinos, ora incentivando o progresso local —, não estranharíamos que, dentro de uns três anos, 10 ou 20 transatlânticos aportassem ao Rio de Janeiro, carregando um enxame de *yankees* buliçosos e risonhos...[10]

Por detrás da profecia inscrita naquelas linhas se articulava bem mais do que uma simples proposta de cunho pragmático. Era na revisão do modelo vigente da relação entre natureza e cultura que se apoiava o autor do texto, deixando entrever que entre o localismo e o cosmopolitismo não tremulavam apenas os contornos do projeto de uma identidade nacional: a

[9] Cf. Martínez, 1914.

[10] *Beira-Mar*, 16 jun. 1929: 2.

fisionomia dos bairros atlânticos (e, de certa forma, de toda a cidade) também precisava responder às demandas do tempo.

Às vésperas do verão de 1929, os postos de salvamento de madeira começaram a ser substituídos por novos e modernos postes de observação, construídos em concreto armado. Diversos outros melhoramentos também se acrescentaram: duas novas ambulâncias recém-aparelhadas, novos equipamentos e novas barracas para o pessoal de salvamento.[11] Ao final daquele mesmo ano, a *CIL* contava com pelo menos meia dúzia de hotéis: além do Copacabana Palace, o Washington Hotel, o Hotel de Londres, na avenida Atlântica, o Hotel Balneário, na rua Siqueira Campos, o Hotel Ritz, na avenida Delfim Moreira, e o Hotel Leblon, na avenida Niemeyer.[12] Se antes as comparações com as mais famosas praias internacionais serviam para legitimar o enaltecimento da beleza de Copacabana, a estratégia era agora empregada com outros propósitos:

> [...] Na Europa, desde que Biarritz atingiu seu apogeu, com a preferência imperial pelas suas águas, há 70 ou 80 anos, qualquer praiazinha, até mesmo os 'trous' da Bretanha, com 10 ou 12 casinhas de pescadores, tem as suas barraquinhas, elegantes e pintadas alegremente, oferecendo a qualquer forasteiro as suas comodidades modestas. [...] Nós, não. Contentamo-nos com o que Deus nos deu, e se alguns hotéis não abrissem ao público suas cabines, as praias do Leme, Copacabana, Ipanema e Leblon seriam praias particulares, para uso exclusivo dos moradores das avenidas oceânicas. Isso é um erro, e um egoísmo prejudicial, porque justamente na afluência de forasteiros está a riqueza e a garantia de incessante progresso de nossos bairros magníficos, mas ainda demasiadamente fechados.[13]

Começava a ficar evidente que a ausência de turistas custava aos bairros atlânticos bem mais do que os muitos dólares que deixavam de recolher. Custava-lhes, acima de tudo, o risco de sua associação a um isolamento que poderia, sem demora, traduzir-se por um irreversível provincianismo. Mais

---

[11] Ver Baptista, 2007.

[12] *Beira-Mar*, 21 set. 1930: 3.

[13] *Beira-Mar*, 23 fev. 1930: 2.

do que um investimento financeiro, a abertura dos bairros para o turismo internacional era, portanto, uma demanda inserida na lógica do capital simbólico sobre o qual se mantinha a orgulhosa distinção local.

Algumas semanas mais tarde, o mesmo periódico insistia naquele tema, afirmando que "bem procederia quem trabalhasse por fazer de Copacabana o que ela, até agora, não é: um centro de turismo".[14] Os apelos, ao que parecem, não foram em vão. Naquele mesmo mês se anunciava, para setembro daquele ano, a realização do grande Concurso Internacional de Beleza, cujas formalidades aconteceriam nas suntuosas dependências do hotel de Otávio Guinle. O *Beira-Mar* festejava:

> O grande acontecimento que o Concurso Internacional de Beleza marcará na primavera próxima virá emprestar a Copacabana um prestígio considerável. Certamente, estrangeiros aos milhares visitarão o Brasil para acompanhar de perto a marcha dos trabalhos do júri estético, preferindo morar nos nossos apartamentos e hotéis, em que demorarão todo o tempo do certame.[15]

O entusiasmo do periódico local não era de todo exagerado. De fato, a realização do concurso voltou as atenções da imprensa para Copacabana, e, mais especificamente, para a varanda do hotel, que servia de passarela para a apresentação das candidatas. No dia 8 de setembro, para completo deleite do público local, o júri dava à gaúcha Yolanda Pereira a faixa de Miss Universo. Não por acaso, apenas uma semana depois o mesmo hotel sediava um encontro entre os delegados do Terceiro Congresso Sul Americano de Turismo.[16] Um mês mais tarde, somava-se à memória recente daqueles eventos a proximidade do início da estação calmosa. E o colunista da *Careta* não hesitava em sentenciar: "O momento, na cidade, pertence à Copacabana".[17]

[14] *Beira-Mar*, 16 mar. 1930: 2.

[15] *Beira-Mar*, 30 mar. 1930: 1.

[16] *Careta*, 27 set. 1930.

[17] *Careta*, 25 out. 1930.

Copacabana descobre o turismo...

Não tardou para que os mais diferentes matutinos da cidade anunciassem uma novidade que vinha ao encontro das demandas apresentadas pelos sempre atentos defensores do progresso do bairro: a instalação de pavilhões para banhistas na praia de Copacabana, "a exemplo dos que já existem em Biarritz, Estoril e Côte D'Azur".[18] Com o sugestivo título de "O Rio — a cidade de turismo por excelência", o *Diário de Notícias* não poupava floreios ao cenário atlântico:

> [...] o verão desce sobre a cidade maravilhosa. [...] As praias do Rio — a metrópole vertiginosa por excelência — tornam-se então pontos obrigatórios de reunião das mais altas figuras da nata da sociedade carioca. Esse ano, o verão em Copacabana terá uma fisionomia nova que nos fará recordar as praias repletas de Biarritz, Hendaya, ou da costa do sol.[19]

Contudo, em uníssono com as campanhas que lhe precediam, a matéria condicionava o sucesso daquele panorama às novas benfeitorias que advinham:

> [...] a linda praia atlântica se pontilhará de vários grupos de pavilhões destinados à mudança de roupa, dotados de todos os requisitos de higiene e de conforto como sejam assento, estrado, cabides, espelho, chuveiro de água doce e perfumada, tudo, enfim, que seja indispensável à perfeita comodidade do público aristocrático e fino que frequenta as alvacentas areias de Copacabana. De formas geométricas sugestivas e linhas coloridas, os pavilhões aludidos, que se destinam também à guarda dos vestuários, são extremamente decorativos e servem ainda de abrigo do sol.[20]

As barracas, iniciativa da Sociedade de Fomento Turístico, "da firma Duarte & C.", deveriam ser instaladas nos postos 4 e 6, atendendo à grande presença de banhistas naqueles pontos da praia. O benefício, entretanto,

[18] *Diário de Notícias*, 23 nov. 1930: 5.

[19] Ibid.

[20] Ibid.

não estaria ao alcance de todos: para usufruir dos "pavilhões pequenos", destinados à troca de roupa e providos de chuveiro, seriam gastos nada menos que dois mil réis, que correspondiam, por exemplo, a quase quatro vezes o valor de uma revista elegante como a *Careta*.

Apesar dos muitos aplausos, a ideia não foi adiante. As manifestações por ela geradas revelam, no entanto, que o discurso em prol do rompimento do isolamento da elite copacabanense não correspondia a um gesto de altruísmo por parte de um segmento generosamente disposto a abrir mão de seus privilégios. Pautado em critérios muito firmes de moralidade e elegância, o objetivo era claro: atrair para o bairro aquilo que o mundo tinha de mais distinto. As palavras de Theo Filho, editor do *Beira-Mar*, a respeito do anúncio daquele mesmo empreendimento não deixam dúvidas:

> Julgamos oportuno e interessante o presente empreendimento, porque, além de sua incontestável utilidade, torna a praia mais animada, imprimindo-lhe maior elegância e conforto, facilita o uso de banhos a pessoas que residem longe, porque evita que estas tenham de regressar à casa encharcadas, o que é anti-higiênico, e influi na boa impressão do "turiste".[21]

Se as iniciativas relativas ao provimento de infraestrutura balneária pareciam entrar na ordem do dia, o mesmo não acontecia com a outra grande questão contra a qual se debatiam os bandeirantes do progresso local: a falta de divertimentos (leia-se cassinos) oferecidos aos visitantes estrangeiros. A associação entre turismo e jogo, insistentemente acionada pelos envolvidos naquele debate, não era nova. A tríade "termalismo, cassinismo e paisagismo" já vigorava na Europa desde o século XVIII, quando se difundiram as viagens com fins terapêuticos pelo velho continente.[22] Foi, no entanto, apenas no século XIX que, de coadjuvante, o jogo passou a protagonista em diversos destinos, num movimento iniciado em 1861, com a inauguração do cassino de Monte Carlo, em Mônaco. Não por acaso, Otávio Guinle condicionou a construção do Copacabana Palace à autorização para abrir em suas dependências também um cassino, argumentando ser aquele um pré-requisito fundamental à viabilidade financeira do projeto, que consistia num grande

---

[21] *Beira-Mar*, 30 mar. 1930: 2.

[22] Ver Rejowski, 2002.

investimento localizado numa região que ainda não figurava nos mapas turísticos da cidade.[23] Em 1926, contudo, o governo de Washington Luís proibira o funcionamento das casas de jogo em todo o país, afetando sobremaneira os lucros do setor hoteleiro.[24] Entrevistado pelo *Beira-Mar*, o proprietário do Hotel Londres, em Copacabana, relatava sua experiência:

> [...] há três ou quatro anos nós assistíamos a um movimento extraordinário de visitantes da Argentina, Uruguai, Chile e mesmo da Europa. [...] Os passeios pitorescos, os balneários, a beleza de nossas praias e principalmente as atrações do jogo é que prendiam os nossos amáveis hóspedes... Atualmente, nós ficamos apenas com as surpresas da perspectiva e com o ineditismo dos panoramas. Banida a atração primordial, cessaram os motivos que os traziam para cá.[25]

Conforme mostram as inúmeras referências ao tema presentes no semanário praiano, o jogo era visto como elemento constituinte do mundo balneário, a exemplo do que ocorria nas praias do Mediterrâneo. O cassino era, afinal, o lugar onde os estrangeiros podiam "gastar as suas libras ou os seus dólares em um divertimento aristocrático à altura de suas posses". Sem cassinos, "sem barracas e sem outras atrações que não sejam as naturais", o turista sairia de Copacabana com sua "carteira intacta".[26]

... E O TURISMO DESCOBRE COPACABANA

O ano de 1933 marcou uma guinada naquele quadro. Liberados pelo governo Vargas, os cassinos voltaram a movimentar a cidade, sediando não apenas apostas como também uma concorrida agenda cultural. Naquele ano foi reaberto o cassino do Copacabana Palace e inaugurado o Cassino Balneário da Urca. Um ano mais tarde abriu as portas o Cassino Balneário

[23] Durante a construção do hotel, uma lei federal restringiu a prática do jogo às estâncias hidrominerais, dando início a uma longa disputa judicial movida por Octavio Guinle (ver Boechat, 1998).

[24] Cf. Bretas, 1997.

[25] *Beira-Mar*, 21 set. 1930: 1.

[26] *Beira-Mar*, 30 nov. 1930: 2.

Atlântico, no posto 6, saudado pelo *Beira-Mar* "pelas suas linhas imponentes", fazendo lembrar "os balneários de Palm Beach e Miami".

Figura 2: "Projeto do futuro Cassino Balneário Atlântico, que se erguerá na extremidade de Copacabana, na Igrejinha, e que, pelas suas linhas imponentes, lembrará os balneários de Palm Beach e Miami". Fonte: *Beira-Mar*, 9 set. 1933.

Com traços modernos e arrojados, o projeto do novo cassino espelhava o sentido que se tentava atribuir à iniciativa. A volta dos cassinos atendia, portanto, a uma das principais exigências do modelo praiano elegante defendido pela elite local como padrão de ocupação de sua praia. Também em 1933, outra novidade veio a reforçar a crescente visibilidade dos bairros atlânticos perante o público estrangeiro: o ingresso do Circuito da Gávea no calendário internacional de automobilismo. Apesar de o trajeto oficial da competição incluir apenas a avenida Niemeyer e parte do Leblon, os pilotos usufruíam da estrutura turística de Copacabana. Em poucos anos, a distante aspiração por atrações civilizadas parecia tornar-se realidade.

Os resultados desse esforço, no entanto, não foram exatamente aqueles desejados pela elite de Copacabana. Por mais que esta tentasse afirmar seu potencial turístico pela similaridade com outros balneários europeus, era a impressão algo indiferenciada de um exotismo tropical que ficaria marcada no olhar estrangeiro. É o que mostrava, no fim daquele mesmo ano, o musical *Voando para o Rio*, produzido em Hollywood e em grande parte ambientado nas luxuosas dependências do Copacabana Palace. O que poderia ter entrado para a história como o grande momento de consagração mundial do bairro esbarrava num detalhe nada desprezível: as cenas externas mostram um "desfile de cenas de cartão-postal que começa na baía de Guanabara, passa pelo centro da cidade [...], vai ao Alto da Boa Vista, visita o moderno Jockey Club, dá a volta no Pão de Açúcar e se encerra no Jardim Botânico".[27]

E nem sinal da praia de Copacabana...[28]A efetiva exportação das praias cariocas como paradigma de um modelo de nacionalidade teria de esperar até o final da década para se consolidar. Àquela altura, no entanto, a brasilidade reverberada pela imagem dos bairros atlânticos mundo afora já não seria exatamente aquela sonhada pela orgulhosa elite local.

De fato, a partir da primeira metade da década de 1930, o turismo passou a figurar como parte estratégica de uma política de Estado que investia desmedidamente na valorização do binômio mestiçagem/civilização como a mais perfeita tradução de "brasileiro". Em meio àquelas transformações, o projeto abraçado pelas altas rodas que buscavam fazer do universo praiano o novo polo de civilidade e distinção parecia já não dar conta da complexidade de uma Copacabana que, anos mais tarde, ciceroneada por Zé Carioca, se apresentaria para o mundo conjugada ao samba, à malandragem e à cachaça.

Figura 3: *Alô amigos*, 1943. Fonte: Zé Carioca..., 1981, p. 5.

[27] Freire-Medeiros, 2005: 12.

[28] As poucas cenas externas ambientadas na praia foram filmadas em Malibu.

Lançado pela Disney em 1943, o filme *Alô amigos* mostrava o americano Pato Donald deslumbrado diante do cenário tropical, dançando junto com Zé Carioca ao som da celebração do "mulato inzoneiro". A imagem do traçado ondulado das pedras portuguesas sobre a qual apareciam os dois personagens não deixava dúvidas sobre o protagonismo atribuído naquele momento a Copacabana na representação de um cenário brasileiro por excelência. Como queriam os *cilenses*, os bairros atlânticos haviam, de fato, atravessado continentes, atraindo turistas dos mais diversos cantos do globo. No entanto, apesar de efetivamente associada ao glamour, Copacabana passava a figurar como protótipo de uma nacionalidade cujos parâmetros escapavam, em múltiplos níveis, daqueles critérios sobre os quais se construíra a orgulhosa identidade da elite praiana.

Referências

BAPTISTA, P. *Rumo à praia*: Théo-Filho, *Beira-Mar* e a vida balneária no Rio de Janeiro dos anos 1920 e 1930. Rio de Janeiro, 2007. Dissertação (Mestrado em História Social) — Programa de Pós-graduação em História Social, Instituto de Filosofia e Ciências Humanas, Universidade Federal do Rio de Janeiro. Rio de Janeiro, 2007.

BOECHAT, R. *Copacabana Palace*: um hotel e sua história. São Paulo: DBA, 1998.

BRETAS, M. L. *Ordem na cidade*: exercício cotidiano da autoridade policial no Rio de Janeiro: 1907-1930. Rio de Janeiro: Rocco, 1997.

CASTRO, C. A natureza turística do Rio de Janeiro. In: BANDUCCI, A.; BARRETO, M. *Turismo e identidade local*. Campinas: Papirus, 2005. p. 121.

______. Narrativas e imagens do turismo no Rio de Janeiro. In: VELHO, G. (org.). *Antropologia urbana*: cultura e sociedade no Brasil e em Portugal. Rio de Janeiro: Zahar, 1999. p. 83.

DEBRET, J. B. *Viagem pitoresca e histórica ao Brasil*. Belo Horizonte: Itatiaia, 1989.

FREIRE-MEDEIROS, B. *O Rio de Janeiro que Hollywood inventou*. Rio de Janeiro: Zahar, 2005.

GRAHAM, M. *Diário de uma viagem ao Brasil*. Belo Horizonte: Itatiaia, 1990.

MARTÍNEZ, A. *Baedeker of the Argentine Republic*. Barcelona: R. Sopena, 1914.

O'DONNELL, Julia. *A invenção de Copacabana*. Rio de Janeiro: Zahar, 2013.

REJOWSKI, M.. Desenvolvimento do turismo moderno. In: ______. (org.). *Turismo no percurso do tempo*. São Paulo: Aleph, 2002.

WIKIPEDIA. Copacabana, s.n.t. Disponível em: http://pt.wikipedia.org/wiki/Copacabana. Acesso em: 23 jul. 2010.

ZÉ CARIOCA 20 anos. Edição comemorativa. São Paulo: Editora Abril, 1981.

Artigos de Periódicos

Beira-Mar, 24 fev. 1929, p. 3.

Beira-Mar, 16 jun. 1929, p. 2.

Beira-Mar, 23 fev. 1930, p. 2.

Beira-Mar, 16 mar. 1930, p. 2.

Beira-Mar, 30 mar. 1930, p. 1.

Beira-Mar, 30 mar. 1930, p. 2.

Beira-Mar, 21 set. 1930, p. 3.

Beira-Mar, 21 set. 1930, p. 1.

Beira-Mar, 30 nov. 1930, p. 2.

Careta, 27 set. 1930.

Careta, 25 out. 1930.

Diário de Notícias, 23 nov. 1930. p. 5.

De guarda-tesouros a espaço de lazer: o Museu Histórico Nacional e o turismo*

Aline Montenegro Magalhães

E cada visita que se faça ao Museu é uma lição de história do Brasil que se aprende.

Gustavo Barroso, 1923.

O Museu Histórico Nacional foi criado pelo presidente Epitácio Pessoa em 2 de agosto de 1922 e aberto ao público no dia 12 de outubro do mesmo ano, tendo como diretor o jornalista e bacharel em Direito Gustavo Barroso. Integrando as comemorações do Centenário da Independência do Brasil, a nova instituição ocupou parte do Pavilhão das Grandes Indústrias da Exposição Internacional Comemorativa, instalada no bairro da Misericórdia, na cidade do Rio de Janeiro. Tinha como uma de suas principais missões o ensino da história pátria[1] que, nas galerias, baseou-se no culto ao Estado, em especial o monárquico, às Forças Armadas, à Igreja Católica e à aristocracia. A divulgação dessa história, inspirada na produção do Instituto Histórico e

* Este trabalho contou com a colaboração de Mayara Manhães de Oliveira. Técnica em Turismo. Estudante de graduação em Museologia. Bolsista de Iniciação Científica da Faperj, no Museu Histórico Nacional.

[1] A missão do Museu Histórico Nacional foi assim definida no documento que o criou: "Considerando que será da maior conveniência para o estudo da história pátria reunir os objetos a ela relativos que se encontram nos estabelecimentos oficiais e concentrá-los em um museu, que os conserve, classifique e exponha ao público, e, enriquecido com os obtidos por compra ou por doação ou legado, contribua, como *escola de patriotismo, para o culto do nosso passado*" (Brasil, 1922; grifo nosso).

Geográfico Brasileiro, em especial, em autores como Varnhagen, Vieira Fazenda, Tobias Barreto, Oliveira Lima e Pedro Calmon,[2] se fazia por meio das exposições e das publicações do Museu Histórico Nacional, entre as quais, catálogos, guias e seu principal veículo de divulgação, os *Anais*.[3]

Nos estudos sobre os primeiros anos de funcionamento da instituição, é notável o foco nas ações pedagógicas e de pesquisa ali desenvolvidas com base nos circuitos expositivos e no acervo museológico. Mas, e o turismo? Como o Museu lidou com essa atividade e como procurou incentivá-la?

Nos primeiros relatórios de atividades enviados para o Ministério da Justiça e Negócios Interiores, até 1930, depois para o Ministério da Educação e Saúde Pública, há informações sobre o número de visitantes, em sua maioria estudantes, professores e pesquisadores. Poucas são as referências aos turistas. Estes, quando citados, são estrangeiros, como universitários colombianos e norte-americanos, em 1925, e excursionistas uruguaios e argentinos "dos mais ilustres" que desembarcaram do navio *Cap Polônio*, em 1926.[4] A adjetivação dos estrangeiros latino-americanos, assim como a ênfase dada à visita de autoridades do Brasil e do exterior,[5] apontam para o caráter elitista da instituição que, aos olhos de um público maior, pode parecer um lugar que guarda coisas velhas e de interesse exclusivo para pessoas cultas e alunos levados por seus mestres para lições de história pátria. No relatório de 1931 foi feito o seguinte registro:

> O maior movimento em julho e agosto corresponde à visita de "touristes" estrangeiros, em número avultado. O Museu está destinado a ser um dos centros de atração "turística" do Rio de Janeiro e o favor que continua a merecer do público, que procura tão amiúde, é a prova do interesse que tem despertado como vasto mostruário da história nacional.[6]

---

[2] O Museu..., 1989: 5

[3] Para saber mais sobre os *Anais do Museu Histórico Nacional*, ver Bittencourt, 2005.

[4] Museu Histórico Nacional, 1926: 2.

[5] "Entre os visitantes ilustres merecem especial menção exm.º sr. ministro da Justiça, o ex-presidente dr. Epitácio Pessoa, o dr. Raul Fernandes, o ministro do Egito e alguns jornalistas paraguaios" (id., 1925: 5).

[6] Id., 1931: 5.

Infelizmente não há informações exatas sobre o "número avultado" de visitantes estrangeiros. Também não são informados os locais de origem desses "touristes". O que se percebe no documento é o entusiasmo que essa visitação provocou, indicando o potencial turístico da instituição, que poderia seguir o exemplo de museus europeus. Entretanto, a destinação do MHN como um dos centros de atração turística não se confirmou ao longo das décadas seguintes. Uma possível justificativa está na própria ideia de museus como lugar pouco atraente para a maioria das pessoas. Outra pode ser percebida no relatório de 1925, quando informa que, "apesar de ficar o edifício do Museu em lugar pouco frequentado e fora de mão, o número de visitantes no ano passado foi considerável [...] 7.826".[7] Até o início da década de 1990, o lugar onde fica o MHN ainda era isolado, com pouca iluminação à noite, dificultando assim o acesso do público.

Um estudo do historiador Daryle Williams indica que, entre 1929 e 1960, o número de visitantes do MHN era muito baixo comparado com o de outros museus brasileiros. Em 1956, por exemplo, recebeu um público de 30.336, enquanto o Museu Nacional de Belas Artes (MNBA), também localizado no Centro da então capital da República, foi visitado por 61.549 pessoas e o Museu Imperial (MI), em Petrópolis, por 135.740.[8] Diante desses dados, algumas perguntas se fazem necessárias: como o Museu Histórico Nacional acolhia os visitantes? Quais foram as estratégias lançadas para atrair um público maior?

Segundo consta no relatório de atividades de 1964, faltava pessoal especializado para organizar visitas guiadas. Entretanto, esse serviço não deixava de ser oferecido quando solicitado:

> O Museu Histórico dispõe de reduzido número de pessoal especializado, o que não permite organizar visitas guiadas às salas de exposições. No entanto, atendendo a [...] solicitação especial, os técnicos da Divisão de História acompanham grupos de visitantes, percorrendo as salas e dando explicações sobre os objetos históricos expostos. Assim aconteceu com as visitas do pessoal que guarnece o navio aeródromo *Minas Gerais*, [...] personalidades do corpo diplomático estrangeiro, professorandas da Escola de Professores e Orientadores, alunos da Escola Normal Júlia Kubitschek, cursos de Pedagogia, alunos universitários estrangeiros e outros [...].[9]

---

[7] Id., 1925: 4.

[8] Cf.: Williams, 1997: 141-186.

[9] Museu Histórico Nacional, 1964: 17.

Figura 1: Capa do Catálogo geral. Primeira seção – arqueologia e história do Museu Histórico Nacional., 1924. Fonte: Arquivo do Museu Histórico Nacional.

Além das visitas guiadas previamente agendadas, os visitantes eram munidos de material impresso para melhor explorar as salas de exposição. O primeiro deles foi o *Catálogo Geral do Museu Histórico Nacional*: *Primeira seção — Arqueologia e História*, publicado em 1924.[10] Continha informações sobre todo o acervo que a instituição então possuía: 2.486 itens — excetuando-se o acervo de numismática, que era numeroso, mas que não foi contemplado. Em suas 205 páginas, apresentava os 21 espaços de exposição da seção de Arqueologia e História existentes à época, denominados de acordo com a coleção que abrigava ou o tema histórico tratado. Por exemplo: sala das bandeiras, arcada dos coches, sala Abolição e Exílio e sala Osório. Além da capa com ilustração dos capacetes da Imperial Guarda de Honra de d. Pedro I, trazia 25 imagens, em sua maioria de aspectos gerais das salas apresentadas. Apenas quatro imagens dão destaque a objetos: um dos coches de gala da Casa Imperial, o *coupé* de Rui Barbosa, o carro do general Osório e a mesa da Proclamação da República. Continha um pequeno roteiro de visitação, mas não disponibilizava textos explicativos, apenas algumas informações sobre cada item, como a data de fabricação e a procedência.

Como o catálogo era de distribuição gratuita, esgotou-se ao longo dos anos, tornando-se também obsoleto em razão do aumento do acervo e das mudanças no circuito expositivo. Sua atualização era uma promessa da direção, mas nunca chegou a ser cumprida. No relatório de 1930 consta a informação de que a diretoria do MHN fez um *Guia para os visitan-*

[10] Id., 1924.

tes, "destinado a suprir, provisoriamente, a falta do 'Catálogo Geral', em elaboração".[11] Nos arquivos do Museu não consta nenhum guia datado da década de 1930, nem de 1940, mas sim do ano de 1955. A partir desse material, o MHN produziu outros vários, ao longo de seus mais de 90 anos de existência, visando divulgar a instituição, seu acervo e suas exposições.

Neste capítulo faremos uma análise de como o Museu Histórico Nacional construiu sua imagem nos materiais impressos destinados aos visitantes. O que sublinhou e o que silenciou no sentido de se tornar atraente? A que público se dirigia? Visava aos turistas, em especial aos estrangeiros, em sua "propaganda"?

Dos guias aos fôlderes

O *Guia dos Visitantes* de 1955,[12] com 36 páginas, apresenta um roteiro de visitação organizado na sequência de galerias que, na ocasião, correspondia aos períodos e temas da história do Brasil, articulados ao culto às personalidades históricas. A organização das salas com base na tipologia das coleções perdia espaço. Entre grandes acontecimentos e heróis, encontram-se os patronos, aqueles que tiveram suas coleções doadas ao MHN.[13] Assim, conforme orientação do *Guia*, os visitantes deveriam cumprir o seguinte percurso: Arcada dos descobrimentos, Salas d. João VI (Colônia); Pedro I e Pedro II (respectivamente, Primeiro e Segundo Reinados); Tamandaré (Marinha); Duque de Caxias (Paraguai); Osório, Miguel Calmon, Guilherme Guinle, Sala da Nobreza Brasileira, Getúlio Vargas, entre outras.

Algumas páginas do *Guia* apresentam imagens, 20 ao todo, sendo 14 de aspectos gerais das salas de exposição e seis de objetos em destaque: um vaso de porcelana com o retrato de d. Pedro I, uma imagem em madeira de N. S. da Glória utilizada no contrabando do ouro — por essa razão, oca por dentro e apelidada de "santa do pau-oco", um coche do serviço diário de d.

[11] Id., 1930: 9.

[12] Id., 1955.

[13] Abreu, 1996.

Pedro II acompanhado da informação "Transportou a família Imperial no dia 15 de novembro de 1889, do Paço da Quinta da Boa Vista para o Paço da Cidade",[14] um piano que pertenceu a d. Pedro I, uma cama de casal que pertenceu ao barão de Capanema e um bacinete (tipo de capacete) da Guerra Holandesa, século XVII.

Tanto o *Catálogo* de 1924 quanto o *Guia do Visitante* de 1955 dedicam sua primeira parte à apresentação do Museu Histórico Nacional e seu conjunto arquitetônico. Ambos destacam objetos relativos à história política do Brasil, com ênfase à figura dos imperadores e de chefes militares. No *Guia* há indícios sobre o perfil dos visitantes da instituição:

> Das suas relações com o público nascem as múltiplas consultas que, todos os dias, lhe dirigem os que não querem documentar qualquer episódio histórico sem ouvir previamente a opinião dos estudiosos do assunto.
>
> Pode dizer-se que praticamente todos os filmes e peças de fundo histórico, montados ultimamente no Brasil, se têm socorrido do Museu Histórico para exatidão de cenários, indumentária, caracterização de personagens tradicionais, costumes e até composição de diálogos.[15]

Pelo exposto, o MHN se apresenta como lugar de pesquisa, capaz de oferecer fontes fidedignas para representações do passado nacional em diferentes suportes, como filmes e peças de teatro. Por não comentar sobre a visita de públicos espontâneos nem fazer referência às ações pedagógicas realizadas no circuito expositivo, parece dirigir-se a um público especializado, o de pesquisadores, reforçando o caráter elitista e erudito que a instituição já tendia a ter.

No final da década de 1960, foi publicado um folheto de 12 páginas não numeradas, cuja capa estampa uma foto com a seguinte legenda: "Secretária que pertenceu à Princesa Isabel".[16] A escrivaninha é uma peça de madeira com alegorias que lembram cenas da mitologia clássica. A indicação de pertencimento a uma personagem histórica poderia contribuirpara

[14] Museu Histórico Nacional, 1955: 11

[15] Ibid.: 12-13.

[16] Id., folheto n. 26, s.d.: n.p.

o aumento da curiosidade dos visitantes em conhecer o lugar e tomar contato com os "tesouros" ou "relíquias" de um passado romantizado nas salas de exposição.

Interessante nesse folheto é a apresentação de outros museus ligados ao MHN, como o Museu da República, criado em 1960, e o Museu do Folclore, que viria a ser criado em 1968, e que aparece ainda como projeto. Além desses, são citados como realizações para o futuro o Museu Histórico de Nova Friburgo e o Museu dos Transportes, em Paraibuna. Uma das justificativas para a criação de um museu histórico na cidade serrana do Rio de Janeiro foi assim exposta: "um belo museu em Nova Friburgo significa mais TURISMO. E mais turismo significa maior renda para a prefeitura, para o comércio e para a indústria".[17] Até então, o turismo estava ausente nos materiais de divulgação do MHN. Ao aparecer nesse folheto, indica afinidade com a Política Nacional de Turismo, lançada em 1966, incentivando o crescimento econômico do país através do desenvolvimento do turismo. Fruto dessa política foi a criação do Conselho Nacional de Turismo (CNTUR) e a Empresa Brasileira de Turismo (Embratur), no mesmo ano.[18] Instigante é que nada tenha se falado sobre o turismo no próprio MHN. Talvez, pelo fato de a cidade já contar com outros atrativos que garantiam esse desenvolvimento, então, buscado para Nova Friburgo.

Vale lembrar que nesse período os museus foram alvo de críticas severas. Segundo Viktor e Mário Chagas,

> setores da vanguarda cultural do Ocidente, no final dos anos 1960 e início dos anos 1970, anunciaram a morte ou o desaparecimento próximo dos museus. [...] O necrológio do museu, traduzido a partir de um desejo político, aparecia acompanhado de um discurso que colocava em movimento críticas severas ao caráter aristocrático, autoritário, acrítico, conservador e inibidor dessas instituições, consideradas como espécie em extinção e, por isso mesmo, apelidadas de "dinossauros" e de "elefantes brancos".[19]

---

[17] Ibid.; grifo do autor.

[18] Brasil, 1966.

[19] Chagas e Chagas, 2008: n.p.

Figura 2: Charge de Nicolau Del Negro em folheto institucional do Museu Histórico Nacional, s.d. [provavelmente da década de 1960]. Fonte: Arquivo do Museu Histórico Nacional.

Como reação às críticas, os museus deveriam passar por profundas mudanças. Algumas foram propostas pela *Mesa-redonda de Santiago do Chile*, promovida pelo International Council of Museums (ICOM), em 1972,[20] entre as quais se destaca a integração dos museus à vida da sociedade pela via da educação. Outra orientação, esta presente nas *Normas de Quito*, formuladas em 1967, aponta para o valor econômico dos bens culturais que deveriam ser tratados como "instrumentos de progresso".[21] Nessa perspectiva, a instalação de um museu histórico em Nova Friburgo era visto como um investimento que contribuiria para o aquecimento da economia local com base no crescimento do denominado *turismo cultural*.[22] Seu papel na educação da comunidade não foi citado.

No folheto em questão, nada se comentou a respeito das ações educativas do MHN, mas há uma mensagem pedagógica que visa aproximar a população dos museus, desconstruindo a ideia de que são instituições que guardam coisas velhas, sem serventia. Trata-se de uma charge de Nicolau Del Negro, então funcionário do MHN, mostrando uma sala suja, com alguns objetos antigos, outros quebrados, teias de aranha, quadros tortos

[20] "Os membros da Mesa-Redonda sobre o papel dos museus na América Latina de hoje [...] consideraram que a tomada de consciência pelos museus, da situação atual, e das diferentes soluções que se podem vislumbrar para melhorá-la, é uma condição essencial para sua integração à vida da sociedade. Desta maneira, consideraram que os museus podem e devem desempenhar um papel decisivo na educação da comunidade" (Icom, 1972, s.n.t.).

[21] Cf.: Aguiar, 2008: 71-88.

[22] Segundo definição atual: "O turismo cultural compreende as atividades turísticas relacionadas à vivência do conjunto de elementos significativos do patrimônio histórico e cultural e dos eventos culturais, valorizando e promovendo os bens materiais e imateriais da cultura" (Brasil, 2006).

pendurados na parede, enfim, com aspecto de lugar abandonado. Acima da charge há um questionamento: "O que você pode fazer em prol do SEU futuro museu? UM MUSEU NÃO É ISTO!". Abaixo da charge há outra afirmação enfática: "O MUSEU MODERNO DEVE SER DINÂMICO!". Dessa forma, procurava-se construir a imagem do museu como instituição dinâmica e interessante.

O folheto traz ainda um pequeno texto sobre o Museu Histórico Nacional e a apresentação de sua estrutura organizacional. Em seguida são destacados alguns dos 260 mil objetos que compunham o acervo museológico naquela época. A escolha de peças como as porcelanas brasonadas de d. João VI e a mobília do quarto onde Getúlio Vargas se suicidou demonstra que o MHN continuava apostando no valor relicário de seu acervo para atrair público. Não há referência às galerias, nem um roteiro a ser seguido. Talvez isso tenha ocorrido pelo fato de a exposição estar fechada para reformas, pois, em 1969, houve a inauguração de um novo circuito, todo organizado em ordem cronológica.

Poucos anos depois, muito provavelmente em 1970, foi lançado outro folheto com 16 páginas não numeradas.[23] Este tem na capa o rosto de uma escultura em madeira do século XVIII, de autoria do Mestre Valentim. Como no catálogo de 1924 e no folheto da década de 1960, o MHN atrelou sua identidade visual a um item de seu acervo. Dessa vez não se tratava de um objeto que tenha pertencido a uma personagem ilustre da história política ou militar, mas uma obra de arte sacra de autoria de um reconhecido artista do período colonial.

As duas primeiras páginas são dedicadas à história do MHN e ilustradas com fotografias da fachada em dois momentos: uma contemporânea à publicação do folheto e outra de quando foi inaugurado, no então Pavilhão das Grandes Indústrias da Exposição Comemorativa do Centenário.

As páginas seguintes são dedicadas à apresentação de objetos do acervo com imagens coloridas e pequenas legendas explicativas. Entre os artefatos destacados, alguns mereceram mais do que uma legenda explicativa. Ganharam um pequeno texto aprofundando as características da obra ou

[23] Museu Histórico Nacional, folheto n. 49, s.d., n.p. Presume-se que o ano de seu lançamento tenha sido entre 1969 e 1970, pois já traz notícias do Museu do Folclore criado em 1968 e o roteiro do circuito permanente do MHN, inaugurado em 1969.

informações sobre seu autor. Foi o caso da imagem de S. Mateus, esculpida por Mestre Valentim para o interior da Igreja da Irmandade de Santa Cruz dos Militares. O texto conta a história do artista e sublinha sua importância na condução da primeira obra de urbanização da cidade do Rio de Janeiro, para a qual foi encarregado pelo vice-rei Luis de Vasconcelos e Souza, que teria reconhecido a qualidade artística e a inteligência do Mestre. Informa que, no curso dessa urbanização da cidade, foram executados estátuas e chafarizes: "Os jacarés do Passeio Público foram fundidos no Arsenal de guerra da Ponta do Calabouço, hoje Museu Histórico Nacional. Está, pois, muito ligado a esta casa".[24] Na legenda, a seguinte descrição: "Escultura de Mestre Valentim. Uma das peças de maior valor artístico do acervo do Museu. Pertence à preciosa coleção de arte sacra que é inegavelmente um dos pontos culminantes do material recolhido ao longo dos anos pelo Museu Histórico Nacional".[25] Pela primeira vez um objeto do acervo aparece em destaque por seu valor artístico, e não pelo seu valor relicário, atribuído por ter pertencido a algum vulto ilustre ou ser relacionado a algum "grande acontecimento".

No meio do folheto há duas fotos mostrando duas visitantes apreciando o acervo exposto no MHN. Essa preocupação em retratar a experiência de pessoas junto aos objetos é inédita. Em uma das imagens uma mulher olha encantada para um sino que fica no Pátio Epitácio Pessoa, mais conhecido como Pátio dos Canhões. Em outra, uma moça olha atentamente para um canhão, numa postura investigativa frente ao artefato bélico. O uso dessas imagens parece integrar os esforços institucionais de aproximação com o público, mostrando como uma visita ao museu pode ser interessante, como demonstram as atitudes das pessoas retratadas.

As últimas páginas do folheto são dedicadas a um roteiro da exposição, no qual são destacadas algumas peças do acervo por salas apresentadas. Há três salas para tratar o Brasil Colônia; uma dedicada ao Brasil-Reino; duas representando o Primeiro e o Segundo Reinados; duas sobre a Guerra do Paraguai; e uma última denominada *O ocaso da Monarquia*. Mais uma vez percebe-se a ênfase dada aos grandes fatos políticos e militares na organização do circuito expositivo.

---

[24] Ibid.

[25] Ibid.

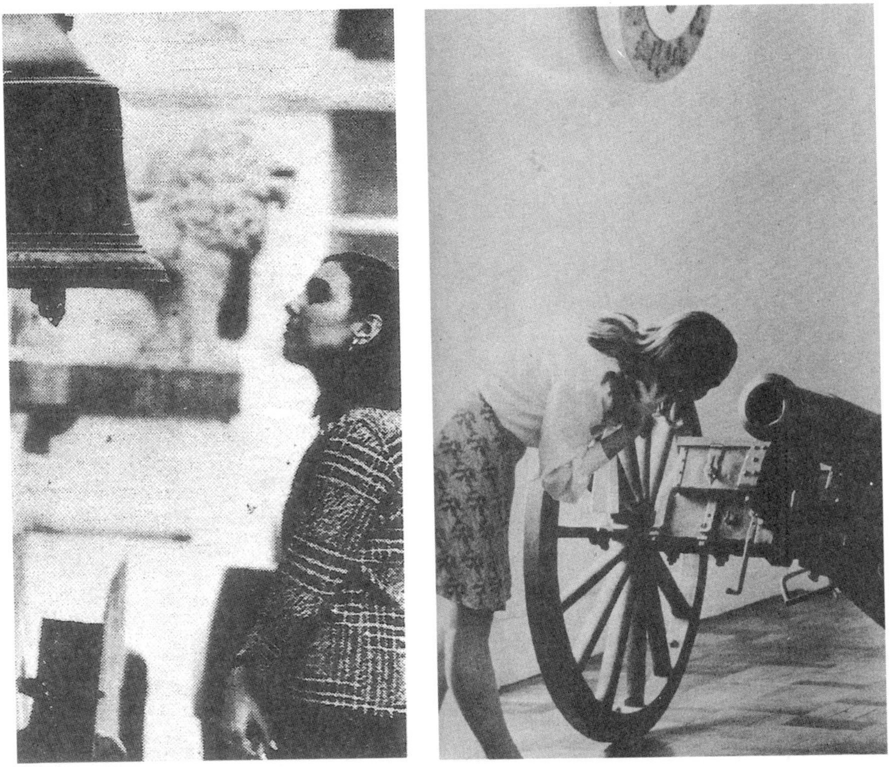

Figura 3: Visitantes observando o acervo em exposição. Imagens do folheto institucional do Museu Histórico Nacinoal, s.d. [provavelmente década de 1970]. Fonte: Arquivo do Museu Histórico Nacional.

Além do roteiro da exposição há também informações sobre as demais atividades do MHN, como os setores de Documentação e Divulgação, que compreendia o arquivo histórico, a biblioteca, a mapoteca, o setor de divulgação e o gabinete de fotografias, e de Restauração e educação. Neste último departamento, a ênfase recai sobre o Curso de Museus que ainda funcionava no MHN, cursos complementares e visitas guiadas realizadas pelos próprios funcionários, "tudo com o objetivo de fomentar o interesse cultural, elevando o nível e o conceito de museu dinâmico e moderno".[26] A tentativa de romper com a ideia do museu como lugar da elite culta interessada em velharias está clara na definição do conceito "dinâmico e moderno". Por sua vez, as atividades descritas, em especial as visitas guiadas,

[26] Ibid.

demonstram aproximação do MHN com os princípios da *Mesa Redonda de Santiago do Chile*, principalmente o intento de democratização do acesso e o auxílio na instrução pública.

Provavelmente entre 1979 e 1980 foram lançados dois fôlderes que consistiam em uma folha A4 com três dobras verticais, impressas frente e verso, um específico para o Museu da República e outro para o Museu Histórico Nacional. Neste, um pequeno texto explica a história do conjunto arquitetônico, o circuito expositivo e os demais serviços oferecidos pela instituição. Como não há referência ao Curso de Museus, que em 1979 fora transferido para a antiga Federação das Faculdades do Estado do Rio de Janeiro (Fefierj), presume-se a data de publicação do material de divulgação.[27]

Vários são os objetos que ilustram o fôlder. Na capa, um detalhe do ex-voto *Batalha dos Guararapes*, de 1758. No seu interior, pormenor da sala do Segundo Reinado, pormenor do pátio interno do MHN e 15 itens do acervo que não diferem muito daqueles que aparecem em outras publicações do gênero. Indicam a diversidade do acervo institucional e reiteram o discurso histórico adotado no circuito expositivo, ainda muito marcado pela história política dos grandes fatos e dos grandes homens. Isso mostra que o MHN vivia uma tensão entre a tentativa de maior aproximação com o público, através da divulgação e diversificação de atividades, e a manutenção de um discurso historiográfico conservador que excluía a participação da maioria dos grupos sociais. Por falta de identificação de alguns setores da população com a história do Estado, como a propagada nas exposições do MHN, houve reivindicações para a criação de museus específicos que representassem suas histórias e suas culturas, a exemplo de museus do índio, do folclore, do negro etc.[28]

Na última parte do fôlder há um pequeno mapa explicando como se faz para chegar ao MHN. Esse mapa voltará a aparecer nos fôlderes produzidos nas décadas de 1990 e 2000. Essa informação indica o interesse da instituição de tornar o local, uma vez considerado "fora de mão", mais acessível, mais frequentado.

---

[27] Id., panfleto n. 53, s.d.: n.p.

[28] Sobre o assunto, Cf.: Abreu, 1996: 51-68.

Em 1984 foi lançado mais um fôlder do MHN em papel A4 dobrado ao meio.[29] Na capa, um desenho da fachada do edifício principal. Muito simples, não conta com fotografias nem com qualquer outro tipo de imagem em seu interior. Após um pequeno histórico da instituição, um texto informa: "Seu acervo — sem contar a parte documental — tem aproximadamente 132 mil peças. [...] Sua exposição permanente, no momento, ocupa oito salões e está disposta em ordem cronológica".[30]

Não há destaque para nenhum objeto, mas sim um apanhado geral da diversidade de coleções pertencentes à instituição. Também não há explicações sobre o circuito expositivo permanente. O folheto restringe-se a informar sua existência, que ocupa determinado espaço e está organizada cronologicamente. De acordo com as demais informações presentes no material de divulgação, a atividade mais importante no período era sua programação cultural e educacional voltada para estudantes "do 1º e 2º graus" e cursos para o público universitário e graduado: "Desde junho de 1980, já foram feitos 161 cursos com a participação de 6.941 alunos; em 1984 serão mais 75, nas áreas de História e Ciências Sociais, Artes, Técnicas e Recursos Educativos em Museus".[31] As últimas palavras impressas no folheto afirmam: "Isto, em síntese, é o Museu Histórico Nacional — um centro cultural em permanente dinamização, com atividades regulares".[32] Com essas palavras, o MHN procurava sublinhar para o público a sua importância como um centro cultural dinâmico e atuante na educação não formal, a exemplo das recomendações da *Mesa Redonda de Santiago do Chile* (1972). Entretanto, ainda não se dirigia para um público mais amplo, por não oferecer mais informações sobre o circuito expositivo e outras atividades. A simplicidade do folheto pode ser vista como um indício de que a instituição passava por problemas com a falta de recursos.

A tentativa de aproximação com o público baseada na mudança do discurso expositivo foi identificada em um fôlder A4 dobrado horizontalmente em três partes, provavelmente lançado em 1988, com imagem do edifício do

---

[29] Museu Histórico Nacional, panfleto n. 13, 1984.

[30] Ibid.

[31] Ibid.

[32] Ibid.

MHN na capa. Em uma de suas faces apresentava nova exposição denominada *Colonização e dependência*. Fruto do "processo de revitalização"[33] dos museus, iniciado em 1985 — na alvorada da redemocratização do Brasil —, a mostra procurou romper com a representação tradicional da história que até então vigorava na instituição. Baseada em novas abordagens historiográficas e linguagens museográficas modernas, propunha-se a contar uma história do Brasil de forma mais crítica, trazendo à baila outros personagens e acontecimentos, conforme demonstra esse pequeno texto impresso:

> [...] A nova exposição foi pensada de forma a possibilitar ao público, numa *visita agradável, uma visão crítica e atual da história brasileira, através de um amplo contato com o acervo*. Tudo isto dentro dos padrões que sempre caracterizaram esta casa: um museu moderno, dinâmico e sintonizado à realidade de que é parte.[34]

Segundo essa visão "crítica e atual da história brasileira" inspirada nas obras de Caio Prado Júnior e Fernando Novais,[35] a trajetória nacional era marcada pela relação de colonização e dependência. Começava no Antigo Sistema Colonial como parte do Império Português e permanecia até aquele momento colonizado culturalmente e dependente financeiramente em suas relações com os Estados Unidos da América. A exposição parecia esperar que o visitante, visto como "sujeito do conhecimento",[36] ao encerrar seu passeio pelo circuito, denunciasse e lutasse pelo fim dessas relações, conquistando a "verdadeira" independência com a autonomia financeira e a valorização da cultura nacional. Nesse sentido, o museu indicava romper com a perspectiva da instrução patriótica, que tendia à passividade contemplativa do culto aos heróis, para utilizar a história como instrumento de conscientização e ação.

---

[33] O Museu Histórico Nacional era um dos museus que integravam o Programa Nacional de Museus estabelecido pelo Ministério da Educação e Saúde em 1982, visando à reorganização administrativa e à revitalização dessas instituições. Seu "Processo de revitalização" aconteceu no âmbito dessa política ministerial e em concomitância com a revitalização de outras instituições museológicas. Cf. Pret, 2005, p. 22-24.

[34] Museu Histórico Nacional, s/d, AI (371ª M4G3), s.d.; grifo nosso).

[35] Cf. O Museu..., 1989: 5.

[36] Ibid.: 24.

Figura 4: Tela *Colonização e dependência*, de Clécio Penedo. Tinta acrílica sobre eucatex, 1987. Fonte: Acervo do Museu Histórico Nacional

Além da propaganda da exposição, são exibidas 17 fotografias pequenas, organizadas como partes de um negativo das máquinas que utilizavam filmes. Destas, oito mostram diferentes espaços do conjunto arquitetônico, cinco são dedicadas a itens do acervo museológico e as demais divulgam as atividades realizadas com o público, como dinâmicas em rodas formadas em um de seus pátios, visitas de estudantes e palestras. As imagens reforçam o papel do MHN como agência de educação não formal. Três fotos localizadas numa outra dobradiça do folheto reforçam essa função: uma mostra um menino fazendo atividades manuais, outra, uma criança lendo na biblioteca, e a terceira um grupo de pessoas assistindo a uma palestra. O perfil que o museu apresenta de si estava de acordo com os conceitos da *Nova Museologia* baseados na *Mesa Redonda de Santiago do Chile*, de 1972[37] e definidos na *Declaração de Quebec*, de 1984. Mesmo enfatizando o caráter "moderno, dinâmico e sintonizado à realidade" da instituição,

[37] Considerada um marco no movimento da "Nova Museologia", foi referendada e ampliada na *Declaração de Quebec* de 1984. "Ao mesmo tempo que preserva os frutos materiais das civilizações passadas, e que protege aqueles que testemunham as aspirações e a tecnologia atual, a nova museologia — ecomuseologia, museologia comunitária e todas as outras formas de museologia ativa — interessa-se, em primeiro lugar, pelo desenvolvimento das populações, refletindo os princípios motores da sua evolução ao mesmo tempo que as associa aos projetos de futuro" (Primo, 1999, p. 210). Nessa perspectiva, os museus "podem e devem desempenhar um papel decisivo na educação da comunidade" (Icom, 1972, s.n.t.).

ainda havia silêncios com relação ao turismo. O fôlder não era bilíngue e não trazia nenhuma orientação específica para os turistas.

Figura 5: Detalhe do folheto institucional do Museu Histórico Nacional, s.d. [provavelmente do final da década de 1980]. Fonte: Arquivo do Museu Histórico Nacional.

Outros fôlderes foram lançados seguindo essa linha de divulgação do circuito expositivo e das atividades destinadas ao público, acrescentando apenas as exposições que se somaram à *Colonização e Dependência* na década de 1990, dando continuidade ao processo de revitalização do museu. Duas dessas exposições consistiam em outras abordagens da história do Brasil: *Expansão, ordem e defesa* (1992), com curadoria assinada pelo historiador Ilmar de Mattos,[38] enfatizando os conflitos em torno da posse e manutenção do território brasileiro, e *Memória do Estado Imperial* (1993), cujo conceitual foi elaborado pelo historiador Afonso Carlos dos Santos,[39] dedicada à análise dos suportes de memória criados sobre o Primeiro e o Segundo Reinados. As demais focavam algumas coleções do MHN, como canhões, meios de transporte, moedas e arte sacra.

O primeiro fôlder que demonstra a preocupação do MHN com os turistas foi lançado em 2006, juntamente com outro dedicado à história do seu conjunto arquitetônico no contexto do desenvolvimento da cidade do Rio de Janeiro. Ambos foram impressos em português e em inglês.

O dedicado ao MHN e suas exposições tem em sua capa uma foto da entrada do edifício principal. Ao abrir o fôlder, o visitante deveria sentir-se entrando no museu pelo Pátio de Minerva, e tomaria contato com um texto todo ilustrado com uma diversidade de objetos do acervo museológico, a maioria já presente em materiais de divulgação anteriores. Embora não haja imagens do público participando de suas atividades, pela primeira vez o MHN é mostrado como uma opção de lazer, além das suas funções no campo da pesquisa e do ensino de história: "Pitorescos pátios internos e uma simpática cafeteria oferecem opções agradáveis para um momento de repouso".[40] Dessa maneira o museu apresentava outras possibilidades de uso do seu espaço para atrair os visitantes que buscavam algo além do conhecimento da história do Brasil. Indicar a "simpática cafeteria" como outra opção de aproveitamento da visita já demonstrava que a instituição estava preocupada em oferecer uma boa hospitalidade aos turistas.

Ao apresentar o circuito expositivo, na parte "acervo e exposições", o fôlder oferece um roteiro explicativo, por onde o visitante poderia se guiar, acompanhado de um mapa. Em outro momento traz informações sobre os diferentes setores da instituição.

---

[38] Professor Associado da Pontifícia Universidade Católica do Rio de Janeiro. Autor de diversos trabalhos sobre história do Brasil, entre os quais o livro *O tempo Saquarema* (5. ed. São Paulo: Hucitec, 2004).

[39] Afonso Carlos Marques dos Santos (1950-2004). Foi professor titular na área de Teoria da História e Metodologia do Instituto de Filosofia e Ciências Sociais da Universidade Federal do Rio de Janeiro — IFCS/UFRJ. Foi curador científico dos seminários internacionais do Museu Histórico Nacional entre os anos de 1997 e 2004.

[40] Museu Histórico Nacional, fôlder, s.d., n.p. Acervo da autora.

O último fôlder produzido pelo MHN começou a circular no início de 2011. Apresenta o novo circuito expositivo que começou a ser produzido em 2003 e terminou em 2010, como parte do processo de modernização dos espaços e atualização do discurso historiográfico exposto.[41] *Oreretama*, primeiro módulo inaugurado (2006), é dedicado às populações pré-colombianas e indígenas; *Portugueses no mundo*, *A construção da Nação* e *Cidadania em Construção* foram os outros módulos expositivos inaugurados entre 2009 e 2010.[42]

Portugueses no mundo baseia-se na ideia de que o Brasil passou a fazer parte da história ocidental integrando o Império Luso-Atlântico. Inicia-se com as expansões marítimas portuguesas e se encerra com o retorno de d. João VI para Portugal. Temas nunca antes tratados no MHN, como os movimentos quilombolas, estão presentes. *A construção da Nação* começa com os movimentos de Independência do Brasil e termina com a Proclamação da República, trazendo à tona diferentes construções de memória sobre a Independência e as tensões que marcaram a consolidação do Estado Imperial. *Cidadania em construção*, inspirado em livro do historiador José Murilo de Carvalho,[43] aborda o século XX brasileiro sob a perspectiva dos direitos e deveres do cidadão. Expõe uma série de objetos que representam diferentes grupos sociais, como o vestido de Maria Bonita, uma coleção de brinquedos e de indumentária, uniformes e instrumentos de trabalho, documentos pessoais e eletrodomésticos. São artefatos representativos do cotidiano de pessoas comuns que passam a ter uma representação maior no espaço expositivo.

---

[41] Integra as determinações da Política Nacional de Museus, lançada em 2003 pelo ministro da Cultura Gilberto Gil, cujo objetivo geral consiste em promover a valorização, a preservação e a fruição do patrimônio cultural brasileiro, considerado como um dos dispositivos de inclusão social e cidadania por meio do desenvolvimento e da revitalização das instituições museológicas existentes e pelo fomento à criação de novos processos de produção e institucionalização de memórias constitutivas da diversidade social, étnica e cultural do país. Cf. Brasil, 2008, n.p.

[42] *Do móvel ao automóvel: transitando pela história*; *As moedas contam história*; e *Coleção de moedas, uma outra história* foram outras exposições inauguradas no processo de modernização do MHN, mas não foram aqui contempladas por serem exposições de coleções específicas e não interpretações da história do Brasil.

[43] Historiador. Foi professor titular de Brasil no Instituto de Filosofia e Ciências Sociais da Universidade Federal do Rio de Janeiro — IFCS/UFRJ. É membro da Academia Brasileira de Letras. Autor do livro *Cidadania no Brasil: o longo caminho* (3. ed. Rio de Janeiro: Civilização Brasileira, 2002).

Figura 6: Detalhe do folheto institucional do Museu Histórico Nacional, s.d. [iniciou sua circulação em princípios de 2011]. Fonte: Arquivo do Museu Histórico Nacional.

Outra demonstração de democratização das representações sociais na história contada no MHN é a foto que ilustra o texto de abertura do fôlder, *De Fortaleza a museu*. Trata-se da fachada lateral da edificação com detalhe para o grafite do grupo *Rimas e Tintas*, realizado por Acme, Airá Ocrespo e Machintal no muro, em 2009. A imagem parece mostrar a harmonia entre a tradição do estilo neocolonial preservado no edifício e o mundo contemporâneo das artes urbanas, antes marginalizadas e atualmente valorizadas.

Após o breve histórico da instituição e seu conjunto arquitetônico, sublinha-se mais um marco na trajetória do MHN: suas obras de restauração e modernização, "ampliando espaços, aprimorando serviços oferecidos aos visitantes, *democratizando o acesso dos mais diversos segmentos sociais* e viabilizando a circulação e o percurso adequados ao novo discurso museográfico".[44] Entre os serviços oferecidos aos visitantes, destacam-se: textos explicativos e legendas das exposições, bem como fôlderes e sinalização bilíngues (português/inglês), 40 audioguias em português, inglês e espanhol, além de dois voltados para pessoas com deficiência auditiva, café/restaurante, loja de souvenires e guarda-volumes. Muitos desses serviços foram implantados ou aprimorados após o lançamento do *Programa de qualificação dos museus para o turismo*, no dia 25 de agosto de 2008, o qual destinou uma verba de R$ 2 milhões para adequar os museus nacionais às demandas do turismo. Segundo o então ministro da Cultura, Juca Ferreira, essa parceria entre o seu Ministério e o do Turismo "permite que às múltiplas faces dos museus possa ser acrescida também a de atrativo turístico. [...] Em todo o mundo é assim [...] o museu é um equipamento de preservação da cultura, mas também um equipamento turístico".[45] Certamente, um dos objetivos desse programa é preparar os museus para receber a grande quantidade de turistas aguardados para os eventos esportivos de 2014 e 2016.

Atualmente, o MHN pretende ser percebido como um atrativo turístico. Os indícios dessa pretensão encontram-se no discurso turístico dos seus folhetos, na aproximação com a academia, particularmente os cursos superiores de Turismo, no diálogo com os cursos técnicos de Turismo e de formação de guias e na sua adaptação às demandas do turismo contemporâneo, como acessibilidade, serviços e lazer. Trata-se de preocupações que anteriormente não apareciam na ordem de prioridades da instituição.

[44] Museu Histórico Nacional, fôlder, s.d., n.p.; grifo nosso. Acervo da autora.

[45] Brasil, 2008.

Resta saber se esses esforços resultarão na consolidação desse espaço como mais um atrativo turístico imperdível da Cidade Maravilhosa.

Considerações finais

A análise da produção de materiais de divulgação do MHN ao longo de seus mais de 90 anos de existência nos permite perceber as diferentes imagens que o museu construiu de si para criar identidade com o público. Dentre essas imagens, pouco espaço havia para o turismo, embora museus fossem vistos em muitas cidades do mundo como atrativos turísticos por excelência. Enquanto os impressos lançados entre 1924 e a década de 1970 se dirigiam a uma elite de autoridades e pesquisadores eruditos, sem se esquecerem dos estudantes, mostrando o museu como um guarda-tesouros de uma história política e militar de culto aos heróis, aqueles produzidos a partir da década de 1980 reforçam o museu como lugar de educação não formal a serviço da comunidade, divulgando suas atividades lúdico-educativas com diferentes grupos de escolares e não escolares.

A preocupação com o turismo aparece apenas em materiais mais recentes, por serem destinados a um público mais amplo e sublinharem a "democratização do acesso" daqueles que buscam, mais que uma lição de história, também lazer e entretenimento.

As mudanças na forma de se dirigir ao público não foram movidas apenas pelo interesse em se adequar às demandas sociais, orientadas por políticas para a área museológica, mas também pelas atualizações historiográficas que, nas últimas décadas do século XX, investiram em abordagens mais críticas e problematizadoras, na ampliação de temas e personagens, como a história do cotidiano e a valorização do papel de negros, índios, imigrantes, trabalhadores, mulheres e crianças. Nessa perspectiva, a instituição foi mudando suas exposições, adequando suas instalações e diversificando seu público. Entretanto, depara-se com o grande desafio que é competir com outros atrativos da cidade do Rio de Janeiro do "sol e do samba",[46] destino turístico mais

[46] Sobre a construção da imagem da cidade do Rio de Janeiro para o turismo, cf.: Castro e Freire-Medeiros, 2011; Castro, 1999: 80-87.

procurado do país. Pesquisas do Ministério do Turismo realizadas com turistas estrangeiros em 2008 informam que 45% destes visitaram a cidade interessados em "sol e praia" e 22%, em "cultura". A motivação para a escolha do destino, para 33,9% dos entrevistados, foi conhecer a "beleza natural", e apenas 1,9% citaram o interesse em "História/artes/museus".[47]

Os próprios setores do turismo não valorizam os museus como outras opções de lazer na Cidade Maravilhosa, a não ser que chova, conforme campanha da Riotur veiculada em folhetos e em mobiliário urbano: *Rio. E se chover?*.[48] A ideia presente na campanha é a de que os dias ensolarados são uma constante na cidade, mas, quando "o sol pede folga" e a chuva cai, conforme o folheto se dirigindo ao turista, "não se desespere! É uma ótima oportunidade para conhecer outro lado desta cidade, onde há muita cultura, compras e diversão".[49]

Por outro lado, os museus ainda precisam se qualificar mais para receber os turistas. Nessa perspectiva, Stela Maris Murta elaborou um *Caderno de diretrizes. Museus e turismo: estratégias de cooperação*,[50] com orientações para maior integração desses setores.

Esse distanciamento entre o turismo e os museus pode ser percebido em duas situações distintas. Uma aconteceu no próprio Museu Histórico Nacional em 2011. Uma guia de turismo com 17 anos de profissão observava um professor de história que gravava um programa para a TV, em um dos pátios. Ao acabar a gravação, dirigiu-se a ele solicitando uma indicação de leitura sobre história do Brasil para estudar e aprimorar seus serviços. Disse estar maravilhada com o museu que ela visitava pela primeira vez, visando transformá-lo em mais uma atração para seus clientes. Desculpava-se pelo desconhecimento da instituição alegando que precisava levar seus turistas a sete atrativos em um único dia e que nunca restava tempo para outras

---

[47] Brasil, 2010.

[48] Riotur, s.n.t. Texto veiculado em folhetos e na campanha publicitária "Rio. Incomparável", divulgada no mobiliário urbano da cidade do Rio de Janeiro. Embora não haja data no material impresso, há indícios de que circulou entre o final da década de 1990 e o princípio da década de 2000.

[49] Ibid. Texto de abertura do folheto que divulga opções de lazer em museus, centros culturais, igrejas, bibliotecas, cafés, galerias, livrarias e shopping centers, caso o turista seja surpreendido pela chuva. A primeira imagem do folheto é uma visão panorâmica do interior da Confeitaria Colombo e a segunda, um ângulo do Pátio Epitácio Pessoa, do Museu Histórico Nacional.

[50] Murta, 2010, p. 4. (Mimeo.)

opções. Os lugares aos quais se referia eram: Corcovado, Pão de Açúcar, Copacabana, Jardim Botânico, Maracanã, Museu de Arte Contemporânea de Niterói e Fortaleza de Santa Cruz, também em Niterói.

Outra situação foi narrada por uma turismóloga que trabalha durante o Carnaval no Centro Integrado de Atendimento ao Turista (Ciat), da Riotur, em Copacabana. Certa vez perguntou à autora porque os museus fecham durante as festas de Momo, mas não obteve resposta. De acordo com a turismóloga, há um número razoável de turistas que se dirigem ao Ciat perguntando sobre visitas a museus e, ao serem informados de que estão todos fechados, demonstram decepção por serem privados de conhecer outras atrações além das praias e do samba.

E se chover no Carnaval?

Referências

ABREU, Regina. Síndrome de museus? In: MUSEU DO FOLCLORE EDISON CARNEIRO/COORDENAÇÃO DE FOLCLORE E CULTURA POPULAR. *O museu em perspectiva*. Rio de Janeiro: Funarte, 1996. p. 51-68.

______. *A fabricação do imortal*. Rio de Janeiro: Rocco/Lapa, 1996.

AGUIAR, Leila Bianchi. O Iphan e o desenvolvimento turístico dos conjuntos urbanos preservados. In: INSTITUTO DO PATRIMÔNIO HISTÓRICO E ARTÍSTICO NACIONAL. *Anais da I oficina de pesquisa:* a pesquisa histórica no Iphan, Rio de Janeiro: Iphan/Copedoc, 2008. p.71-88.

BITTENCOURT, José Neves. Em busca da identidade. Os Anais do Museu Histórico Nacional, 1995-2005. *Anais do Museu Histórico Nacional,* v. 37, Rio de Janeiro, p. 10-18, 2005.

BRASIL. Ministério da Cultura. Programa de qualificação de Museus para o turismo. Brasília, 25 ago. 2008, n.p. Disponível em: <http://www.cultura.gov.br/site/2008/08/25/16274/>. Acesso em 3 jul. 2011.

______. Ministério do Turismo. *Turismo cultural*: orientações básicas. Brasília: Ministério do Turismo, 2006.

______. ______. *Estudo da demanda turística internacional 2004-2008*. Brasília: Ministério do Turismo, 2010. Disponível em <www.turismo.gov.br/dadosefatos>. Acesso em: 24 maio 2010.

______. Presidência da República. Decreto-lei n. 55/66, de 18 de novembro de 1966. Define a política nacional de turismo, cria o Conselho Nacional de Turismo e a

Empresa Brasileira de Turismo, e dá outras providências. Disponível em: <http://www.jusbrasil.com.br/legislacao/109350/decreto-lei-55-66>. Acesso em 17 jul. 2011.

______. Senado Federal. Decreto nº 15.596 de agosto de 1922. Disponível em: <http://www2.camara.leg.br/legin/fed/decret/1920-1929/decreto-15596-2-agosto-1922--568204-publicacaooriginal-91597-pe.html>. Acesso em: 26 nov. 2012.

CASTRO, Celso. Narrativas e imagens do turismo no Rio de Janeiro. In: VELHO, Gilberto (org.). *Antropologia urbana*. Rio de Janeiro: Zahar, 1999, p. 80-87.

______; FREIRE-MEDEIROS, Bianca. Um pouco da história do turismo na Cidade Maravilhosa. In: DESTINO: Cidade Maravilhosa. Turismo no Rio de Janeiro. Catálogo da exposição. Rio de Janeiro: Cpdoc/FGV, 2011.

CHAGAS, Viktor; CHAGAS, Mário. *1968 e a morte dos museus*. Porto Alegre, UFRGS, 29 set. 2008, n. p. Disponível em: <http://catc.blogspot.com/2008/09/opinio-1968-e-morte-dos-museus-no-mesmo.html>. Acesso em 30 out. 2011

MURTA, Stela Maris. *Caderno de diretrizes*. Museus e turismo: estratégias de cooperação. Rio de Janeiro, s.n., 6, abr. 2010. (Mimeo.)

MUSEU HISTORICO NACIONAL. Folheto n. 26, Rio de Janeiro, o Museu, s.d.

______. Folheto n. 49, Rio de Janeiro, o Museu, s.d.

______. Folheto, AI(371ª M4G3), Rio de Janeiro, O Museu, s.d.

______. *Catálogo geral do Museu Histórico Nacional*: primeira seção — arqueologia e história. Rio de Janeiro: Imprensa Nacional, 1924.

______. Fôlder, Rio de Janeiro, o Museu, s.d., n.p. Acervo da autora.

______. *Guia dos Visitantes*. Rio de Janeiro: O Museu, 1955.

______. Panfleto n. 13, Rio de Janeiro, o Museu, 1984.

______. *Relatório de atividades de 1926*. Rio de Janeiro: o Museu, 1926.

______. *Relatório de atividades de 1930*. Rio de Janeiro: o Museu, 1930.

______. *Relatório de atividades de 1931*. Rio de Janeiro: o Museu, 1931.

______. Relatório de atividades de 1964. Rio de Janeiro: o Museu, 1964.

______. *Relatório de atividades*. 1925. Rio de Janeiro: o Museu, 1925.

______. Panfleto n. 53, Rio de Janeiro, o Museu, s.d.

O MUSEU Histórico Nacional. São Paulo: Banco Safra, 1989.

PRET, Raquel. Expondo a novidade: análise da proposta conceitual de 1985 para o circuito permanente do Museu Histórico Nacional. *Anais do Museu Histórico Nacional*, Rio de Janeiro, o Museu, p. 19-36, 2005.

PRIMO, Judite. Museologia e patrimônio: documentos fundamentais — organização e apresentação. *Cadernos de Sociomuseologia*, n. 15, ULHT, Lisboa, p. 209-212, 1999. Disponível em: <http://musealogando.blogspot.com.br/2008/10/cadernos--de-sociomuseologia.html>. Acesso em: 25 nov. 2012.

RIOTUR. *Rio. E se chover?* Folheto. Rio de Janeiro, s.n.t.

THE INTERNATIONAL COUNCIL OF MUSEUMS (ICOM). Mesa-redonda de Santiago do Chile, 1972. *Revista Museu*, s.n.t. Disponível em: <http://www.revistamuseu.com.br/legislacao/museologia/mesa_chile.htm>. Acesso em 10 jul. 2011.

WILLIAMS, Daryle. Sobre patronos, heróis e visitantes. O Museu Histórico Nacional, 1930-1960. *Anais do Museu Histórico Nacional*, Rio de Janeiro, o Museu, p. 141-186, 1997.

A "natureza turística" de Petrópolis: uma reflexão através dos seus primeiros guias turísticos*

André Barcelos Damasceno Daibert

De que maneira se deu a construção cultural da "natureza turística" de Petrópolis, em seus primórdios, pelos seus atores e instituições locais? Este capítulo pretende responder a essa pergunta, apresentando narrativas veiculadas em publicações especializadas sobre o turismo naquela cidade no início do século XX.

Inicialmente, faremos um breve histórico de Petrópolis, enfatizando o desenvolvimento da atividade veranista no município e demonstrando as origens de seus atrativos e equipamentos. Analisaremos também o surgimento do turismo organizado na cidade nas primeiras décadas do século XX, destacando a evolução de alguns empreendimentos, personalidades e organizações do período, como a "Empresa Alex" e o "Sindicato de Iniciativa de Turismo do Município de Petrópolis". Num segundo momento, destacaremos algumas narrativas produzidas pelos principais agentes responsáveis pela organização do turismo em Petrópolis que certamente foram determinantes na construção da sua "natureza turística" em seus primórdios: os guias *Petrópolis Cidade Imperial: a rainha das serras*, editado pela Empresa Alex

* Este trabalho resume parte da dissertação intitulada *História do turismo em Petrópolis entre 1900 e 1930*, defendida em março de 2010 no Centro de Pesquisa e Documentação em História Contemporânea do Brasil da Fundação Getulio Vargas, orientada por Celso Castro.

em 1910, e o guia *Petrópolis Cidade do Brasil*, editado pelo Sindicato de Iniciativa de Turismo do Município de Petrópolis, em 1925.

Petrópolis: breve histórico

A cidade de Petrópolis localiza-se geograficamente na Região Serrana do estado do Rio de Janeiro (Brasil), possuindo uma altitude média de 810 metros. O clima é ameno, variando entre 10° e 30°C. A cidade se destaca pelas belezas naturais, com um total de 70% de Mata Atlântica preservada, e também pelas atratividades culturais. O município possui hoje uma população estimada em 295.917 habitantes[1] e se distancia apenas 68 quilômetros da cidade do Rio de Janeiro.

A região onde a cidade está situada aparece no mapa do Brasil desde o século XVIII, com a abertura dos caminhos para as minas de ouro no interior da colônia. A partir desse momento é que começam os primeiros povoamentos. Em março de 1822, a localidade passa por um intenso processo de dinamização graças à visita do então imperador d. Pedro I, que, de passagem pelo caminho para as minas de ouro, pernoitou na fazenda do sr. Padre Correia. Desde então, o imperador decidiu adquirir ali uma propriedade, pois já manifestava o desejo de construir outro palácio fora da cidade do Rio de Janeiro, em algum lugar de clima mais ameno do que o do intenso calor da Quinta da Boa Vista.[2] No ano de 1830, d. Pedro I adquire uma grande extensão de terras onde hoje se encontra a cidade de Petrópolis.

A construção do tão sonhado palácio só aconteceu alguns anos depois, com seu filho d. Pedro II. Em 16 de março de 1843, Pedro II designa o major Köeler para o projeto e construção do Palácio Imperial, além da urbanização de uma Vila Imperial, e a edificação de uma igreja e um cemitério. Todo esse plano urbanístico ficou conhecido como "Plano Köeler"[3], com

---

[1] IBGE, 2010.

[2] É importante lembrar que era comum nessa época, entre as monarquias europeias, a existência de uma segunda residência real, também chamada de residência de verão.

[3] Para obter mais informações sobre o Plano Koeler e sobre a evolução urbana do município de Petrópolis através dos tempos, vale consultar a tese de Ambrozio (2008).

cuja execução, o povoado de Petrópolis foi elevado à categoria de cidade em 1857. A ocupação da cidade se deu em grande parte por imigrantes e colonos oriundos principalmente de países europeus, como a Alemanha.

Após a Proclamação da República e o exílio da família imperial, Petrópolis ainda manteve grande importância no cenário político nacional, sendo elevada a capital do estado entre 1894 e 1903. A partir do ano de 1904, a antiga residência do então barão do Rio Negro torna-se residência oficial de veraneio dos presidentes da República. Com isso, Petrópolis continua a servir como cidade de veraneio dos chefes de Estado no Brasil até os dias de hoje.

Seguindo o exemplo da família imperial e dos presidentes, Petrópolis tornou-se um importante reduto de intelectuais, artistas, nobres e políticos de diferentes épocas que ali estabeleciam suas residências de verão. Essas personalidades se instalaram em palacetes e casas de arquitetura singular ou em requintados hotéis, produzindo um espaço urbano bem singular em comparação com aquele encontrado em outras cidades brasileiras.

O turismo organizado em Petrópolis no início do século XX

A atividade turística se origina em Petrópolis de uma maneira bem peculiar em relação ao restante do Brasil. Camargo, ao escrever sobre os primórdios do turismo brasileiro no século XIX, afirma:

> De volta à Corte, um fenômeno desconhecido da colônia: a vilegiatura [...]. Caberá ao filho, Pedro II, inventar a cidade imperial para onde se deslocava nos meses de verão, seguido pela Corte — ministros, funcionários e familiares — e por diplomatas estrangeiros. É certo que seguirão o imperador famílias da elite e figuras que se deslocam para onde se dirige o poder. Aos poucos, Petrópolis se impõe, transforma-se em hábito que terá sua continuidade com a presidência e as figuras gradas da capital federal.[4]

[4] Camargo, 2003, p. 70.

Sobre o mesmo momento, Ignarra completa: "Nesse período se desenvolve Petrópolis como primeira estância climática brasileira, local escolhido pela realeza para fugir do calor do Rio de Janeiro".[5]

Os dois autores acima citados, durante suas reflexões sobre as origens do turismo brasileiro, apresentam a cidade de Petrópolis não só como um importante marco do que chamaremos de turismo, mas também como um lugar que surgiu e se desenvolveu em virtude do fluxo de veraneio da aristocracia. Pelas citações anteriores, pode-se afirmar que Petrópolis nasce como uma *villa*[6] aristocrática: a *villa* de d. Pedro II e de sua Corte, que vai se configurar como um importante destino de vilegiatura no século XIX.

> Nos anos [18]60 já se contavam às dezenas de mansões de nobres cariocas, com seus baronetes, marqueses e viscondes que "na estação" escolhiam o local como sede para os encontros políticos e bailes sociais. A cidade torna-se uma espécie de vila europeia, e lá todos vivem como se estivessem "na civilização". [...] Não fossem os serviçais negros, que dividem o espaço com os imigrantes alemães, dir-se-ia que estávamos em uma nova Europa.[7]

Já no início do século XX, com a crescente industrialização, o acelerado processo de urbanização, a ascensão da burguesia e do trabalho assalariado no Brasil, acompanhados da difusão e evolução das vias e meios de transportes, pode-se dizer que a vilegiatura vai aos poucos dando lugar a outro fenômeno: o turismo.

A cidade do Rio de Janeiro é o principal destino turístico do Brasil no início do século XX, em cujas primeiras décadas a atividade turística organizada na capital federal se dá. Segundo Castro:

---

[5] Ignarra, 2001: 20.

[6] Boyer (2003: 21) afirma que o termo *villegiatura* se origina com a construção das mansões de verão em torno das cidades italianas no século XVI, denominadas de *villas*, como as *villas* paladianas de Brenta. Boyer também afirma que a *villegiatura* é ancestral das residências secundárias. Sobre as origens do termo *villegiatura*, vale também consultar o artigo de Ambrozio (2005: 105-113), no qual o autor realiza um profundo estudo etimológico dos termos *villa* e *villegiatura*.

[7] Schwarcz, 1998: 239.

No Brasil, foi apenas nas primeiras décadas do século XX que o turismo organizado começou a funcionar, tendo como principal centro a cidade do Rio de Janeiro. Surgiram os primeiros guias, hotéis turísticos, órgãos oficiais e agências de viagem destinados prioritariamente a atrair e a receber turistas.[8]

Alguns fatores demonstram uma particularidade da cidade de Petrópolis quanto à organização e consolidação da atividade turística, pelo menos se compararmos com a capital federal, colocada sempre como precursora das novidades. Existem registros que indicam a existência de uma empresa de turismo inaugurada ainda no ano de 1908, a chamada Empresa Alex enquanto a própria capital federal da época, o Rio de Janeiro, só passou a contar com agências de turismo a partir da década de 1920.[9]

Outro importante marco está na criação do Sindicato de Iniciativa de Turismo do Município de Petrópolis, que data de 1922, enquanto a Sociedade Brasileira de Turismo, sediada na cidade do Rio de Janeiro, é de 1923.

Narrativas do turismo em Petrópolis através dos guias turísticos da época

O principal conceito utilizado a seguir será o de construção da "natureza turística", que Castro descreve da seguinte maneira:

> A "natureza turística" da cidade é aqui entendida como uma construção histórica e cultural, não como um dado eterno. Esse processo envolve a criação de um sistema integrado de significados por meio dos quais a realidade turística de um lugar é estabelecida, mantida e negociada, e tem como resultado o estabelecimento de narrativas a respeito do interesse que a cidade tem como destinação turística. Essas narrativas, que se modificam com o tempo, em alguma medida antecipam o tipo de experiência que o turista deve ter e necessariamente envolvem seleções: enquanto alguns elementos são iluminados, outros permanecem na sombra.[10]

---

[8] Castro, 1999: 80-81.

[9] Santos, 2003: 8.

[10] Castro, 2002: 119.

Esse conceito será utilizado a fim de compreender as construções culturais que vêm definindo a "natureza turística" do município de Petrópolis e as modificações que ocorreram através dos tempos, em diferentes contextos históricos.

As narrativas que determinam a natureza turística de um lugar muitas vezes são construídas pelos meios de comunicação de massa. Segundo Boyer, "as diversas *mídias* tecem elogios aos lugares turísticos, às atrações, levam a descobrir países distantes. (...) O cinema, a televisão, a publicidade atualmente fazem um número cada vez maior de pessoas partir...".[11] Dentre as mídias mais importantes desse processo, destacam-se os guias e folhetos turísticos. Segundo Castro:

> Os guias e folhetos turísticos procuram orientar o olhar do turista, oferecendo seleções de locais dignos de atenção, roteiros de visitas e adjetivos para descrevê-los. Eles antecipam a experiência daquele que viaja, que muitas vezes sente prazer no simples reconhecimento *in loco* daquilo que já viu ou leu. A repetição de narrativas e imagens associadas a um lugar vai cristalizando e disseminando sua qualidade turística.[12]

Com base na argumentação apresentada, entende-se aqui que os guias turísticos e as mídias especializadas para os viajantes se constituem como referências relevantes para se analisar a construção da natureza turística de uma localidade em determinado momento histórico.

Para melhor entender como se originou a organização do turismo em Petrópolis e analisar a construção de sua "natureza turística", tomaremos como referência publicações voltadas ao público viajante da cidade no início do século XX. Foram selecionadas apenas publicações produzidas em Petrópolis, a fim de entender como se deu a construção da "natureza turística" do município através de seus atores e instituições locais.[13]

---

[11] Boyer, 2003: 34.

[12] Castro, 1999: 84.

[13] O estudo foi realizado através de pesquisa documental e bibliográfica retratando narrativas do turismo em Petrópolis, como seus pioneiros guias turísticos. O levantamento foi feito nos seguintes locais: 1) "Sala Petrópolis", localizada na Biblioteca Central Municipal Gabriela Mistral; 2) Acervo particular do professor Joaquim Eloy dos Santos, ex-presidente do Instituto Histórico

Publicações destinadas a viajantes foram produzidas na cidade desde o período imperial. A primeira obra relevante de que se tem registro é o ensaio de Carlos Augusto Taunay, *Viagem pitoresca a Petrópolis*,[14] de 1862. Várias outras obras foram produzidas com objetivo de divulgação. Silveira Filho, ao escrever sobre os guias publicados em Petrópolis, afirma:

> Por tal é que a publicação de guias foi um elemento da maior importância no passado de nossa cidade, e que muito contribuiu para celebrizá-la em vários particulares, pela grande eficiência na apresentação de guias e roteiros (indicadores). A época de ouro dos mesmos situa-se no período de 1885 a 1928, quando ocorrem as explosões tipográficas em nossa cidade (mais precisamente na República Velha).[15]

O período da Primeira República (ainda hoje às vezes mais conhecida como "República Velha") foi bem significativo quanto à produção dos guias de viajantes. Foi justamente nesta época que o fenômeno da *villegiatura* foi aos poucos dando lugar ao turismo organizado. Um dos fatores que contribuíram para o fortalecimento do turismo organizado em Petrópolis foi o surgimento dos guias e de uma imprensa especializada para este fim. Nas primeiras décadas do século XX, foram criadas várias tipografias e editoras que produziam não só guias, mas também publicações dos mais diversos gêneros.[16]

Através da pesquisa conseguimos localizar uma relevante diversidade de publicações[17] direcionadas ao público viajante que vinha a Petrópolis. Ao analisar grande parte dos materiais, percebemos que os guias publicados pela Empresa Alex e pelo Sindicato de Iniciativa de Turismo do

---

de Petrópolis; 3) Biblioteca do Museu Imperial de Petrópolis; 4) Biblioteca da Universidade Católica de Petrópolis.

[14] Brasil, 1995.

[15] Silveira Filho, 1985: 1.

[16] Ibid.

[17] Para saber mais sobre os vários guias, revistas e outras publicações raras em Petrópolis no período, ver o site do historiador e professor Oazinguito Ferreira Silveira Filho (http://petropolisnoseculoxx.blogspot.com.br/), no qual há alguns ensaios sobre a história da imprensa, das tipografias e de várias obras produzidas em Petrópolis na República Velha. Esses ensaios contêm uma descrição resumida de grande parte das publicações encontradas e, vale lembrar, são uma das poucas fontes secundárias encontradas sobre o assunto.

Município de Petrópolis (SITMP) foram as obras que melhor ajudaram a responder nossa questão de pesquisa, não só pela qualidade gráfica e pelo pioneirismo das publicações, como também por serem as duas instituições de fundamental relevância na organização do turismo local. Consecutivamente, foram importantes agentes que contribuíram na construção da "natureza turística" do município.

Guia *Petrópolis Cidade do Brasil: A rainha das serras* (1910)[18]

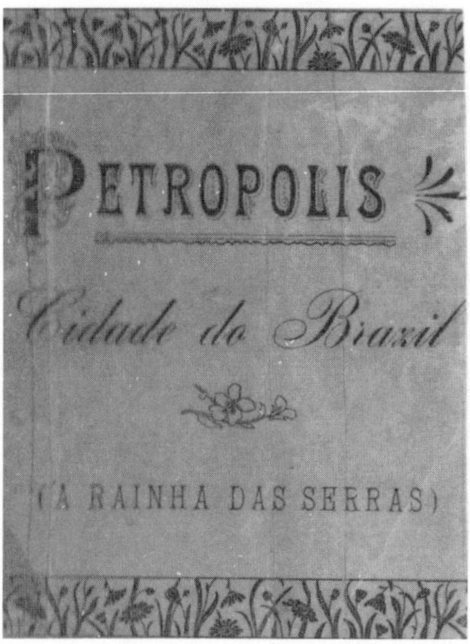

Figura 1: Capa do guia Petrópolis, cidade do Brasil: a rainha das serras, 1910. Fonte: Biblioteca Central Municipal Gabriela Mistral.

O guia em questão se destaca primeiramente por ser editado pela já mencionada Empresa Alex, que tinha à frente o empresário, publicitário e escritor João Roberto D'Escragnolle. O que imediatamente chama a atenção é o acabamento gráfico, bem superior ao de outras obras semelhantes da época. Além disso, é o primeiro a se apresentar como um guia para turistas, com a seção "Guia para o 'touriste':[19] como se faz a viagem do Rio para Petrópolis",[20] e que mostra o trajeto adotado pelo turista para chegar à cidade através de seu principal centro emissor: a capital, Rio de Janeiro. Para isso, o guia demonstrava os meios de transporte disponíveis, serviços de alimentação no trajeto, preços de passagens e serviços, além de destacar as belezas do caminho.

Em seguida, ao descrever Petrópolis, o guia utiliza a seguinte frase: "É a mais bela, elegante, pitoresca e aprazível cidade da América do Sul".[21]

[18] Empresa Alex, 1910.

[19] Observe-se que a expressão "touriste" (turista) ainda aparece escrita em francês.

[20] Empresa Alex, 1910: 7.

[21] Ibid: 8.

Vale lembrar que toda a seção se repete em três idiomas, português, francês e inglês, traço ainda inédito entre os guias petropolitanos e rara nos guias brasileiros da época.

Ao analisar a obra como um todo percebemos duas características bem marcantes nas descrições da cidade e de seus atrativos. Primeiro, uma grande alusão à privilegiada situação climática e da condição higiênica e de salubridade da cidade. O guia apresenta Petrópolis como um local que proporciona clima e temperaturas bem mais agradáveis do que as demais cidades do estado do Rio de Janeiro. Fala também sobre uma combinação de questões geográficas como relevo, vegetação, hidrografia e altitude que, aliadas a bons serviços urbanos, como abastecimento de água e distribuição de energia elétrica, colaboram para a construção da noção de cidade higiênica e salutar ou de "cidade de cura", como explicitado no fragmento do texto "A doçura térmica de Petrópolis", redigido pelo senhor Paschoal de Moraes:

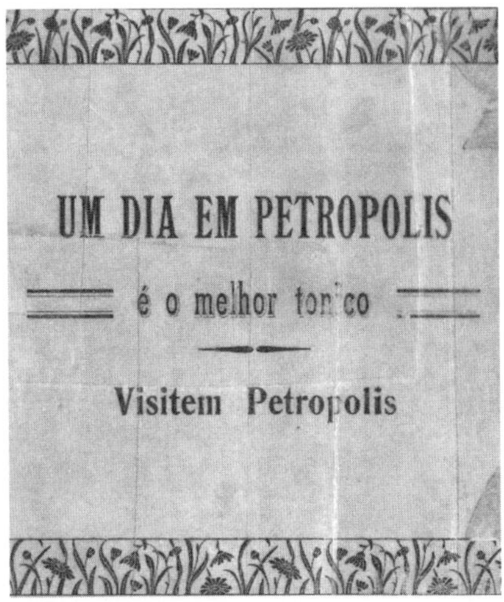

Figura 2: Contracapa do guia *Petrópolis, cidade do Brasil: a rainha das serras*, 1910. Fonte: Biblioteca Central Municipal Gabriela Mistral.

> Petrópolis goza, pela sua excelente e sublime localização alterosa e cheia de farta e vigorosa vegetação, de uma temperatura suportável e amena e de um clima incomparavelmente pulcro, abundante de salubridade própria, admirável.
>
> Nunca nos constou que, na venturosa cidade, medrasse epidemias nem endemias de espécie alguma; o mesmo obituário natural da civitas, que tem cerca de 25 mil (hab.), no estio, às vezes, em um, dois e mais dias, é nulo ou insignificante. É que as excelentes condições climáticas, favorecidas, da cidade em tudo são as mais benignas e higiênicas que se possam desejar para viver e atingir a venerada longevidade.[22]

[22] Ibid., p. 25-26.

Outros detalhes interessantes ajudam a firmar a ideia de "cidade de cura". São muitos os anúncios publicitários de médicos, farmácias e estabelecimentos hidroterápicos. Uma expressão que pode ser destacada é: "Um dia em Petrópolis é o melhor tônico. Visitem Petrópolis", que aparece destacada na contracapa do mesmo guia.

Figura 3: Capa do *Guia de Petrópolis*, 1925.
Fonte: Museu Imperial de Petrópolis (MIP)

Outra característica marcante na descrição feita pelo guia de 1910 é o destaque que confere aos atrativos dos bairros periféricos, algo bem diferente dos guias e publicações atuais, que enfatizam o Centro Histórico e seus arredores. Curiosamente, essa publicação faz menção a bairros que nos dias atuais não aparecem nos roteiros turísticos convencionais. Uma interessante passagem do guia apresenta esses bairros como passeios pitorescos por Petrópolis: "Entre os muitos passeios pitorescos, citaremos os da Crêmerire Buisson, Cascata Itamarati, Represa do Caxambu, Estrada da Saudade e Cascatinha".[23]

Guia de Petrópolis (1925)[24]

O *Guia*, organizado pelo Sindicato de Iniciativa de Turismo do Município de Petrópolis (SITMP), além de apresentar um bom acabamento gráfico, relevantes imagens, mapas e informações sobre a cidade, se destaca entre os demais pelos discursos proferidos em prol do turismo no mu-

[23] Ibid.:8-9.

[24] SITMP, 1925.

nicípio e no país. Em diversos momentos são demonstrados textos sobre o SITMP, sua formação, seus membros, sua atuação e sua disponibilidade em ajudar os turistas, além de ensaios sobre a importância do turismo na cidade e no Brasil.

Quanto às informações sobre os atrativos, passeios, serviços de hospedagem, alimentação, entre outras, o *Guia de Petrópolis* se apresenta de forma mais completa do que o guia analisado anteriormente, e é importante frisar que foi publicado 15 anos depois do que o editado pela Empresa Alex. Os empreendimentos, serviços e facilidades para o turista evoluíram com o passar dos anos.

Algumas narrativas interessantes encontradas na obra são:

a) Petrópolis como "burgo industrial". Em diferentes momentos, o guia descreve a importância econômica de Petrópolis, apresentando-a como um "burgo industrial". Não só esse guia mas várias outras publicações da época apresentam as diferentes indústrias locais como atrativos dignos de visitação.

b) Petrópolis: exaltação da cidade como um local campestre, bucólico e pitoresco, que guardava "costumes tradicionais" que não se viam mais nos grandes centros urbanos. Levanta-se a ideia de que em Petrópolis a vida era mais simples e a natureza estava mais próxima. Em outros momentos, é destacado o passeio por diversos bairros, incluindo os distritos.

c) "Rainha das Serras" e "Princesa do Piabanha", destino de pessoas elegantes e famosas. O guia apresenta Petrópolis, em diferentes momentos, como um destino para as elites, onde artistas, intelectuais, políticos e pessoas da "alta sociedade" vão veranear. O trecho reproduzido abaixo deixa bem claro este discurso.

(...) Rainha das Serras e Princesa do Piabanha é, senão a mais elegante, uma das mais procuradas estâncias do verão do Brasil e a que mais tra-

Figura 4: Costumes Antigos. *Guia de Petrópolis*, 1925. Fonte: Museu Imperial de Petrópolis (MIP).

dições recorda pelo seu passado de glórias e galas no regime do antigo império, e ainda hoje no atual, em que apesar da concorrência de outras formosas e lindas estâncias consegue acolher em seu seio a maioria da sociedade brasileira, cujas figuras mais representativas nela têm os seus bangalôs, palacetes e vilas de veraneio.[25]

O guia também fala sobre a importância do turismo em Petrópolis e no Brasil, assim como da criação e do funcionamento do SITMP. O texto intitulado "Turismo" inicia-se com a seguinte frase: "O turismo é na sua essência a consubstanciação máxima da propaganda inteligente e sabiamente conduzida das belezas naturais e artísticas de um país".[26]

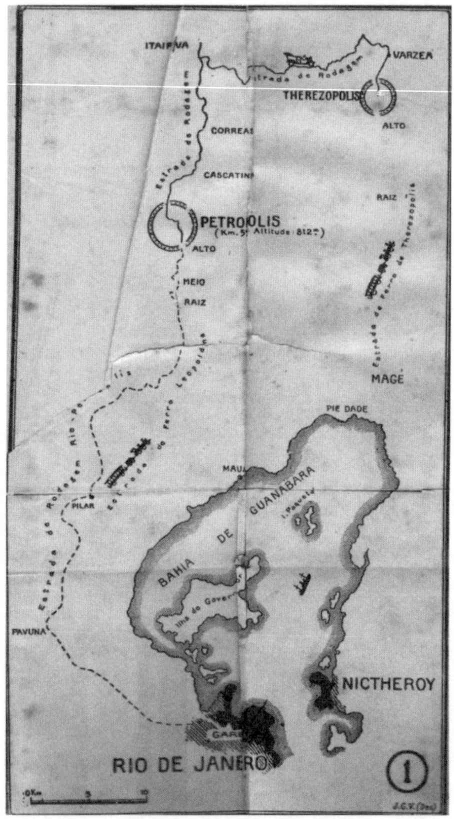

Figura 5: Mapa do caminho do Rio de Janeiro para Petrópolis. *Guia de Petrópolis*, 1925. Fonte: Museu Imperial de Petrópolis (MIP).

Outro detalhe importante que pode ser visualizado, tanto em mapas como na descrição de trajetos, é que o guia só dá a alternativa de chegada a Petrópolis através da cidade do Rio de Janeiro, pressupondo que o visitante necessariamente sairá da então capital federal. Ou, pelo menos, este guia deve ser direcionado ao viajante carioca. É notória a importância e a influência que o Rio de Janeiro exerceu sobre Petrópolis desde a sua origem, não só por ser capital, mas também por ser considerada a "grande porta de entrada" para os turistas estrangeiros até os dias de hoje. Mas será que os visitantes do interior fluminense

[25] Ibid.: 5.

[26] Ibid.: n.p.

ou até mesmo os de outros estados, como Minas Gerais, não interessavam aos agentes organizadores do turismo petropolitano? Ou será que esse guia só circulava entre o público originário da capital? Vale lembrar que esse tipo de direcionamento também aparece em outros guias.

Considerações Finais

A partir da análise dessas narrativas, podemos perceber que alguns discursos são recorrentes nas publicações analisadas: a) é dada uma grande ênfase à privilegiada situação climática e higiênica da cidade, construindo uma noção de Petrópolis como uma "cidade de cura"; b) é estabelecida uma contraditória noção de um local "Campestre, bucólico e pitoresco", ao mesmo tempo que se "vende" a ideia de Petrópolis como um "burgo industrial"; c) as publicações também apresentaram de forma bem nítida a noção de Petrópolis como "Rainha das Serras" ou "Princesa do Piabanha", ou seja, um destino voltado para as elites da época.

Além disso, ao se analisarem os discursos e ações de alguns atores e instituições existentes no início do século XX, pode-se perceber que o turismo em Petrópolis protagonizou uma série de debates, ações e reações ainda muito incomuns nos municípios brasileiros daquela época.

Tendo como base essas narrativas, acreditamos que o turismo em Petrópolis entre os anos de 1910 e 1925, embora tenha demonstrado alguns elementos que podem defini-lo como organizado, não pode ser entendido como um destino de massas. Ao observar a natureza dos anúncios, os locais de circulação das publicações, assim como os atrativos e equipamentos existentes na época, não há dúvidas quanto à preferência dos atores locais pelo turista pertencente à chamada "boa sociedade". Com isso, preferimos afirmar que o turismo de massas em Petrópolis só emergiu após a década de 1940, já em outro contexto histórico, caracterizado pelo fim da Segunda Guerra Mundial (1945) e pela transformação de outros atrativos, como a abertura do Museu Imperial de Petrópolis (1943) e o fechamento do cassino do "Palácio Quitandinha" (1946).

Outros questionamentos, no entanto, permanecem em aberto: como as narrativas desenvolvidas no início do século XX evoluíram até os dias de hoje? De que forma os atores e instituições participantes da organização da atividade turística em Petrópolis influenciaram no desenvolvimento do turismo na cidade no decorrer dos outros anos?

Referências

AMBROZIO, Júlio César Gabrich. Viagem, turismo e vilegiatura. *Geousp — Espaço e Tempo*, São Paulo, n. 18, p. 105-113, 2005.

______. *O presente e o passado no processo urbano da cidade de Petrópolis:* uma história territorial. São Paulo, 2008. Tese (Doutorado em Geografia Humana) — Programa de Pós-Graduação em Geografia Humana, Universidade de São Paulo. São Paulo, 2008.

BOYER, Marc. *História do turismo de massa*. Bauru: Edusc, 2003.

BRASIL. Ministério da Cultura. *Anuário do Museu Imperial*. Petrópolis: Ministério da Cultura, 1995. Edição comemorativa.

CAMARGO, Haroldo Leitão. Fundamentos multidisciplinares do turismo: história. In: TRIGO, L. G. G. (org.). *Turismo, como aprender, como ensinar*. 3. ed. São Paulo: Sena, 2003. V. 1.

CASTRO, Celso. A natureza turística do Rio de Janeiro. In: BANDUCCI JR., Álvaro; BARRETTO, Margarita (org.). *Turismo e identidade local*: uma visão antropológica. 2. ed. Campinas: Papirus, 2002.

______. Narrativas e imagens do turismo no Rio de Janeiro. In: VELHO, Gilberto (org.). *Antropologia urbana*: cultura e sociedade no Brasil e em Portugal. Rio de Janeiro: Jorge Zahar, 1999. p. 80-81.

EMPRESA ALEX. *Petrópolis, cidade do Brasil*: a rainha das serras. Petrópolis: Tipografia da Escola Gratuita São José, 1910.

IGNARRA, Luiz Renato. *Fundamentos do turismo*. São Paulo: Pioneira, 2001.

INSTITUTO BRASILEIRO DE GEOGRAFIA E ESTATÍSTICA (IBGE). Sinopse do Censo Demográfico de 2010: Rio de Janeiro. Brasília: IBGE, 2010. Disponível em: <http://www.censo2010.ibge.gov.br/sinopse/index.php?uf=33&dados=0>. Acesso em: 28 fev. 2012.

SANTOS, Joaquim Eloy dos. O sindicato do turismo. *Tribuna de Petrópolis*, Petrópolis, 20 ago. 2003, p. 8. Caderno História.

SCHWARCZ, Lilia Moritz. *As barbas do imperador*: d. Pedro II, um monarca nos trópicos. São Paulo: Companhia das Letras, 1998.

SILVEIRA FILHO, Oanziguito. F. Contribuição à história da imprensa petropolitana: os guias petropolitanos. *Tribuna de Petrópolis*, Petrópolis, 28 jan. 1985, p. 1. Segundo Caderno.

SINDICATO DE INICIATIVA DE TURISMO DO MUNICIPIO DE PETROPOLIS (SITMP). *Guia de Petrópolis por ocasião do 1º centenário do nascimento de D. Pedro II*. Petrópolis: Gráfica do Centro da Boa Imprensa, 1925.

A gênese do turismo em Cabo Frio, ou de como o sol se sobrepôs ao sal

João Henrique de Oliveira Christovão

O turismo foi a última atividade econômica a ter lugar em Cabo Frio no século XX, tornando-se, desde a década de 1980, sua principal fonte de recursos. O turismo, como qualquer outra atividade humana, não se explica por si só e para ele não há, como muitos defendem, uma vocação natural, seja em Cabo Frio ou em qualquer outro lugar.

No caso de Cabo Frio, a exuberância da natureza sempre foi motivo de admiração por parte dos que por lá passaram. São inúmeros os relatos que buscam traduzir em palavras o encantamento pelas praias de areias brancas e águas claras bem como pelas duas principais atividades ali desenvolvidas — o sal e a pesca —, partes importantes da economia e cultura daquele lugar. Contudo, na primeira metade do século XX, a importância econômica e as belezas da cidade contrastavam com a falta de infraestrutura local.

> Terra que tanto contribui, pela sua produção, para as rendas federais, é de lamentar que não tenha encontrado, no Parlamento Nacional, quem pela sua sorte se interessasse, propondo medidas tendentes a melhorar os transportes. (...) Que admirável estação balneária seria Cabo Frio — que, a 120 quilômetros de Niterói, pode ser alcançada por trem de ferro, em menos de duas horas, tanto mais quanto o terreno a percorrer é de fácil trajeto, quase todo ele

> plano e enxuto. E dizer-se que o Estado, em várias administrações, tem feito concessões, algumas vezes onerosas para a construção de estradas de ferro, sem que houvesse compelido qualquer das companhias existentes a levar, realmente, as suas linhas à mais velha das cidades fluminenses, ao município de Cabo Frio, cuja produção representa, em peso, quase vinte por cento de toda a produção do Estado.[1]

O problema de infraestrutura era recorrente e, segundo Hanssen,

> em 8 de maio de 1938 o escritor José Lins do Rego, regressando de uma temporada em Cabo Frio, lamenta num artigo de imprensa o estado da cidade, a falta de hotéis bons, de conforto, de tudo enfim. Termina seu artigo clamando por estradas de rodagem, por rodovias que mereçam este nome. Teria ele imaginado o quanto a rodovia asfaltada ia modificar todo o aspecto da região? Que ela chegaria mesmo a desfigurar em parte precisamente o que ele tanto enaltece em seu trabalho, os recantos mais agrestes e pitorescos?[2]

Se José Lins do Rego mostra insatisfação, Hanssen lança um lamento pelas transformações pelas quais a cidade passaria nas décadas seguintes em função do turismo. O poder público, até então, pouco fazia para resolver o problema de infraestrutura e, da mesma forma que a indústria do sal aguardou por várias décadas uma solução efetiva para o problema de transporte, o turismo aguardaria ainda muito tempo até que tivesse desse mesmo poder público a devida atenção. Amaral Peixoto, falando sobre o início da sua interventoria no estado do Rio de Janeiro, afirmou que,

> quanto às colônias de férias, eu fazia o seguinte: no primeiro ano, fiz uma em Cabo Frio e outra em Friburgo. Meninos da Baixada eu levava para Friburgo, e os da serra eu trazia para o mar. A de Cabo Frio foi uma experiência muito arriscada, porque não havia nada em Cabo Frio.[3]

[1] Vasconcelos, 1922: n.p.

[2] Hanssen, 1988: 208.

[3] Peixoto, 2005: 44.

De fato, os primeiros movimentos turísticos no Brasil pouco tinham a ver com o que Cabo Frio tinha a oferecer no momento — sal e pesca —, mas com algo que posteriormente seria considerado fundamental: a exuberância de suas praias. Benhamou afirma que "as estações balneárias não eram frequentadas no passado porque o costume de se tomar banho de mar ainda não havia penetrado na sociedade, além do fato de se contentarem os cariocas com as praias da capital".[4] Apesar de a cidade do Rio de Janeiro, então capital federal, ser uma espécie de "porta de entrada" para o turismo brasileiro, quando se tratava do interior do estado, as preferências turísticas na primeira metade do século XX estavam voltadas para as regiões serranas, e não para as praias. Enquanto as regiões de praia não recebiam investimento nessa área, as regiões serranas desfrutavam de benefícios fiscais e garantias.

> Com o objetivo de incrementar o turismo nas cidades serranas, [o interventor estadual] Amaral Peixoto concedeu benefícios fiscais para a construção de hotéis como o Higino, em Teresópolis, e o Quitandinha, em Petrópolis, que receberam ainda o monopólio da exploração do jogo em cada uma das cidades. O contrato com o Quitandinha foi assinado em setembro de 1940 e estabelecia em uma de suas cláusulas o pagamento de indenização da obra pelo Estado, caso o jogo fosse proibido. Em abril de 1946, o presidente Eurico Gaspar Dutra decretaria o fechamento dos cassinos, levando o proprietário do Quitandinha a requerer do governo a compra do imóvel pelo valor efetivamente despendido, e não pelo montante fixado no contrato, que era inferior.[5]

A ideia da praia como destinação turística começa a ser construída com mais clareza a partir do fim da II Guerra Mundial. Ao analisar esse processo nas produções cinematográficas sobre a cidade do Rio de Janeiro no período, Celso Castro afirma haver uma maior valorização dos aspectos naturais, bem como maior exploração de personagens populares e da sua sensualidade: "isso coincide com um processo histórico mais amplo que levou ao culto ao corpo, ao banho de mar e ao bronzeado, o que fez com que as cidades com praias — dentre elas o Rio — se tornassem destinações turísticas importantes".[6]

---

[4] Benhamou, 1971: 16.

[5] Moreira, 2005: 47.

[6] Castro, 2001: 123.

É esse turismo voltado para as praias que, a partir da década de 1950, tem lugar em Cabo Frio. O que havia antes disso na cidade era o que poderíamos chamar de *pré-turismo*, no sentido de não existir até então um fluxo contínuo de turistas, infraestrutura nem uma política específica voltada para essa atividade na região. É a mudança de perspectivas em relação à praia somada às facilidades de acesso — estrada de ferro (1937) e a atual rodovia Amaral Peixoto — que tornam possível a atividade do turismo na cidade.

Mesmo na cidade do Rio de Janeiro, o turismo organizado ainda era uma atividade pequena, a ponto de, no final dos anos 1950, Rachel de Queiroz assim se referir a ele:

> Poder-se-á alegar então que cuidar de turismo num tempo em que todo mundo passa fome é uma futilidade. Mas isso são outros quinhentos mil-réis. Mesmo porque, turismo já não é mais brincadeira, é indústria, e por toda parte rende dólares aos milhões. O daqui não rende porque ainda não há; turismo houvesse, dando dinheiro, quem sabe se poderia com ele urbanizar as favelas? Embora eu duvide que, depois de apanhar o cobre, a turma fosse se lembrar de favelado. Diriam logo que era pitoresco, que as favelas são uma tradição da Cidade...[7]

Os poucos turistas que apareciam em Cabo Frio na década de 1950 eram, na sua maioria, artistas e membros da alta burguesia carioca. Em geral hospedavam-se em casas de pescadores que, muitas vezes, eram adquiridas em seguida. Abel Beranger relata que Cabo Frio conservava "suas ruas primitivas com seus portões coloniais na parte antiga, enquanto novos bairros se levantam com residências confortáveis e algumas suntuosas. Turistas há que preferem restaurar casas primitivas".[8] Entre os novos bairros de que fala Beranger estavam o Portinho e a Ogiva, que, originalmente, eram áreas de salinas e residência de pescadores. É exatamente na Ogiva que d. Nilza, pioneira da *moda praia*, dá início — na década de 1950 — à confecção de biquínis que mais tarde ficariam famosos.

[7] Queiroz, 1959: 118.

[8] Beranger, 1993: 51.

> Eu morava aqui na Gamboa, me casei novinha, com 15 anos. Aí meu marido foi *pro* exército e as minhas irmãs trabalhavam na Ogiva e aí conheceram Tônia Carreiro. Eu comecei com Tônia Carreiro, desmanchando os biquínis dela e fabricando. Aí eu desmanchava as peças, eu não entendia nada de costura, desmanchava as peças, tirava o molde e aí costurava tudo de novo. Assim eu fazia, aí eu entregava a peça e ela nem sabia que eu desmanchei.[9]

O alto poder aquisitivo dos turistas que procuravam Cabo Frio nesse período os levava a buscar as condições de vida a que estavam acostumados, mas não encontravam ali. Segundo Antônio Terra:

> Na década de 50, uma plêiade de jovens milionários aqui chegou, viu, gostou e ficou. As praias, o sol, a aragem nordestina, tudo isto foram "motivos fortes" para que eles trocassem a vida noturna e o asfalto fervente da grande metrópole — Rio de Janeiro — pelas belezas naturais deste rincão [...]. Durante o dia, eles passeavam na praia grande [...]. À noite, eles procuravam uma diversão de acordo com os seus gostos de moços de grandes centros e só encontravam o Clube Tamoyo com seus bailes familiares, tradicionais, onde as senhoras sentadas em torno do salão, umas apreciavam e outras fiscalizavam a mocidade que rodopiava ao som de um piano tocado com entusiasmo pelo Alfredinho.[10]

Dessa forma, essa elite carioca, acostumada a grandes e luxuosos clubes, tratou logo de criar os seus em Cabo Frio. Com localização privilegiada, os novos clubes eram o suporte necessário num lugar onde não havia suporte nenhum, além de ser o local onde esses turistas podiam reproduzir um estilo de vida próprio, bem diverso daquele dos moradores da cidade.

Em fevereiro de 1951 a Companhia Industrial Odeon S.A. doou um terreno para a construção da subsede do Iate Clube do Rio de Janeiro em Cabo Frio. Tendo os empresários que fizeram a doação, "naturalmente, o duplo propósito de beneficiar o clube e de gerar progresso para a área destarte valorizando suas operações imobiliárias na região".[11]

---

[9] Dona Nilza, 2010: n.p.

[10] Terra, 2003: 184.

[11] Barroso, 2005: 244-245.

Figura 1: A pesca foi a primeira atividade a atrair turistas com uma frequência regular a Cabo Frio. Na foto observa-se Ângelo Machado, "o terror dos grandes Meros". Foto: Wolney Teixeira/Acervo Wolney — década de 1950. Imagem gentilmente cedida pelo curador do Acervo, sr. Warley Sobrosa.

Além da pesca submarina, a oceânica também atraía para Cabo Frio aqueles que podiam a ela se dedicar. Raymundo Castro Maya, principal incentivador dessa modalidade, foi o responsável pela captura dos primeiros "bicudos", colocando a cidade na rota da pesca oceânica mundial a partir de 15 de janeiro de 1955.[12]

[12] Ibid.: 252.

No rastro do Iate Clube do Rio de Janeiro foram criados mais três clubes náuticos em Cabo Frio. O Clube do Canal, no Portinho, criado em fevereiro de 1958, o Clube Náutico, na Ogiva, em 31 de dezembro de 1960, e o Costa Azul Iate Clube, na Gamboa, em 1964. Esses clubes tinham em comum, além do tipo de lazer a que se destinavam, o perfil de seus associados, poucos e abastados turistas oriundos principalmente do Rio de Janeiro. É essa elite carioca, que elege Cabo Frio como destino turístico para suas atividades de lazer, a responsável primeira pela associação da imagem de Cabo Frio ao sol e à praia, criando e divulgando assim uma imagem edênica da região.

Acostumados à simplicidade dos preexistentes clubes locais, de forte apelo cívico e tradição familiar, os moradores da cidade viam surgir um modo de vida completamente novo. Os principais clubes da cidade até então haviam sido criados, emblematicamente, em datas de grande importância cívica para a comunidade. Fundado em 13 de novembro de 1915 — tricentenário da cidade —, o Tamoyo Esporte Clube funcionava, até 1948, em um salão alugado ao lado da igreja Matriz. Fundado e frequentado pela elite política e econômica da cidade, o Tamoyo expressava os ideais deste grupo, fundindo, em certa medida, os espaços público e privado. Para Beranger o Tamoyo é "motivo de orgulho da sociedade cabofriense e a sala de visitas do município",[13] enquanto Massa reproduz trechos do jornal local *A Columna*, em que se lê: "conjugadas, pois, as duas iniciativas — a do atual prefeito e a do valoroso Tamoyo Esporte Clube, que há 15 anos se organizou para aumentar o valor cívico dos cabo-frienses, e erguê-lo para um novo surto de progresso".[14] Mais que uma opção de lazer, o Tamoyo simbolizava as aspirações e os ideais da elite local que em seus salões discutia os destinos da cidade. Contudo, na onda das inaugurações de clubes náuticos e influenciados pelo estilo de vida de uma elite requintada e exigente que se fazia cada vez mais presente na cidade, os sócios do Tamoyo fundaram em 1963 a sede náutica do clube. Construída perto do Forte São Matheus, a sede náutica do Tamoyo, ao contrário dos demais clubes náuticos, teve vida curta, sendo rapidamente desativada. Já a Sociedade Musical Santa Helena, fundada em 7 de setembro de 1937,

[13] Beranger, 1993: 79.

[14] Massa, 1996: 167.

fazia as vezes de Banda Oficial da cidade e era chamada carinhosamente de "A Furiosa".

As distintas características dos referidos clubes refletem as diferenças nos modos de vida entre os moradores da cidade e seus novos personagens. A cidade ia aos poucos sendo modificada, tanto na sua estrutura urbana quanto nos seus hábitos, e, se até 1960 não havia grandes modificações em seu centro urbano, já era possível perceber o impacto dos turistas no dia a dia da cidade. Nos anos seguintes, Cabo Frio assistiria a uma intensa mudança que afetaria a sua tranquilidade e aparente perenidade. É novamente Rachel de Queiroz quem nos conta que:

> Ando por Cabo Frio matando saudades. Continua a velha cidade com o seu encanto antiquado, embora não tão tranquila como nos recordamos que era. A malta indisciplinada dos turistas enche tudo, e onde há turista há desordem e barulho. É esse, aliás, o preço que pagam pela sua principal fonte de renda as cidades que vivem do turismo: os seus habitantes têm que se habituar aos turistas, suas pompas e suas obras. Console-se, pois, Cabo Frio, lembrando que Paris, Veneza, Roma, Florença e outras irmãs ilustres, todas têm que se haver com esse mal indispensável — que é praticamente o seu pão de cada dia. (...) Mas se não aturarem as má-criações dos turistas, as cidades de turismo não podem sobreviver — e, portanto, aturam-nos. Mas até mesmo essa paciência digamos profissional tem um limite — como aconteceu também, por estes dias lá mesmo em Cabo Frio; quase lincham um jovem tresloucado que atravessou a rua principal com o carro a 120 km. Passou naquela chispa, suscitando gritos e ameaças — e por desaforo ainda voltou calmamente e estacionou na praça. Foi aí que o pessoal o apanhou e, se os guardas não intervêm, levava uma boa surra e muito bem merecida.[15]

No início da década de 1960 a ida da jovem atriz francesa Brigitte Bardot a Cabo Frio causou um verdadeiro alvoroço na imprensa e gerou uma série de "propagandas gratuitas" que colocaram a cidade, definitivamente, no mapa dos destinos turísticos do país e do mundo. O *Jornal do Brasil* e

[15] Queiroz, 1962: 114.

O Cruzeiro, entre outras publicações, mantiveram por diversas semanas a atriz e, por conseguinte Cabo Frio, como manchete de suas edições. O *Jornal do Brasil*,[16] por ocasião da terceira visita da atriz ao distrito de Armação dos Búzios, sob a manchete "Um mito na realidade", registrou a ação do prefeito da cidade — Antônio de Macedo Castro —, que, percebendo a importância daquele acontecimento, concedeu à atriz o título de cidadã cabofriense e um terreno na praia da Armação dos Búzios, capitalizando assim a presença da diva francesa e associando a imagem da cidade à ideia de um refúgio paradisíaco.

Com as mudanças em curso, antigas áreas de salina e pesca tornavam-se áreas de lazer e atividades turísticas para uma nova classe social, com a qual a cidade passava a dividir seu espaço. Saindo da área central, a expansão urbana dividiu-se em dois polos, um de caráter mais popular, com um comércio voltado para a população local — o bairro de São Cristovão — e outro com feições turísticas — Ogiva e Portinho. Segundo os Estudos para o Planejamento Municipal, este último

> apresenta formas tipicamente turísticas e recreacionais, servindo de apoio ao Centro tradicional e sendo muito frequentado por turistas e veranistas. O comércio é de luxo, constituído por boutiques, boates, restaurantes de primeira qualidade, hotéis, clubes etc. (...) o processo que gerou a ocupação da sede do município foi o resultado de rápida mudança funcional ocorrida nos últimos vinte anos, durante os quais o pequeno núcleo pesqueiro e salineiro se transformou em importante centro turístico do estado.[17]

É esse processo de ocupação o responsável pela rápida valorização do solo na cidade. O uso turístico revela-se de grande importância na composição da paisagem urbana e, na virada dos anos 1960/1970, a reurbanização se intensifica e, junto com as casas e clubes, começa a surgir toda uma infraestrutura para atender a essa demanda. É nesse período que é construída a Moringa, um luxuoso condomínio turístico voltado para o canal do Itajuru, na principal avenida da cidade. O local era uma área de man-

[16] *Jornal do Brasil*, 27 e 28 dez. 1964: 8.

[17] Fiderj, 1977: 29.

Figura 2: Apesar de existirem registros em diversas publicações que exaltavam as belezas naturais de Cabo Frio antes da década de 1960, esta se destaca por ser a mais antiga publicação, por nós encontrada, especificamente voltada para a atividade turística. Fonte: *Revista do Turismo*, v. 1, 6 set. 1967.

gue que foi aterrada e loteada de forma que as casas possuíssem um deque que permitisse ancorar seus barcos. O loteamento da Moringa teve ao menos um efeito urbanístico que foi sentido de imediato pelos moradores da cidade: a avenida Assunção, que até então possuía calçamento apenas em parte de seu percurso, recebeu a necessária infraestrutura de luz, água, esgoto e asfalto em toda a sua extensão. Sem essas melhorias, não seria viável a construção da Moringa. A cidade se moldava para atender às exigências de um novo grupo social, e a população usufruía dos benefícios daí advindos.

O número de hotéis aumenta significativamente nesse período. Em 1963[18] eram apenas cinco — com destaque para o Hotel Lido, localizado à praia do Forte, no trecho que veio a ficar conhecido como praia do Lido; já em 1977 havia "118 estabelecimentos destinados a alojamento e alimentação".[19]

A LEGISLAÇÃO MUNICIPAL

Além da mudança de perspectiva com relação aos destinos turísticos, a década de 1950 é marcada também pela intervenção estatal nessa atividade. O turismo definitivamente ganha o status de política de Estado com a criação de

[18] Secretaria de Administração Geral do Estado do Rio de Janeiro, 1963: 25.
[19] IBGE apud Benhamou, 1971: 42.

órgãos e instituições que passam a normatizar o setor e a interferir diretamente na produção do espaço.[20] Em 1958 é criada a Comissão Brasileira de Turismo (Combratur) e a partir daí uma série de órgãos estaduais também são criados, como a Comissão de Turismo do Estado do Rio de Janeiro (Coterj), em 1961.

A partir de 1959, a preocupação em estabelecer uma legislação específica para normatizar esta nova atividade passa a ter lugar também em Cabo Frio. Datam daí as primeiras legislações municipais sobre o turismo[21] e também o início das transformações pelas quais a cidade viria a passar em função dessa nova atividade que mudaria completamente seu perfil urbano, afetando as relações sociais, econômicas e culturais que até então eram ali construídas. A leitura das resoluções da Câmara deixa claro que os órgãos criados se ocuparão tanto da atividade turística, quanto do ordenamento urbano da cidade. Na verdade, essas duas atividades fundem-se numa só e o turismo passa a desfrutar de um status que as demais atividades econômicas existentes na cidade até então não possuíam. Tal reordenamento passa a ser, ao contrário do que ocorria antes, uma necessidade, de modo que a cidade se adapte a essa nova atividade e não a atividade à cidade. [22]

Percebe-se que o que é levado em consideração para a viabilização da nova atividade econômica não são os aspectos culturais, o passado colonial ou toda a história da cidade. O turismo se apropria dos símbolos locais, mas apresenta-se como algo novo, moderno, uma atividade que rompe com o passado no qual o aspecto antigo da cidade e seus espaços de sociabilidade e de produção da riqueza não atendem às novas necessidades. O turismo representa o moderno em oposição à pesca e às salinas, que representam o antigo. Desse modo, se impõe economicamente e se sobrepõe espacialmente a estas antigas atividades.

---

[20] Beni, 2007: 118.

[21] Ver as resoluções da Câmara Municipal de Cabo Frio de nº 33 e nº 39 de 1959 e a de nº 15 de 1962.

[22] Ainda que a produção de sal tivesse um impacto significativo sobre a conformação do território do município, de certo modo, ocorria "fora dos muros da cidade" e pouco alterava as características do seu centro urbano. Também a pesca, ainda menos que o sal, pouco interferia nessa estrutura. "A atividade pesqueira entre a lagoa ou mar adentro necessita apenas de uma base em terra (muitas vezes na própria praia) e, quando muito, um entreposto" (Beauclair, 1993: 23). Estando ambas ligadas à própria formação da cidade, acabavam sendo, em certa medida, elas mesmas a medida da cidade. Desse modo, até a década de 1950, o sal e a pesca cresceram fazendo uso de um espaço urbano que atendia às suas necessidades, adaptando-se a ele de acordo com os seus interesses e pouco ou nada alterando o espaço desse centro urbano.

A resolução nº 33 de 23 de outubro de 1959 criou a Comissão Municipal de Planejamento e Turismo de Cabo Frio (Comuplatur) e estabeleceu no seu art. 2º que o referido órgão se constituiria de técnicos em Planejamento e Turismo, conhecedores dos problemas e possibilidades do município. Ainda que tal artigo carecesse de melhor definição, o art. 8º se apressava em explicitar as possibilidades do novo órgão, afirmando que "a Comuplatur será um órgão consultivo e coordenador, podendo através de seus técnicos, [...] apreciar [...] trabalho sobre anteprojeto de leis, posturas, plano diretor, pedidos de licenças de edificação, loteamentos etc.".

Estabelecia-se, assim, a interferência direta do turismo no ordenamento da cidade. Menos de um mês depois — 19 de novembro de 1959 — a resolução nº 33 foi revogada pela de nº 39, que criou o Departamento Municipal de Turismo. O curto espaço de tempo entre as duas resoluções, ao mesmo tempo que demonstra a preocupação que passou a existir com essa nova atividade, deixa transparecer que o poder público ainda não tinha muito claro o que ela representava e de que forma deveria vir a normatizá-la. De qualquer forma, ainda que essa nova resolução também carecesse de melhor definição, é possível perceber mudanças sensíveis com relação à anterior. A nova resolução definia as finalidades do novo departamento — orientação, divulgação e proteção —, ainda que não especificasse que tipo de "orientação, divulgação e proteção" seriam essas.

A preocupação municipal com o turismo estava evidente, mas ainda era necessário ser mais claro e específico. Em 1962 — dois anos e meio após a criação do Departamento Municipal de Turismo —, a resolução nº 15 de 13 de abril de 1962, a mais específica das três, deixa claro que o período de amadorismo com relação ao turismo chegara ao fim. A partir daí, e ao longo das décadas de 1960 e 1970, o turismo passou a conviver com a produção de sal e a dividir com esta o *status* de principal atividade em relação à economia municipal. Mesmo que no início da década de 1960 o turismo ainda não respondesse economicamente de forma significativa para as receitas do município,[23] passou a influir diretamente na organização deste e a interferir no desenvolvimento das demais atividades, uma vez que passava

[23] Em 1963 não há nenhum estabelecimento voltado para o turismo, entre os 30 listados pelo Departamento Estadual de Estatística, que empregasse cinco pessoas ou mais. Já em 1970 percebe-se um aumento na participação do turismo na economia local. Ver Fiderj, 1977.

a "desenhar" uma cidade que viria a se adaptar às suas necessidades, e não o contrário. A transição econômica, contudo, não é imediata e, ao final da década de 1970, o turismo ainda continuava tendo muitas limitações:

> Todavia, segundo um relatório da Secretaria de Educação e Cultura do Estado do Rio de Janeiro, datado de 1978, Cabo Frio continuava completamente desaparelhado para oferecer diversões ou quaisquer atrativos aos veranistas. "Só tem a sua maravilhosa natureza" — diz o relatório.[24]

Ainda que as salinas servissem como propaganda turística e que a imagem de uma pacata vila de pescadores emprestasse à cidade um ar peculiar, este não era o foco sobre o qual o poder público construía a imagem da cidade como destino turístico. Ao dar os primeiros passos no turismo, Cabo Frio ressaltava exatamente a condição climática e a beleza natural, elementos ligados ao sol, praia e à diversão e que viriam a ser a base de toda a atividade turística da cidade, ao passo que a produção de sal e a pesca artesanal gradativamente diminuíam. É essa "maravilhosa natureza" citada no relatório do Estado que o poder público municipal apresenta para justificar uma suposta "vocação natural" da cidade para o turismo. Nesse sentido o turismo passa a ser associado à natureza local como se ele, ao contrário das demais atividades econômicas, não fosse historicamente construído e tudo o que envolvesse essa atividade tivesse sempre estado ali à espera do momento adequado para ser revelado. Assim, a cidade é considerada como um ente próprio, e a atividade turística, como uma dádiva, o que só reforça a ideia de "vocação".

Do sal ao sol — aspectos simbólicos da transição econômica

Em 1974 é inaugurado o porto de Areia Branca/RN — o Porto Ilha. O porto foi a solução por tanto tempo esperada para escoar o sal potiguar e concluiu uma etapa fundamental da história do sal no Brasil.

[24] Hanssen, 1988, p. 209.

Além da inauguração do Porto Ilha, 1974 marca a inauguração da Ponte Presidente Costa e Silva, mais conhecida como Ponte Rio-Niterói. A inauguração da ponte era o elemento que faltava para o aumento do fluxo de turistas em direção a Cabo Frio, que já nessa época despertava o interesse não apenas daqueles mais abastados, mas também de uma classe média ávida pelo lazer turístico. O incremento da malha rodoviária era parte de um plano de desenvolvimento nacional implementado pelo governo militar e a construção da ponte diminuiu o tempo de deslocamento rodoviário até Cabo Frio, a partir da cidade do Rio de Janeiro, em ao menos uma hora, propiciando o aumento do turismo de final de semana, o que incentivaria a aquisição de imóveis de segunda residência por uma classe média carioca em ascensão.

Nesse sentido, 1974 nos parece ser um ano emblemático por reunir dois ícones que simbolizam diferentes momentos ligados às principais atividades econômicas do município de Cabo Frio: o Porto e a Ponte.

Contudo, a transição econômica não se completa aí. Ao contrário, a demanda por sal no Brasil nesse período crescia de forma exponencial e a proximidade de Cabo Frio com os principais centros consumidores, bem como o valor que era agregado pelo refino do produto, garantia uma fatia significativa do mercado ao sal fluminense. Por sua vez, o turismo, que vinha crescendo a passos céleres, ainda apresentava uma série de deficiências para atender à crescente demanda e demoraria alguns anos até se estabelecer como a principal atividade econômica da cidade.[25]

Figura 3: No início da década de 1970, era comum ver modernas lanchas cortando as águas do canal do Itajuru. Ao fundo a ponte Feliciano Sodré e à direita o Clube Costa Azul. Foto: Wolney Teixeira/Acervo Wolney. Imagem gentilmente cedida pelo curador do acervo, sr. Warley Sobrosa.

Não é o turismo — a princípio — o algoz da indústria salineira, não é ele que determina o seu fim, mas é ele que, já na década de 1970, inicia um rápido

[25] Segundo Barbiéri (1975: 23), até o início da década de 1970 a indústria salineira respondia por aproximadamente 60% da receita municipal, "concorrendo com as rendas advindas da promissora indústria de turismo que praticamente completa o orçamento do município".

avanço sobre as áreas de salina, sobretudo as mais centrais, deixando clara a oposição entre dois diferentes projetos para a cidade.[26] A convivência pacífica que havia até então deixa de existir, e as antigas áreas de salina começam a ser disputadas pelos diversos empreendimentos imobiliários na região. Os interesses dos grupos que defendem um projeto turístico para a cidade[27] baseado na sua beleza natural tornam-se hegemônicos e, através da propaganda, determinadas áreas da cidade passam a ser selecionadas como ícones, construindo assim uma hierarquia espacial na qual vai se sedimentando dada representação da cidade, bem como a construção de uma memória.

Nesse processo de substituição, o sal e o turismo mostraram-se, por fim, incompatíveis dentro do território cabofriense, uma vez que importantes áreas à beira-mar e salinas à beira da lagoa passaram a ser desejadas e disputadas pela atividade turística em sua faceta de ocupação imobiliária do espaço da cidade. O turismo passa, então, a agir como atividade predatória da indústria salineira, não sendo mais viável dividir os mesmos espaços.

O sol se sobrepõe ao sal e define as estratégias a serem adotadas a partir de então.

Referências

BARROSO, Hélio. *Na praia da saudade*: a história do Iate Clube do Rio de Janeiro — 1920-2005. Rio de Janeiro: Ediouro, 2005.

BEAUCLAIR, Geraldo. Sol sobre o sal: das comunidades indígenas às organizações salineiras da lagoa de Araruama. *Revista À Margem*, Niterói, v. 1, n.1, 1993.

BENHAMOU, François C. *Turismo e veraneio nas regiões periféricas da metrópole carioca*. Rio de Janeiro: UFRJ/Núcleo de Planejamento Urbano e Regional (Planur), 1971.

BENI, Mário C. *Análise estrutural do turismo*. 12. ed. São Paulo: Senac, 2007.

BERANGER, Abel F. Dados históricos de Cabo Frio. Cabo Frio: Procaf, 1993.

CÂMARA MUNICIPAL DE CABO FRIO. Resolução n. 15, de 1962. Cabo Frio: Câmara Municipal, 1962.

______. Resolução n. 33, de 1959. Cabo Frio: Câmara Municipal, 1959a.

---

[26] Ver Christovão, 2011.

[27] Nesse grupo estão principalmente as imobiliárias, as construtoras e os prestadores de serviço.

______. Resolução n. 39, de 1959. Cabo Frio: Câmara Municipal, 1959b.

CASTRO, Celso. A natureza turística do Rio de Janeiro. In: BANDUCCI Jr., Álvaro; BARRETO, Margarita (org.). *Turismo e identidade local*: uma visão antropológica. Campinas: Papirus, 2001.

CHRISTOVÃO, João Henrique de Oliveira. *Do sal ao sol*: a construção social da imagem do turismo em Cabo Frio. Rio de Janeiro, 2011. Dissertação (Mestrado em Geografia) — Programa de Pós-graduação em Geografia, Faculdade de Formação de Professores, Universidade do Estado do Rio de Janeiro. Rio de Janeiro, 2011.

DONA NILZA. Depoimento concedido ao autor. Rio de Janeiro, 11 nov. 2010.

FUNDAÇÃO INSTITUTO DE DESENVOLVIMENTO ECONÔMICO E SOCIAL DO RIO DE JANEIRO (Fiderj). *Estudos para o planejamento municipal*: Cabo Frio. Rio de Janeiro: Fiderj, 1977.

HANSSEN, Guttorm. *Cabo Frio*: dos Tamoios à Álcalis. Rio de Janeiro: Achiamé Ltda., 1988. p. 208.

MASSA, Hilton. *Cabo Frio*: nossa terra, nossa gente... 2. ed. Rio de Janeiro: Dinigraf, 1996.

PEIXOTO, Amaral. Depoimento. In: MOREIRA, Regina da L. *Tempos de Amaral*. Niterói: Imprensa Oficial, 2005.

MOREIRA, Regina da L. *Tempos de Amaral*. Niterói: Imprensa Oficial, 2005.

SECRETARIA DE ADMINISTRAÇÃO GERAL DO ESTADO DO RIO DE JANEIRO. Departamento Estadual de Estatística. *Cabo Frio*. Rio de Janeiro: Departamento Estadual de Estatística, 1963.

TERRA, Antonio. Deslumbramentos. In: BATISTA, José C. *Crônicas*: Antônio Terra. Cabo Frio: Secretaria Municipal de Cultura, 2003.

VASCONCELOS, Clodomiro R. de (org.). *Álbum do estado do Rio de Janeiro*. Niterói: s.n., 1922. N.p. Publicação comemorativa do Centenário da Independência.

Artigos de periódicos

BARBIÉRI, Evandro Biassi. Ritmo climático e extração do sal em Cabo Frio. *Revista Brasileira de Geografia*, IBGE, v. 37, n. 4, p. 23, 1975. Separata.

Jornal do Brasil, 27 dez. 1964, p. 8.

Jornal do Brasil, 28 dez. 1964, p. 8.

QUEIROZ, Rachel de. Cabo Frio e Ermelinda. *O Cruzeiro*, Rio de Janeiro, p. 114, 27 jan. 1962. Última Página.

______. Três assuntos cariocas. *O Cruzeiro*, Rio de Janeiro, p. 118, 31 out. 1959. Última Página.

Uma história do turismo e do patrimônio na cidade de Paraty

Hernán Venegas Marcelo

> Hoje, 300 anos depois, esperamos que este convênio [de Integração Turística] que vossas excelências [Governadores dos Estados da Guanabara e do Rio de Janeiro] acabam de assinar, seja para nós uma nova carta régia, que nos venha a libertar da estagnação e do abandono em que temos vivido, integrando-nos definitivamente, através da rendosa indústria do turismo, na comunidade socioeconômica nacional.
>
> *Presidente da Câmara Municipal de Paraty, junho 1967.*

> *Aujourd'hui, après um siècle d'abandon, elle est toujours belle. Nul doute que grace à sa position géographique exceptionnelle, elle soit animée une troisième fois par le cycle touristique.*
>
> *Fréderic de Limburg Stirum, janeiro de 1968.*[1]

Colocar em perspectiva histórica o patrimônio e o turismo é uma complexa tarefa que recentemente vem sendo trabalhada por um número crescente de historiadores e turismólogos brasileiros. No Brasil, ambas as invenções possuem uma historicidade própria, cujo estudo se torna mais complexo devido à natureza que adquiriram ao ingressarem na pauta do poder público federal, estadual e municipal no século XX. Tal quadro aplica-se ao caso de cidades históricas, como Paraty, no litoral sul fluminense.

---

[1]A tradução ao português poderia ser: "Hoje em dia, após um século de abandono, ela ainda é bela. Que ninguém duvide, graças a sua posição geográfica excepcional, ela será novamente animada, pela terceira vez, pelo ciclo do turismo".

Um estudo histórico do seu patrimônio afasta-se de análises recorrentes da historiografia tradicional, que tratam ora da sua decadência, ora do seu florescimento econômico. Por sua vez, uma história do turismo em Paraty[2] nos remete aos anos 1960, quando o turismo foi apontado como uma alternativa ao desenvolvimento socioeconômico, e sua história pode ser contada através dos processos de patrimonialização e turistificação nela acontecidos.

Uma das primeiras evidências dessa história foi a chegada dos primeiros turistas antecipando as novas concepções do Instituto do Patrimônio Histórico e Artístico Nacional (Iphan), que, com a assessoria da Organização das Nações Unidas para a Educação, a Ciência e a Cultura (Unesco), valoriza o turismo no âmbito da preservação patrimonial. A inserção definitiva do turismo nos destinos de Paraty (figura 1) se deve à atuação do binômio Iphan-Unesco, uma realidade que ganharia mais em complexidade com a elaboração de planos e projetos turísticos.

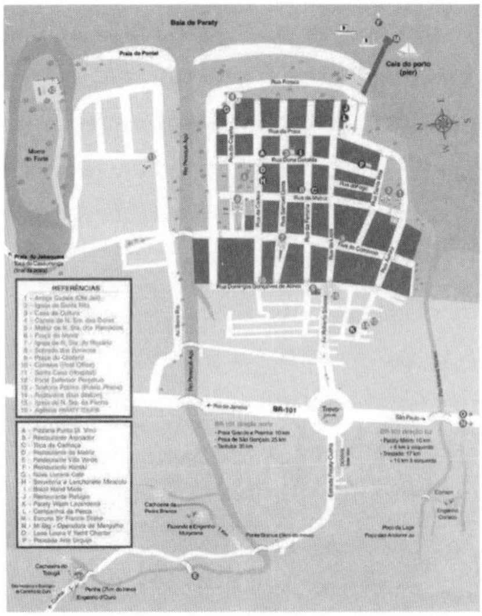

Figura 1: Centro Histórico de Paraty. Fonte: <http://www.paratytours.com.br>. Acesso em: 12 maio 2013.

A importância da atuação conjunta das esferas estadual e municipal em prol da preservação do patrimônio foi uma das considerações que justificaram a primeira ação legal de proteção iphaniana em Paraty, ao ser declarada "Monumento Histórico do Estado do Rio de Janeiro", em 1945. Tal ação deu início à primeira fase da patrimonialização que se estendeu até o tombamento do Conjunto Arquitetônico e Urbanístico de Paraty, em fevereiro de 1958. Durante essa fase, a situação socioeconômica da cidade não mostrava sinais de recuperação, o que impedia quaisquer tipos de ações de conservação e restauro. Entretanto,

[2] Quanto à grafia do nome do município, aceitam-se as duas formas, y e i, mesmo quando a Convenção Ortográfica Brasil-Portugal suprimiu o Y do alfabeto português. Cf. Mello, 2002.

o Iphan[3] continuava a se empenhar no papel de representante de uma nação imaginária com base nas tradições luso-cristãs, o que justificou o tombamento das igrejas da cidade, em fevereiro de 1962, e outras importantes ações legais.

Era inevitável um choque de interesses: de um lado, a ação preservacionista, interessada em manter as características originais da arquitetura, e de outro, os interesses dos empresários, que apostavam em uma nova realidade socioeconômica. Impunha-se o estabelecimento de um plano que ordenasse o crescimento da população e a economia de Paraty e que conciliasse os interesses da preservação patrimonial, o que foi elaborado pelo arquiteto Limburg Stirum, em 1965. Esse plano significaria um primeiro passo no sentido de socorrer eficazmente uma cidade histórica, planejando novos bairros e permitindo um desenvolvimento em termos humanos.[4] A cidade precisava de um regime de proteção mais aperfeiçoado do que aquele que elevou as cidades de Ouro Preto (1933), Mariana (1945) e Alcântara (1948) à condição de Monumento Nacional.

Segundo Renato de Azevedo Duarte Soeiro, presidente do Iphan entre 1967 e 1979 e um representante de novas ideias dentro das políticas de preservação, o regime de proteção pleiteado para Paraty seria um modelo referencial, no qual o fomento do turismo era mais um assunto a se levar em consideração. Era importante conjugar ambos os interesses, turismo e patrimônio, e tomar providências antes que o desenvolvimento do turismo ignorasse o alcançado em matéria de preservação do patrimônio. Assim, pode-se constatar no Iphan a existência de um discurso institucional que, com o apoio da Unesco, evoluiu de posições estritamente relacionadas à proteção do patrimônio até seu entendimento como um incentivo para potencializar o turismo, uma característica fundamental da segunda fase da patrimonialização em Paraty.

A inserção do turismo no cotidiano da vila nessa época foi favorecida ao ter sido declarada "Monumento Histórico Nacional", em 1966, como comprovam os artigos do Decreto-lei nº 58. 077. Para o fim da década de 1960, a cidade que antes documentava o passado através de seu estilo de vida, e

---

[3] O Iphan foi o órgão que institucionalizou as políticas de proteção do patrimônio cultural brasileiro. As diversas denominações que assumiu correspondem às mudanças na estrutura organizativa do aparelho do Estado.

[4] Batista, 1966: 12.

de suas construções, "o petrificou", mantendo assim uma lembrança simbólica do espaço, frente às novas condições socioeconômicas com as quais lidaram os técnicos do Iphan e a assessoria técnica da Unesco ao Brasil.

A ação desses órgãos tornou o patrimônio cultural brasileiro mais conhecido nos âmbitos nacional e internacional, sobretudo após a realização de várias visitas técnicas. Os relatórios dessas visitas tornaram-se a porta de entrada de novas concepções em matéria de preservação, sendo a antiga vila de Paraty um ponto obrigatório no itinerário de técnicos como Michel Parent, Fréderic Limburg Stirum, Graeme Shankland e David Walton, Alain Paskine e Jean Baptiste Perrin, todos contratados pela Unesco. De modo geral, as diferenças existentes entre os relatórios por eles apresentados dependem das situações percebidas e das estratégias propostas para compatibilizar o planejamento urbano com o desenvolvimento do turismo (figura 2).

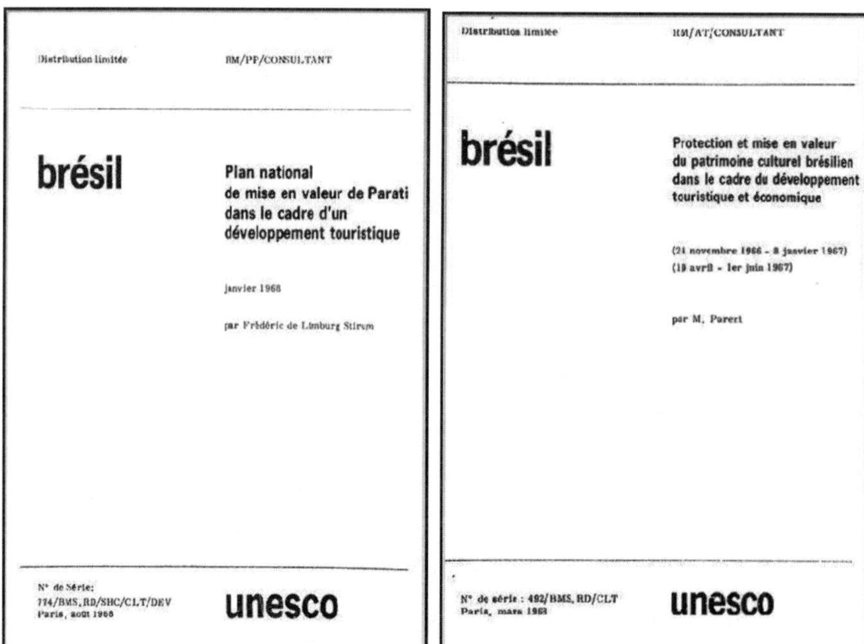

Distribution limitée

BM/PP/CONSULTANT

brésil

Plan national
de mise en valeur de Parati
dans le cadre d'un
développement touristique

janvier 1968

par Frédéric de Limburg Stirum

N° de Série:
774/BMS.RD/SHC/CLT/DEV
Paris, août 1968

unesco

Distribution limitée

BM/AT/CONSULTANT

brésil

Protection et mise en valeur
du patrimoine culturel brésilien
dans le cadre du développement
touristique et économique

(21 novembre 1966 - 8 janvier 1967)
(19 avril - 1er juin 1967)

par M. Parent

N° de série : 492/BMS.RD/CLT
Paris, mars 1968

unesco

Figura 2: Capas originais dos relatórios de Michel Parent e de Fréderic de Limburg Stirum. Fonte: <http://www.unesco.org/new/en/unesco/resources/online-materials/publications/unesdoc-database>. Acesso em: out. 2008.

Conciliar e consolidar a presença do Iphan com a nova realidade que se impunha foi a maior preocupação do relatório "Protection et mise en valeur du patrimoine culturel brésilien dans le cadre du développement touristique et économique",[5] de autoria de Michel Parent, do Serviço Principal de Inspetoria de Monumentos na França. Nas páginas dedicadas a Paraty e à baía da ilha Grande, o autor destacou que as oportunidades de desenvolvimento cultural e econômico da antiga vila estavam atreladas ao turismo. Para dar solução às situações diagnosticadas, que atentavam contra a integridade da arquitetura colonial e traziam o risco de um crescimento anárquico, era necessária a adoção de um plano urbanístico. É oportuno dizer que o desenvolvimento do turismo por si só não era a prioridade da Unesco, mas essencialmente importante para "a compreensão mútua entre os povos e o desenvolvimento e salvaguarda de suas culturas específicas",[6] o que refletia as posições desse órgão que, naqueles anos, era responsável pela atividade em nível mundial.

Outro representante da Unesco, Fréderic de Limburg Stirum, realizou um estudo sobre o estado de conservação do patrimônio e sua valorização turística em Paraty. Diferente dos outros peritos da Unesco, Limburg Stirum morou vários anos na cidade, o que o fez se identificar com a realidade socioeconômica e cultural do município. Prova disso são as ideias expostas no *Plan national de mise en valeur de Parati dans le cadre d'un développement touristique*, publicado em janeiro de 1968 (figura 2). Há aspectos importantes nesta última proposta, tais como: a urgência de conciliar o planejamento urbanístico com o desenvolvimento turístico que se avizinhava para o litoral Rio-Santos com a abertura da BR-101; o papel de paulistas e cariocas num novo ciclo de desenvolvimento — o do turismo;[7] a análise comparativa e previdente que fez da situação econômica em Angra dos Reis; e a necessidade de preservar as florestas do entorno paratiense, outros atrativos fundamentais para desenvolver o turismo.

Conciliar o interesse da preservação do patrimônio cultural e natural com o desenvolvimento econômico que se pronunciava foi um ponto comum

[5] Parent, 1968.

[6] Ibid.: 58.

[7] Stirum, 1968: 11.

nas reflexões dos peritos da Unesco. Seguindo essa linha, o urbanista inglês Graeme Shankland, acompanhado em sua viagem ao Brasil pelo técnico David Walton, elaborou um relatório, "Projeto de Turismo Cultural",[8] mais abrangente do que o anterior, quanto aos cenários estudados, e o apresentaram ao Programa das Nações Unidas para o Desenvolvimento (PNUD), em 1969. No começo de 1969, com o apoio do Iphan e da Fundação de Patrimônio Artístico e Histórico da Bahia, visitaram várias cidades brasileiras. Quanto a Paraty, Shankland chamou a atenção sobre a pouquíssima assistência da administração pública ao município "em vias de se transformar na Saint-Tropez do Brasil".[9] Também ressaltou as vantagens comparativas que Paraty tinha para desenvolver o turismo, o que lhe assegurava um novo mercado turístico, ainda mais quando ficassem prontas as obras da estrada Rio-Santos.

Figura 3: Projeção da cidade histórica e da cidade moderna segundo o *Plan national de mise em valeur de Parati dans le cadre d´um développement touristique*. Janeiro, 1968. Fonte: <http://www.unesco.org/new/en/unesco/resources/online-materials/publications/unesdoc-database>. Acesso em: out. 2008.

[8] Shankland, 1969.

[9] Ibid.: 3.

De acordo com o urbanista inglês, era vital que planos completos de urbanização e turismo fossem preparados, incluindo propostas relativas à conservação em Paraty. A estrutura para supervisionar os planos de urbanização e turismo a serem implementados deveria funcionar antes de a estrada Rio-Santos ficar pronta. Os detalhes relativos à natureza da assistência técnica e assessoria administrativa em turismo deveriam ser decididos após a visita do consultor da Unesco, Jost Krippendorf, economista, pesquisador do turismo e ex-diretor do Instituto de Investigação sobre Lazer e Turismo da Universidade de Berna, Suíça. Tal como a proposta de Michel Parent, outra vez, de forma mais veemente, foi reclamada a necessidade de implantar e acompanhar o planejamento urbano e turístico que antecedesse à abertura da rodovia Rio-Santos.

Dando prosseguimento ao Projeto PNUD BRA/71/012 — Turismo Cultural, resultado das propostas feitas à Unesco pelos seus técnicos, foi a vez da visita dos técnicos Jean Bernard Perrin e Alain Paskine. O relatório "Mise en valeur dês ensembles et sites classés" foi o resultado da viagem feita entre fevereiro e agosto de 1972, no qual o arquiteto Jean Bernard Perrin propôs medidas legislativas, financeiras e de organização burocrática visando à ação conjunta e unificada dos três níveis de administração: federal, estadual e municipal. Além disso, apontou como necessária a coordenação com os organismos de planejamento, urbanismo, turismo e financiamento para a valorização dos bens tombados. Para operacionalizar sua proposta, Jean Bernard Perrin sugeriu a elaboração de uma "charte dês monuments" (carta dos monumentos), estabelecer um plano financeiro, medidas encaminhadas para reorganizar o Iphan e a adoção de um programa detalhado para a proteção, restauração e valorização "des ensembles historiques brèsiliens" (centros históricos brasileiros).[10]

Em relação a Paraty, o relatório apresentou proposições específicas acompanhadas de uma análise dos planos existentes e das obras em andamento realizadas até o início dos anos 1970. Ainda que fossem pertinentes, as ideias desses técnicos entraram em contradição com o interesse dos paratienses em fomentar atividades econômicas por toda a cidade, para o quê era necessário o uso e transformação dos imóveis. Naqueles anos, a

[10] Maheu, 1973.

irrupção do turismo, a especulação imobiliária e o crescimento desordenado haviam tomado conta da antiga vila, uma realidade percebida por Jean Bernard Perrin. Outra vez, tal qual os demais relatórios, a proposta dos técnicos franceses refletia a posição da Unesco que visava à compatibilidade da preservação patrimonial com o desenvolvimento do turismo.

A aparição dos primeiros turistas e a atuação do binômio Iphan-Unesco são elementos importantes que caracterizam a história do patrimônio e do turismo em Paraty, mas a necessidade de levar à prática um planejamento urbano que incorporasse o turismo como atividade econômica fundamental é outro elemento central nessa história, que é também a da sua turistificação.[11] Ela se constata com a elaboração dos seguintes planos urbanísticos e turísticos: o Plano de Desenvolvimento Integrado e Proteção do Bairro Histórico do Município de Parati, o Projeto Turis — um plano de Aproveitamento Turístico, o Programa de Investimentos para o litoral Rio-Santos (Planave) e o relatório da Secretaria de Planejamento e Coordenação Geral da Governadoria do Estado do Rio de Janeiro (Secplan), "Revisão e atualização da legislação urbanística de Parati".

Ainda que esses planos não tenham sido aplicados em toda a sua extensão, diferentes pontos de vista e o nível teórico de suas principais ideias são destaques. O exemplo mais interessante dessa afirmação é o "Plano de Desenvolvimento Integrado e Proteção do Bairro Histórico do Município de Parati",[12] que objetivou a preservação do patrimônio cultural e natural e o desenvolvimento e a valorização da cidade e do município. Duas premissas essenciais nortearam o trabalho da equipe do CNPI (Consórcio Nacional de Planejamento Integrado) — sigla pela qual esse plano urbanístico é conhecido. A primeira delas afirmava que qualquer proposição de extinção, incremento ou implantação de atividades deveria ser orientada no sentido de serem preservados os valores históricos e naturais do município. A segunda premissa explicitava que o turismo deveria se tornar a principal atividade econômica, e que todas as outras teriam que se vincular cada vez mais a ela,[13] e que, inclusive, a adoção do trinômio

---

[11] Essas características se aproximam da definição de turistificação dada pelo geógrafo francês Remy Knafou (1999: 62-74).

[12] Consórcio Nacional de Planejamento Integrado, 1972.

[13] Ibid., v. 1: 3.

Conservação-Desenvolvimento-Turismo era o caminho mais adequado para o desenvolvimento econômico de Paraty.

Resulta interessante o exame aprofundado que, em relação ao turismo, fez a equipe do CNPI, mediante uma pesquisa que inventariou os principais problemas que obstaculizavam sua prática. Ainda que o estudo proposto fosse inovador, particularmente em matéria de turismo, nem todos os seus documentos foram aprovados pela Câmara Municipal de Paraty, o que impediu a aplicação do plano em sua integridade, especialmente as ideias relacionadas com o trinômio Conservação-Desenvolvimento-Turismo.

Fora do âmbito da Unesco e do Iphan, uma tentativa para planejar o desenvolvimento turístico ao longo do litoral Rio-Santos foi a do Projeto Turis,[14] que incluiu em seu planejamento turístico o município de Paraty. Elaborado entre 1972 e 1973 e viabilizado pela construção da rodovia Rio-Santos, o projeto partia da concepção de que, no revigorar da economia precária de uma faixa costeira de 500 km, entre Rio de Janeiro e São Paulo, o turismo representava um papel de poder germinador. Permitiria uma expansão harmoniosa e equilibrada daquele litoral graças à sua implantação, para a qual a equipe de estudos do projeto se baseou na experiência turística francesa da Côte d'Azur, do Languedoc-Roussillon e da Côte d'Aquitaine.

Ainda que o Projeto Turis não tenha sido implantado, suas considerações merecem ser comentadas, por serem um exemplo da atribuição de valor turístico à antiga vila, desta vez relacionando-a à Empresa Brasileira de Turismo (Embratur). O texto do projeto afirmou que Paraty possuía "um conjunto de condições até aqui inexploradas que podem legar subsídios para seu desenvolvimento turístico: cidade histórica, possibilidades náuticas e outras, cujo somatório pode vir a convertê-la em uma Saint-Tropez fluminense".[15] Para garantir que se convertesse num importante centro internacional para a prática do turismo foram definidas zonas homogêneas no planejamento do litoral que a faziam depender exclusivamente do turismo. Os efeitos imediatos que tal situação poderia ter trazido afetariam as características de um município de marcado perfil rural, com forte presen-

[14] Brasil, 1975.

[15] Ibid.: 20.

ça de manifestações culturais ameaçadas pelo tombamento turístico que o Projeto Turis pretendia realizar no litoral Rio-Santos (figura 3).

Segundo a lógica do Projeto Turis, os municípios desse litoral deveriam elaborar um plano de desenvolvimento local respeitando as normas estabelecidas por tal projeto. Mas antes era preciso que o CNT delimitasse as zonas prioritárias de interesse turístico, o que foi materializado no começo de 1973, deixando a Embratur celebrar convênios com os municípios em que estivessem situadas as zonas priorizadas pelo desenvolvimento turístico. Isso explica que, em 1973, tivesse sido assinado um convênio de cooperação turística entre a Prefeitura de Paraty, o Iphan e a Embratur. Uma vez assinado tal convênio, poderiam ser elaborados planos de desenvolvimento locais respeitando as normas do Projeto Turis. Pela supervisão dos projetos ficou responsável o Próprio Iphan, no caso do Rio de Janeiro aliado à Secretaria de Turismo, e, no Estado de São Paulo, o Conselho de Defesa do Patrimônio Histórico, Arqueológico, Artístico e Turístico (Condephaat).

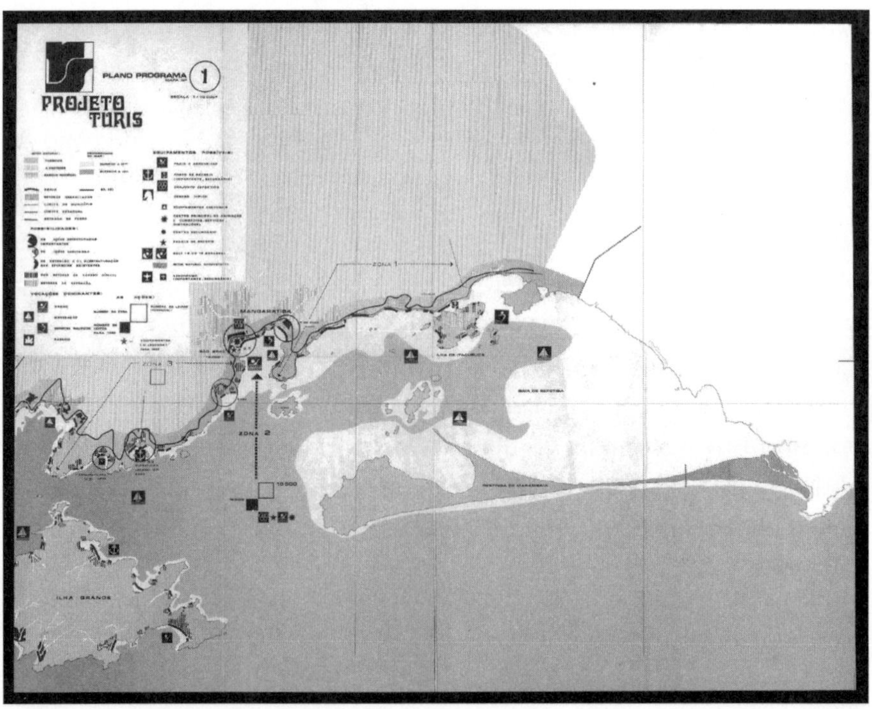

Figura 4: Mapa Projeto Turis nº 1. Fonte: Brasil, 1975.

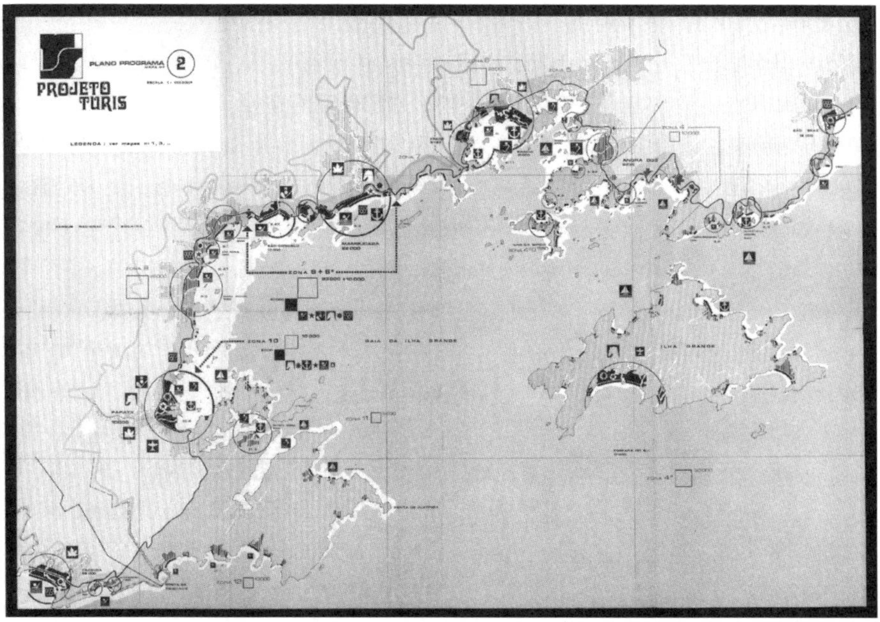

Figura 5: Mapa Projeto Turis nº 2. Fonte: Brasil, 1975.

A burocracia e a corrupção foram as responsáveis pela falta, entre esses órgãos, de trabalho conjunto que veiculasse as normas de ocupação do território previstas no Projeto Turis, o que, unido, à falta de fiscalização, tornou o trecho da rodovia Rio-Santos correspondente ao município de Paraty alvo de interesse de empreendimentos imobiliários privados. Após a análise do potencial turístico realizado pelo Projeto Turis, foi necessário estudar os investimentos a serem feitos no litoral Rio-Santos. Assim, em novembro de 1973, o Ministério da Indústria e Comércio, através da Embratur, contratou o Escritório Técnico de Planejamento, S.A. (Planave), para elaborar o "Programa de Investimentos para o litoral Rio-Santos".

Mas as ideias da Embratur na hora de contratar a Planave não visavam principalmente à proteção dos bens culturais e naturais paratienses, e sim à obtenção de financiamentos para a implantação de uma estrutura de equipamentos e serviços turísticos no litoral Rio-Santos. Como resultado foi detalhada uma proposta de "Urbanização da área de expansão urbana da cidade de Paraty", que previa que, com a conclusão da rodovia Rio-Santos, a implantação de atividades turísticas causaria à cidade "prejuízos irrecuperáveis ao acervo histórico, arquitetônico e paisagístico",[16] daí que fossem

[16] Planave, 1974: 1.

fornecidos "elementos de controle urbanístico, paisagístico e ambiental para a área de expansão urbana da cidade e detalhados e elaborados os projetos propostos no Plano do CNPI".[17] Todavia, anos depois e ante a existência de vários planos urbanísticos e turísticos relacionados com Paraty, foi necessária uma revisão da legislação existente em matéria de urbanismo. Para isso encarregou-se à Secretaria de Planejamento e Coordenação Geral da Governadoria do Estado do Rio de Janeiro (Secplan) a realização de uma análise dos planos existentes e da legislação urbanística aprovada pelo legislativo local paratiense.

O relatório da Secplan, "Revisão e atualização da legislação urbanística de Parati",[18] concluiu que os loteamentos realizados não trouxeram o desenvolvimento esperado ao município, em razão de grupos investidores e a mão de obra especializada não serem locais, e que a abertura de novos loteamentos — resultantes do interesse turístico despertado pelo município durante os anos 1970 — acarretaram o deslocamento da população local, alterando a economia baseada na pesca e na agricultura. A esse quadro veio somar-se a ocupação do bairro histórico por turistas que, ao adquirirem habitações para veraneio ou para comércio, expulsaram a população local para a periferia da cidade. Outra questão levantada pelo relatório foi a das invasões dos turistas a locais fora da área urbana por meio da aquisição de posses de antigos ocupantes,[19] os quais, por sua vez, migraram para a cidade, agravando os problemas de ocupação do solo e contaminando visualmente o ambiente edificado. Pode-se inferir que o esperado desenvolvimento do turismo não se desdobrou em efeitos favoráveis para a sociedade local. Os anos de euforia do desenvolvimento do turismo, organizado e planejado, tinham ficado para trás.[20]

A cidade turística, bem distante do modelo de Saint-Tropez, com o qual a ação preservacionista lidou durante os anos 1960 e 1970, foi o resultado da aplicação parcial de planos urbanísticos e turísticos e, por conseguinte, do choque de interesses entre o Iphan e a Embratur, de um lado e a Prefeitura e a Câmara Municipal, de outro. O Iphan e a Embratur não podiam impor a aprovação

[17] Cury, 2002: 192.

[18] Secretaria de Planejamento e Coordenação Geral do Estado do Rio de Janeiro, 1979.

[19] Ibid.: 25-26.

[20] Uma interessante reflexão sobre os diversos estados de ânimos das comunidades anfitriãs em relação ao turismo pode-se achar no estudo de Doxey (1975).

de planos urbanísticos e/ou turísticos ao município paratiense, e sim o Legislativo e Executivo municipal daquele município. No entanto, a turistificação em Paraty não pode ser explicada, unicamente, mediante os planos urbanísticos e de aproveitamento turístico. A Paraty que assumiu as características de uma cidade turística no final dos anos 1960 teve seu perfil claramente definido em representações veiculadas por diversos guias, jornais e publicações periódicas, dentre os quais, a revista *Quatro Rodas* (QR). Suas matérias reforçaram a presença de Paraty no cenário turístico brasileiro como uma primitiva cidade do século XVIII,[21] disciplinando, assim, o olhar dos turistas.

Quando, em meados dos anos 1960, Paraty foi "descoberta" por grupos isolados de turistas e artistas, haviam começado as transformações inerentes ao desenvolvimento do turismo, ainda que para aqueles anos fossem pequenas e sem atritos. No entanto, junto à brusca valorização de terras e residências apareceu um número cada vez maior de pessoas, desde operários empregados na construção de rodovias até os inúmeros turistas, em busca de praias desertas e novidades.[22] Com a presença destes em número cada vez maior, "os habitantes do município começavam a sentir que a cidade estava deixando de ser deles, e junto com ela, suas festas e manifestações".[23] As festividades religiosas tornaram-se também um atrativo turístico e incomodaram a população local, o que se comprova, por exemplo, com a presença de 6 mil turistas durante a Semana Santa, em 1970.[24]

O artesanato local também teria sofrido uma interferência prejudicial ao longo dos anos 1970, pois estava "inteiramente orientado por senhoras da sociedade que, a pretexto de colaborar com a melhoria da vida do caiçara, obrigam-no a fabricar produtos sempre iguais, sem qualquer criatividade, pagando por eles um preço insignificante para revender por preços mais altos".[25] Esse tipo de interferência comercial desorientava a criatividade do caiçara, também preocupado com o desaparecimento dos mananciais de água potável, devido à prática do turismo predatório que tomou conta do litoral Rio-Santos.[26] A padronização cultural que a prática do turismo provocou não se

[21] Varejão, 1969: 140; Penna e Laranjeira, 1977: 66-67.

[22] Um novo folclore..., 1975: 96.

[23] Ibid.

[24] Leite, 1970: 1.

[25] Ibid.: 97.

[26] Cf. A invasão..., 1978: 16-17. Leia-se, também, As favelas..., 1975: 25-29.

deixou sentir apenas no artesanato caiçara, mas também em danças e festas tradicionais que foram substituídas pelas danças de baile ao som de Roberto Carlos e por outras músicas da moda dos anos 1970. Os antigos pescadores se transformaram em dançarinos de clubes, em funcionários do Departamento de Estradas e Rodagens (DER) e em fazedores de artesanato.[27] Diante desses fatos, as respostas da sociedade local não demoraram a aparecer.

Por exemplo, uma autoridade representante do clero em Angra dos Reis e Paraty, frei Vital, protestou contra a uniformização cultural que o turismo trouxe para a região de sua arquidiocese.[28] Por outro lado, muitos moradores paratienses da época afirmaram que festividades tradicionais como a do Divino Espírito Santo estavam em decadência, mas que tais festividades ganharam um novo impulso com a vinda de turistas. Sem dúvida, os efeitos do turismo se deixavam sentir mais claramente após a construção da estrada Rio-Santos. Antes de sua inauguração, em meados dos anos 1970, de acordo com registros da imprensa, se podia falar de uma primeira etapa do turismo em Paraty que se abre na década de 1950, quando

> a paz e tranquilidade de suas ruas e de sua baía atraíram cada vez mais gente. Vieram pintores, artistas, intelectuais que venciam a difícil, estreita e sinuosa estrada de terra que depois de Cunha descia a serra para o litoral. Valia todo o sacrifício para conhecer uma cidade que pouco tinha mudado desde a época colonial. Alguns vieram para ficar, conquistados pela cidade. Entre eles, a pintora Djanira, Maria Della Costa, o cineasta Nelson Pereira dos Santos, o príncipe D. João de Orleans e Bragança. Abel, personagem famoso da cidade, abriu um bar que virou ponto de encontro, e o poeta José Kleber cantou Parati em prosa e verso. (...) Essa foi a primeira descoberta de Parati e talvez a mais importante.[29]

Mas, aos poucos, segundo a mesma fonte, uma segunda fase do turismo nos anos 1970 emergia, quando

> o asfalto da Rio-Santos se aproximava e a cidade começava a receber mais gente. Com a inauguração da estrada, Parati passou por nova modificação. A tranquilidade das ruas foi quebrada por muita gente que vinha de carro ou

[27] Cf. Um novo folclore..., 1975: 96.

[28] Ibid.: 98.

[29] Penna; Laranjeira, 1977: 66.

ônibus, do Rio ou de São Paulo, para ali passar o fim de semana ou mesmo algumas horas. O que era privilégio dos poucos que se arriscavam na primitiva estrada de terra entrou no roteiro de milhares de turistas que deram nova feição e novas cores à cidade.[30]

Outra vez as matérias publicadas pela *Quatro Rodas* nos permitem acompanhar a inserção do turismo na antiga vila, sobretudo, nesse caso, ao dar ênfase às suas consequências para a sociedade local. Segundo outra reportagem da revista, Paraty era "um cenário, às vezes, deserto, pois 70% de suas casas só abrem e ganham vida durante a temporada",[31] e isso sem seus primitivos moradores, que as venderam a empreendedores vindos de grandes cidades. A incapacidade do mercado de trabalho local para absorver toda a mão de obra disponível; a ausência de atividade de lazer; a existência de uma das mais baixas rendas dos municípios fluminenses; a maior taxa de analfabetismo do estado do Rio de Janeiro; a existência de apenas uma unidade hospitalar com 50 leitos, um posto de saúde e um asilo para idosos; o estado crítico do abastecimento de água pela rede pública; e a existência de uma precária rede de esgoto[32] permitem afirmar que a introdução do turismo em Paraty não conseguiu apontar rumos sólidos para o desenvolvimento econômico e social de sua população e, com eles, encerrar uma breve história do turismo e do patrimônio nos anos 1970.

Referências

BRASIL. Ministério da Indústria e do Comércio. Embratur. Apresentação. *Turis. Desenvolvimento Turístico do Litoral Rio-Santos*, Brasília, abr. 1975.

CONSÓRCIO NACIONAL DE PLANEJAMENTO INTEGRADO. *Plano de Desenvolvimento Integrado e Proteção do Bairro Histórico do Município de Parati*. Rio de Janeiro: Financiadora de Estudos de Projetos S.A., 1972. 3 v.

CURY, Isabelle. A evolução urbana e fundiária de Parati: do século XVII até o século XX. São Paulo, 2002. Dissertação (Mestrado em Arquitetura e Urbanismo) — Faculdade de Arquitetura e Urbanismo, Universidade de São Paulo. São Paulo, 2002.

---

[30] Ibid.

[31] Penna e Hui, 1981: 67.

[32] Secretaria de Estado de Educação e Cultura, 1978: 28-29.

DOXEY, J. *Development Destinations*. Londres: Torbay, 1975.
ESCRITÓRIO TÉCNICO DE PLANEJAMENTO (Planave). *Urbanização da área de expansão urbana da cidade de Paraty*. Rio de Janeiro: Embratur, 1974. V. 3.
KNAFOU, Remy. Turismo e território: por uma abordagem científica do turismo. In: RODRIGUES, Adyr (org). *Turismo e geografia*: reflexões teóricas e enfoques regionais. 2. ed. São Paulo: Hucitec, 1999. p. 62-74.
MAHEU, René. *Carta enviada pelo diretor da Unesco René Maheu ao sr. Mario Gibson Barbosa, ministro de Assuntos Estrangeiros*. Rio de Janeiro, 13 de Junho de 1973. Arquivo Central do Iphan, Rio de Janeiro, módulo 66, caixa 60, pasta 192.
PARENT, Michel. *Protection et mise en valeur du patrimoine culturel brésilien dans le cadre du développement touristique et économique*. 1968. Arquivo Central do Iphan, Rio de Janeiro, sub-série Unesco (1966-1969), módulo 66, caixa 59, pasta 190.
SECRETARIA DE ESTADO DE EDUCAÇÃO E CULTURA. Diagnóstico socioeconômico-educacional do município de Parati. Niterói: Imprensa Oficial do Estado do Rio de Janeiro, 1978. p. 28-29.
SECRETARIA DE PLANEJAMENTO E COORDENAÇÃO GERAL DO ESTADO DO RIO DE JANEIRO. *Revisão e atualização da legislação urbanística de Parati*. Rio de Janeiro: Iphan, 1979. 179 p.
SHANKLAND, Graeme. Proposta ao PNUD. Projeto de Turismo Cultural. Unesco, 1969, p. 4. Arquivo Central do Iphan, Rio de Janeiro, sub-série Assuntos Internacionais, módulo 66, caixa 60, pasta 192.

Artigos de periódicos

A INVASÃO paulista na Rio-Santos. *O Estado de São Paulo*, p. 16-17, 17 fev. 1978.
AS FAVELAS de caiçaras. *Veja*, São Paulo, p. 25-29, 24 dez. 1975.
BATISTA, M. Nogueira. Parati. *Revista Arquitetura*, n. 46, abr. 1966.
LEITE, Aydano. Seis mil turistas visitaram Paraty durante a Semana Santa. *Jornal de Paraty*, v. 1, n. 6, p. 1, 4 abr. 1970.
MELLO, José Diuner. Paraty com Y ou I. *Tribuna de Paraty*, 7 ago. 2002.
PENNA, José Roberto; HUI, Heitor. Parati. *Quatro Rodas*, Rio de Janeiro, v. 21, n. 246, p. 67, jan. 1981.
______; LARANJEIRA, Cláudio. Parati: as praias e a arquitetura colonial. *Quatro Rodas*, São Paulo, v. 17, n. 198, p. 66-67, jan. 1977.
STIRUM, Fréderic de Limburg. Plan national de mise em valeur de Parati dans le cadre d'un développement touristique. *Revista da Unesco*, jan. 1968.
UM NOVO folclore da Rio-Santos (para turistas). *Revista Visão*, 23 jun. 1975, p. 96.
VAREJÃO, Maria. Quinze ideias para as férias de julho. *Quatro Rodas*, p. 140, jun. 1969.

PARTE II

O turismo no Brasil

"Viagens de recreio": primeiras manifestações do turismo em Pelotas/RS

Dalila Müller

Este capítulo pretende analisar de que forma as "viagens de recreio", ou "excursões", realizadas durante todo o século XIX entre Pelotas e as cidades vizinhas, podem ser consideradas as primeiras manifestações do turismo em Pelotas. Essas viagens eram realizadas por seus moradores, que se deslocavam para localidades próximas, principalmente para Rio Grande e Bagé e seus espaços rurais, que ofereciam como principal atrativo as atividades na natureza. Pelotas também começou a receber visitantes dessas cidades, que vinham, principalmente, para participar de eventos esportivos e das festas religiosas, por exemplo.

Excursão, no século XIX, significava uma jornada a pequena distância, um passeio aos arredores do local onde alguém reside.[1] Recrear significava aliviar do trabalho, divertir do enfado com prazer.[2] Desse modo, consideramos, para este trabalho, as viagens de recreio ou excursões como as viagens de pequena distância, realizadas aos arredores das cidades e que tinham por objetivo o descanso, o prazer, o divertimento, tanto pelos moradores de Pelotas como pelos das cidades vizinhas.

---

[1] Dicionário contemporâneo..., 1881.

[2] Silva, 1831.

Pelotas se desenvolveu, durante todo o século XIX, principalmente pela atividade charqueadora, iniciada no final do século anterior. A exploração da charqueada possibilitou o aumento da população, sobretudo pela chegada dos imigrantes europeus, o estabelecimento de fábricas e atividades comerciais e a formação do povoado, da vila e da cidade. Esse desenvolvimento proporcionou a formação de uma elite, com condições financeiras e tempo livre para se dedicar a atividades de lazer.

A elite é aqui entendida na perspectiva de Needel[3] e Heinz.[4] Para esses autores, a elite constitui-se num grupo que possui influência, privilégios e poder de decisão na sociedade a que pertence, distinguindo-se pelo seu comportamento social e servindo, muitas vezes, de modelo pelo seu modo de vida.

Essa elite participava de diferenciados espaços de lazer, como as sociedades culturais e recreativas, o Teatro Sete de Abril, os hotéis, com seus jogos e áreas e restaurantes, as praças e parques.[5] Além disso, buscava o lazer nos arredores da cidade e também nas cidades vizinhas, realizando assim as "viagens de recreio".

A noção de lazer é entendida aqui, de acordo com a concepção de Alain Corbin, como a liberdade de usar o tempo livre para distrações ou ocupações a que as pessoas se entregam de livre vontade, e não como sequência temporal sem trabalho. O autor considera ainda que, no seio das elites do século XIX, o lazer era valorizado. Essas elites dispunham de um tempo livre, o que não quer dizer que eram ociosas, mas que evitavam "o vazio das horas". A elite é obrigada a "empregar o tempo e tem que encontrar numa ocupação uma razão para viver. Mas as atividades a que se consagra respondem imperativamente a três condições: têm que ser voluntárias, honoríficas e desinteressadas".[6]

No século XIX a elite brasileira começa a se deslocar com maior frequência, tanto nas proximidades das cidades quanto para outros estados, principalmente à capital, e a países da Europa. Muitas vezes, esse fenômeno fez parte do processo de "europeização" das camadas socialmente mais elevadas, que se acentuou, em especial, a partir da década de 1870 e da construção de estradas de ferro interligando regiões.[7]

---

[3] Needell, 1993.

[4] Heinz, 2006.

[5] Müller, 2010.

[6] Corbin, 2001: 63.

[7] Solha, 2002.

Para desenvolver esta análise, as principais fontes de informação foram os periódicos que circulavam em Pelotas e em Rio Grande, cidade próxima a Pelotas. Os jornais impressos tinham um papel fundamental no registro da vida social da cidade, pois, como diz Loner, numa cidade pequena e requintada como Pelotas, "coisas que normalmente hoje não seriam reproduzidas [...] eram contadas nos mínimos detalhes, permitindo conhecer tanto o pitoresco do fato quanto o lado cotidiano da vida das pessoas daquela época".[8] Assim, utilizei os anúncios, os comentários e as crônicas escritas nos jornais, principalmente *O Pelotense*, *Correio Mercantil*, *Diário de Pelotas* e *Diário Popular*, de Pelotas, e o *Diário de Rio Grande*, de Rio Grande.

As "viagens de recreio" em Pelotas no século XIX

As "viagens de recreio" entre Pelotas e as cidades vizinhas, e vice-versa, começaram a se intensificar após o fim da Revolução Farroupilha, quando a cidade retomou seu desenvolvimento, paralisado pelos dez anos de guerra. É também nesse contexto que reorganiza sua vida social e cultural. Associações, variados espetáculos no teatro, diversas atividades nos hotéis, nas ruas e na Praça da Regeneração [atual Cel. Pedro Osório] e viagens para fora da cidade animavam a vida pública no início da segunda metade do século XIX e eram resultado do desejo da elite de se encontrar. "A sociabilidade em Pelotas nesse período estava diretamente relacionada aos encontros fora do círculo familiar. Essa renovação da sociabilidade urbana se insere na nova noção de público, que se instaura como espaço privilegiado de intercâmbio."[9]

Analisando as fontes documentais é possível dizer que as primeiras viagens de recreio eram realizadas por vapor e tinham por origem e destino somente Pelotas e Rio Grande, em função da facilidade de acesso através dos vapores que ligavam as duas cidades pela lagoa dos Patos. No início da segunda metade do século XIX, cinco vapores faziam o transporte de passageiros entre Pelotas e Rio Grande: *Especulação*, *Rio Grande*, *Charrua*,

---

[8] Loner, 1998: 7.

[9] Müller, 2010: 57.

Mauá e *Trapuá*, sendo três da companhia União, um da companhia Mauá e um da companhia Guaíba.[10]

Também é possível afirmar que as festas religiosas foram os primeiros atrativos dessas cidades, provocando a concorrência de visitantes. Na festividade do Santo Padroeiro São Francisco de Paula, em abril de 1864, "cavalheiros e senhoras vindos da cidade vizinha [Rio Grande] e de Porto Alegre abrilhantaram a festividade, e mais motivos de satisfação teve o povo de Pelotas".[11]

As festas religiosas se tornaram importantes eventos realizados nas cidades, agrupando não só os moradores locais, mas também de cidades vizinhas. Prova disso são os anúncios veiculados nos jornais de Rio Grande oferecendo passeios de recreio para participarem de festas e procissões religiosas na cidade de Pelotas. Destaco dois anúncios:

> VAPORES A SAIR *Pelotas*. O Rio-Grandense hoje às 2 horas quem quiser e for devoto de N. S. dos Passos, pode aproveitar a ocasião de ir ver a procissão que se faz amanhã.[12]

> Passeio a Pelotas. O comandante do vapor *Rio Grandense* propõe-se fazer um passeio de recreio a cidade de Pelotas, hoje 8 do corrente, às 5 horas da manhã, e regressará daquela cidade segunda feira impreterivelmente as mesmas horas; sendo o preço das passagens de viagem redonda a módica quantia de 8$000. Havendo na cidade vizinha, no dia mencionado, festa e procissão da Senhora da Conceição e à noite um belo fogo de artifício; o passeio oferece uma excelente distração e o proponente espera que o honrarão aceitando um dia de prazer que lhes oferece esse passeio; os cartões acham-se à venda na agência da companhia União.[13]

Os eventos esportivos também foram importantes atrativos desse período. De Pelotas partiam vapores levando passageiros para participarem de regatas em Rio Grande[14] e em São José do Norte.[15] e, de Rio Grande,

[10] Gutierres, 1999.

[11] *Diário do Rio Grande*, 7 abr. 1864: 1, Rio Grande.

[12] *Diário do Rio Grande*, 1 abr.1854: 4, Rio Grande.

[13] *Diário do Rio Grande*, 8 dez. 1861: 2, Rio Grande.

[14] *Diário do Rio Grande*, 21 set. 1860: 3, Rio Grande.

[15] *Correio Mercantil*, 25 dez. 1878: 3, Pelotas.

partiam vapores levando visitantes para assistirem às corridas no Prado Pelotense.[16] O anúncio abaixo ilustra essas excursões:

> VAPOR *MAUÁ* (Pelotas) Domingo 23 do corrente às 6 ½ horas da manhã segue este vapor para o Rio Grande, de onde regressará dessa cidade logo depois de concluída a regata que ali deverá ter lugar; as pessoas que quiserem munir-se de bilhetes de ida e volta deverão procurá-los em casa de João Rodrigues Saraiva, sendo 8$000 por pessoa adulta e maiores de 12 anos e 4$ por menores desta idade e criados das famílias que forem. Só são admitidas pessoas honestas.[17]

A organização das excursões envolvia a viagem em si e a recepção aos visitantes. No vapor, bandas de música da cidade de partida acompanhavam os excursionistas: de Pelotas, partiam as sociedades musicais "União" e "Santa Cecília";[18] de Rio Grande, a "música do 3º batalhão"[19] e a "Lyra Artística".[20] Os vapores eram todos embandeirados.

Para a recepção aos visitantes as bandas de música da cidade saudavam os mesmos, assim como uma multidão esperava para cumprimentá-los. Havia uma grande mobilização das cidades em função da chegada desses excursionistas, os visitantes e visitados interagiam desde a chegada dos vapores e compartilhavam do espaço público de forma lúdica.

> O cais daquela cidade, à chegada dos vapores, oferecia um aspecto imponente. Mais de 2 mil pessoas ali se achavam apinhadas, grande parte dos navios surtos no porto todos embandeirados, e as sociedades musicais Lyra Artística e Floresta Rio Grandense saudavam com alegres hinos a chegada dos visitantes. Feito o desembarque no meio das mais entusiásticas saudações, aquelas duas bandas de música e as que daqui foram, a União e a Santa Cecília, percorreram algumas ruas da cidade, seguidas de grande concurso de povo. [Viagem de Pelotas a Rio Grande em novembro de 1878, domingo].[21]

[16] *Correio Mercantil*, 14 set. 1879: 2, Pelotas.

[17] *Diário do Rio Grande*, 21 set. 1860: 3, Rio Grande.

[18] *Correio Mercantil*, 19 nov. 1878: 1, Pelotas.

[19] *Correio Mercantil*, 12 nov. 1878: 1, Pelotas.

[20] *Correio Mercantil*, 14 set. 1879: 2, Pelotas.

[21] *Correio Mercantil*, 19 nov. 1878: 1, Pelotas.

As excursões eram previamente organizadas, tanto no que se refere aos roteiros quanto aos horários de ida e volta,[22] que geralmente eram sete e meia da manhã e três e meia da tarde, respectivamente. Desse modo, verifica-se que as excursões eram de um dia, porém, alguns viajantes permaneciam até o dia seguinte, voltando em outro vapor.[23]

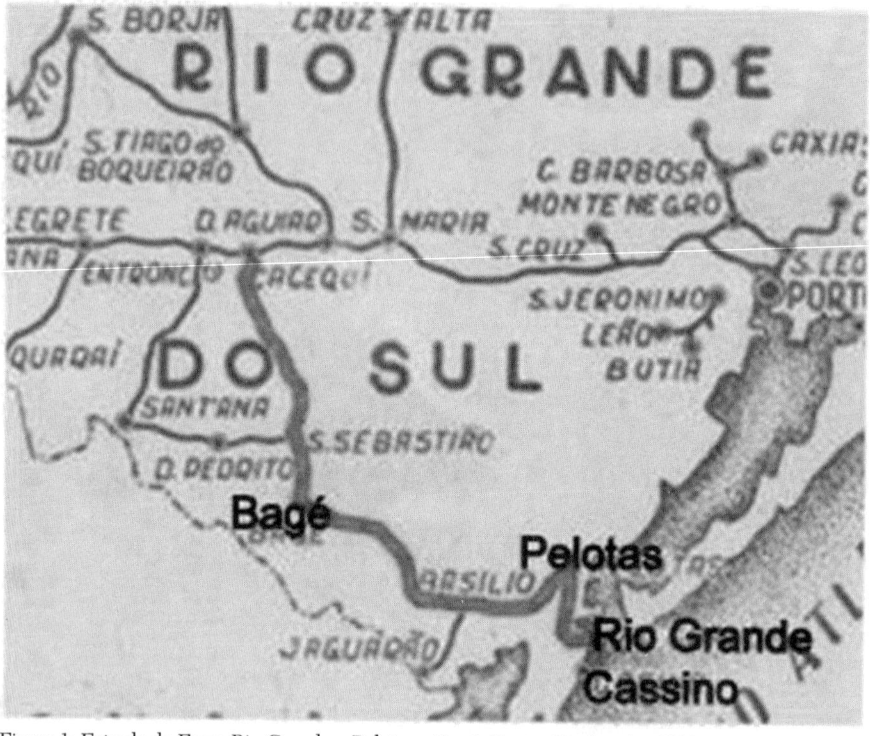

Figura 1: Estrada de Ferro Rio Grande—Pelotas—Bagé. Fonte: Giesbrecht, 2011, n.p.

É possível dizer que esses excursionistas hospedavam-se em residências de amigos e parentes ou utilizavam os hotéis existentes nessas cidades. Em Pelotas, já existia atividade hoteleira desde a década de 1840. O Hotel Aliança[24] e o Hotel dos Emigrados[25] foram abertos após o declínio da Revolução Farroupilha. Na década de 1850, os hotéis do Comércio[26] e Moureau[27] inicia-

[22] *Diário de Pelotas*, 8 abr. 1886: 1, Pelotas.

[23] *Correio Mercantil*, 12 nov. 1878: 1, Pelotas.

[24] *O Pelotense*, 3 maio 1853: 4, Pelotas.

[25] *O Rio-Grandense*, 3 jul. 1847: 4, Rio Grande.

[26] *Diário de Rio Grande*, 26 ago. 1853: 4, Rio Grande.

[27] *Diário de Rio Grande*, 31 jul. 1853: 4, Rio Grande.

Figura 2: Estação Férrea de Rio Grande, na época de sua inauguração, em 1884. Fonte: Giesbrecht, 2011, n.p.

ram suas atividades, e em 1863 o Hotel Europa.[28] Na década de 1870, mais hotéis foram inaugurados, entre eles o Brasil[29] e o Colombo.[30] Nas décadas seguintes assistiu-se à expansão desse serviço.[31] Em Rio Grande também já existiam hotéis, entre eles, podemos citar o Hotel Moreau[32] e o Hotel Arnaldo.[33]

Na década de 1880 foi iniciada a construção, pela Southern Brazilian Rio Grande do Sul Railway Company Limited, da estrada de ferro que ligava Rio Grande, Pelotas e Bagé,[34] sendo concluída em 1884 (figura 1), com a construção das estações férreas nessas cidades e em outros locais, como Capão do Leão, Piratiny, entre outros. A ferrovia favoreceu o deslocamento e a comunicação entre as cidades, o que gerou uma nova forma de viajar e um fluxo maior de deslocamento.[35]

[28] *Diário de Rio Grande*, 28 nov. 1863: 4, Rio Grande.

[29] *Correio Mercantil*, 31 mar. 1878: 2, Pelotas.

[30] *Correio Mercantil*, 30 set. 1876: 2, Pelotas.

[31] Müller, 2004.

[32] *Diário de Rio Grande*, 3 ago. 1853: 4, Rio Grande.

[33] *Opinião Pública*, 16 abr. 1868: 4, Rio Grande.

[34] Em 1896, essa estrada de ferro foi concluída até Cacequi.

[35] Giesbrecht, s.n.t.

Figura 3: Estação Férrea de Pelotas, na época de sua inauguração, em 1884. Fonte: Giesbrecht, 2011, n.p.

Em 2 de dezembro de 1884 foi inaugurada a Estação Ferroviária de Rio Grande (figura 2);[36] no dia 24 do mesmo mês, a Estação Ferroviária de Pelotas (figura 3), cuja construção se iniciou em 1881;[37] e em 12 de dezembro, a Estação Férrea de Bagé (figura 4), como ponto terminal do trecho Rio Grande — Bagé.

Com a inauguração da estrada de ferro e das estações férreas, as viagens de recreio a vapor começaram a ser menos frequentes. A estrada de ferro permitiu aos excursionistas novos destinos, além de Rio Grande e Pelotas, relacionados com as estações ferroviárias, como Capão do Leão, Piratini, Bagé, Cerro Chato e Passo das Pedras.

A viagem de Pelotas para Rio Grande levava cerca de uma hora e meia[38] e a viagem de Pelotas para Bagé, nove horas.[39] Durante esse percurso se estabeleciam relações entre os excursionistas. Sociedades musi-

[36] Enke, 2005.

[37] *Diário de Pelotas*, 8 abr. 1886: 1, Pelotas.

[38] *Diário de Pelotas*, 16 dez. 1885: 3, Pelotas.

[39] Ibid.

Figura 4: A Estação Férrea de Bagé, final do século XIX. Fonte: Giesbrecht, 2011, n.p.

cais acompanhavam os viajantes no trem, desenvolvendo assim uma nova forma de sociabilidade.

Para Barbosa,[40] a estrada de ferro, uma das grandes invenções dos últimos tempos, teria um papel muito importante na história das viagens, sendo o marco da criação de uma das mais importantes atividades da era moderna, o turismo. Na metade do século XIX, a construção de ferrovias diminuiu consideravelmente o tempo e os custos de viagem. Houve um relevante desenvolvimento econômico na tecnologia de transportes e comunicações. A ferrovia e a travessia de maiores distâncias tornaram possível para um grande número de pessoas fazer excursões à noite, nos fins de semana e mesmo excursões mais longas.

As estradas de ferro foram o mais importante instrumento de transformação social no século XIX. Sua aparição revoluciona, incontestavelmente, o uso do tempo livre.[41]

---

[40] Barbosa, 2002.

[41] Martin-Fugier, 1991.

Da mesma forma que as viagens de vapor, as excursões de trem eram realizadas principalmente aos domingos e feriados, sendo que algumas vezes se estendiam até a metade da semana.

> PASSEIO Para Bagé parte hoje às 8 horas e 35 minutos um trem de excursão a fim de conduzir as pessoas que desejarem assistir ali as festas do Espírito Santo. As passagens tomadas para este trem têm direito a volta até o dia 28.[42]

Como já afirmei, a estrada de ferro permitiu novos destinos, não só às cidades, mas também ao campo e ao mar. Nas cidades, os excursionistas continuavam sendo motivados pelas festas e eventos esportivos.

> PASSEIO A BAGÉ Como estava determinado, seguiu anteontem para Bagé um trem de excursão conduzindo 137 passageiros. [...] Hoje deve efetuar-se, em Bagé, a festa do Espirito Santo.[43]

> EXCURSIONISTAS Às 2h e 20 da tarde de domingo, chegou a esta cidade o trem de excursão de Bagé, conduzindo os excursionistas para a Kermesse da Biblioteca desta cidade [...].[44]

O final do século XVIII e todo o século XIX foram marcados pela nova motivação: o prazer do descanso e da contemplação das paisagens da natureza. A contemplação da natureza teria cada vez mais adeptos, como resultado da deterioração da qualidade de vida nos grandes centros urbano-industriais. Até o século XIX, a natureza era vista pelo homem como um desafio, algo selvagem que ele devia domesticar; depois da industrialização, começa a ser vista como algo a ser preservado e desfrutado.[45] A partir do século XIX, a insalubridade da cidade industrial provocará um movimento de busca de saúde, descanso e prazer junto à natureza, no campo, na montanha ou no mar. Assim, a saída da cidade e a partida para o campo definem

---

[42] *Diário de Pelotas*, 25 dez. 1885: 2, Pelotas

[43] *Diário de Pelotas*, 27 dez. 1885: 2, Pelotas

[44] *Correio Mercantil*, 18 out. 1887: 2, Pelotas

[45] Barretto, 2001.

novas temporalidades urbanas, "em que a natureza emerge como espaço sanitário e como lugar possível de um lazer regenerador e revigorante".[46]

A ida para o campo é uma influência do romantismo. "As montanhas gozavam de um prestígio extraordinário, pareciam próximas do céu."[47] Esse amor ardente pelas montanhas talvez tenha sido o traço mais característico da herança romântica.

No campo, os excursionistas iam ao Bosque Benjamin, no Capão do Leão, ao Recreio Campestre dos Excursionistas, em Piratini, ao Sanatório Passo das Pedras, em Passo das Pedras, como demonstra os exemplos abaixo.

> BOSQUE BENJAMIN do Rio Grande vem um trem no domingo com convidados para a inauguração do Bosque Benjamin. O Club Germânia, daquela cidade, faz parte dos convidados. Daqui há trem às 9 e 15 da manhã e às 4 horas da tarde, servindo as passagens da manhã para o regresso à tarde.[48]

> RECREIO CAMPESTRE DOS EXCURSIONISTAS No dia 1º abriu-se junto à Estação Piratiny, com bons matos, banhos, etc. tem cômodos para viajantes e superiores quartos mobiliados para alugar a famílias que quiserem passar o verão, com boas comidas a preços razoáveis, sob a direção de Albertino dos Santos.[49]

> Ao SANATÓRIO PASSO DAS PEDRAS domingo 25 do corrente Inauguração deste grande e esplêndido estabelecimento, situado na estação da estrada de ferro a 1 hora de Pelotas, com grande casaria, cômodos para famílias veranear, restaurante sob a direção do arrendatário Inocêncio Mendes, belos jardins, vasta quinta, banhos de rio, água vertente, potreiro para animais, prado e cancha para corridas, caça e pesca. [...] Cavalos e jardineiras para passeio de mato e campo.[50]

Os proprietários desses estabelecimentos disponibilizavam várias atrações: "majestosas sombras, excelentes banhos, salões para baile com a competente harmoniosa orquestra" [Hotel Benjamin, no Capão do

[46] Csergo, 2001: 189.

[47] Porter, 2001: 45.

[48] *Diário de Pelotas*, 12 dez. 1885: 2, Pelotas.

[49] *Correio Mercantil*, 5 out. 1887: 3, Pelotas.

[50] *Correio Mercantil*, 23 nov. 1900: 4, Pelotas.

Leão].[51] "Lindíssimos arredores, banhada pelo majestoso Rio Piratiny" e "um bem montado e confortável RESTAURANT BUFFET" [Recreio Campestre dos Excursionistas, em Piratini].[52] Esses bosques e recreios eram locais propícios para passeios ao ar livre, banhos de rio, pesca, passeios a cavalos, caminhadas, diversos prazeres que o ambiente urbano não disponibilizava.

Como nos diz Camargo,

> o gosto e a nostalgia do campo em contraposição à cidade; a necessidade de evasão; a sensação de confinamento espacial; os altos níveis de ruído e a poluição visual; o hábito dos deslocamentos; e, por que não dizer, o *status*, acentuam cada vez mais esta tendência [das viagens para fora das cidades].[53]

A procura pelo banho de mar desponta como uma busca pelo prazer, desfrutando momentos de lazer. Corbin[54] investiga o nascimento do desejo da beira-mar, culminando com a invenção das praias de veraneio. O autor revela as diversas visões do mar que se desdobram ao longo dos séculos XVIII e XIX. Inicialmente o mar era visto como perigoso, vinculado ao caótico, demoníaco, incompreeensível. Posteriormente, começa a ser visto como um local a ser contemplado, surgindo, depois, a concepção medicinal do mar. No século XIX, os estabelecimentos de banhos representam novas possibilidades porque começam a oferecer infraestrutura para recepcionar e distrair a sociedade, surgindo então as praias de veraneio.

A elite pelotense vai passar a "estação balnear" em Rio Grande e em São José do Norte. Cito o exemplo da baronesa dos Três Serros, que passou a estação balnear de 1887-1888 em São José do Norte, por dois meses:

> Baronesa dos Três Serros. — Exma. Sra. Baronesa dos Três Serros, viúva do barão do mesmo titulo, Dr. Anibal Antunes Maciel, alugou casa na vila de S. José do Norte, para passar a estação balnear. A ilustre senhora tenciona passar

[51] *Correio Mercantil*, 24 out. 1885: 3. Pelotas.

[52] *Diário de Pelotas*, 24 dez. 1885: 3, Pelotas.

[53] Camargo, 2007: 189-190.

[54] Corbin, 1989.

dois meses naquela vila, onde deve chegar com sua família em princípios de dezembro.[55]

Porém, o local mais apreciado, principalmente no final da década de 1880, é a Estação Balnear Vila Sequeira, na cidade de Rio Grande. Após a inauguração da linha Rio Grande—Bagé, os proprietários da Companhia Carris Urbanos do Rio Grande, no ano de 1885, notaram que o número de visitantes cresceu na cidade com a implantação da ferrovia, e resolveram estender a linha até o oceano, com a construção de uma estação de banho, semelhante aos balneários europeus.[56]

A primeira temporada de funcionamento da estação de banhos foi inaugurada em 26 de janeiro de 1890.[57] Flores considera esta a primeira linha férrea especificamente turística no Estado.[58]

A vida social mais refinada se transferia para os balneários nos meses de verão. Frequentar esses espaços era uma forma de distinguir-se socialmente, igualando-se com os que se submetem às mesmas práticas.

> Excursão à Mangueira No domingo haverá trem de excursão directo desta cidade à praia de banhos na Mangueira, partindo às 6 ½ horas da manhã e regressando às 8 ½ da noite. A passagem de ida e volta custará 3$000.[59]

Além de usufruir do banho de mar, os excursionistas tinham à disposição outras formas de lazer e entretenimento, como passeios de charrete, apreciação da praia através das varandas dos camarotes (figura 5), as corridas a cavalo, os bailes, os concertos, as *matinées* e *soirées* e diversos jogos, restaurantes,[60] principalmente no Hotel Cassino (figura 6). Assim, o balneário não era procurado unicamente com fins terapêuticos, mas também como um local de lazer que oferecia uma infinidade de distrações.

---

[55] *Diário de Rio Grande*, 24 nov. 1887: 2, Rio Grande.

[56] Enke, 2005.

[57] Ibid.

[58] Flores, 1993.

[59] *Correio Mercantil*, 29 jan. 1891: 2, Pelotas.

[60] Enke, 2005.

Figura 5: Veranistas à beira-mar (1908). Fonte: Ferreira, 2010, p. 8.

Figura 6: Hotel Cassino — Estação Balnear Vila Sequeira (1906). Fonte: Ferreira, 2010, p. 10.

Esses locais, campo e mar, representavam novas possibilidades de lazer para a sociedade pelotense e das cidades vizinhas, pois ofereciam uma infraestrutura apropriada para recepcionar os visitantes, proporcionando a interação visitante/visitado em almoços, festas, jogos, passeios campestres e atividades à beira-mar.

Considerações finais

Durante o século XIX, Pelotas se desenvolveu a partir das charqueadas e de suas atividades complementares, o que contribuiu para a formação de uma elite abastada, que buscou cada vez mais novas maneiras de viver, de acordo com a sua situação econômica.

Foi após o término da Revolução Farroupilha que a cidade retomou seu desenvolvimento, paralisado pelos dez anos de guerra. Essa retomada se deu através do retorno da população e de imigrantes uruguaios, argentinos e europeus; da abertura de novas fábricas, casas comerciais e de hospedagem; da retomada das charqueadas; e do reinício das atividades na Câmara Municipal. Foi nesse contexto que essa elite enriquecida buscou novos espaços de lazer, e, entre eles, os espaços fora dos contornos da cidade.

Inicialmente, as "viagens de recreio" eram realizadas entre Pelotas e Rio Grande, cidades que tinham uma ligação através da lagoa dos Patos. Assim, frequentemente, vapores saíam das duas cidades levando excursionistas para participarem de festas religiosas ou eventos esportivos. Pode-se supor que as festas religiosas e os eventos esportivos foram os primeiros atrativos das cidades do século XIX.

As excursões intensificaram-se após a construção da estrada de ferro, no início da década de 1880, o que possibilitou as "viagens de recreio" para outras cidades que não só Pelotas e Rio Grande, como Bagé, e para os espaços rurais, que ofereciam como principal atrativo a natureza, como Capão do Leão, Passo das Pedras, Piratini, entre outros.

Em função dessa intensificação das viagens e de sua importância como formas de lazer, fundou-se em 1892, em Pelotas, o Club de Excurcionistas, "uma sociedade destinada a promover passeios fora da cidade".[61] Esse clube, "aproveitando o trem de excursão", organizava também "festas campes-

---

[61] *Correio Mercantil*, 16 mar. 1892: 1, Pelotas.

tres" nas estações do trem, como, por exemplo, o "convescote ao aprazível sítio junto à estação de Piratini", organizado pelos diretores do clube, dr. Ribeiro Tacques e Francisco Rodrigues da Silva.[62]

É possível dizer que as "viagens de recreio" ou as "excursões" foram uma das primeiras manifestações do turismo em Pelotas e região, pois se caracterizaram pelo deslocamento voluntário e temporário dos moradores, basicamente por motivos de recreação, descanso e de contemplação da natureza. Essas viagens também possibilitaram uma interação social, graças ao encontro de pessoas de diferentes localidades.

Referências

BARBOSA, Ycarim Melgaço. *História das viagens e do turismo*. São Paulo: Aleph, 2002. Coleção ABC do Turismo.

BARRETTO, Margarita. *Manual de iniciação ao estudo do turismo*. 11. ed. Campinas: Papirus, 2001.

CAMARGO, Haroldo Leitão. *Uma pré-história do turismo no Brasil*: recreações aristocráticas e lazeres burgueses (1808-1850). São Paulo: Aleph, 2007.

CORBIN, Alain. Do lazer culto à classe do lazer. In: ______. *História dos tempos livres*: o advento do lazer. Lisboa: Teorema, 2001. p. 59-90.

______. *O território do vazio: a* praia e o imaginário ocidental. São Paulo: Companhia das Letras, 1989.

CSERGO, Julia. Extensão e mutação do lazer citadino: Paris, do século XIX ao princípio do século XX. In. CORBIN, Alain. *História dos tempos livres*: o advento do lazer. Lisboa: Teorema, 2001. p. 137-202.

DICIONÁRIO contemporâneo da língua portuguesa. Lisboa: Imprensa Nacional, 1881.

ENKE, Rebecca Guimarães. Balneário Villa Sequeira. *A invenção de um novo lazer* (1890-1905). São Leopoldo, 2005. 146 f. Dissertação (Mestrado em História) — Programa de Pós-graduação em História, Universidade do Vale do Rio dos Sinos. São Leopoldo, 2005.

FERREIRA, Felipe Nóbrega. Do verde do pampa ao azul do litoral: a invenção dos banhos de mar no Rio Grande do Sul (1890-1920). In: ENCONTRO ESTADUAL DE HISTÓRIA, 10, Santa Maria, 2010. *Anais*... Porto Alegre: Anpuh-RS, 2010. Disponível em: www.eeh2010.anpuh-rs.org.br. Acesso em: 9 jul. 2011.

---

[62] *Nacional*, 14 mar. 1892: 1, Pelotas.

FLORES, Hilda Hübner (org.). *Turismo no Rio Grande do Sul*: 50 anos de pioneirismo no Brasil. Porto Alegre: Edipucrs, 1993.

GIESBRECHT, Ralph Mennucci. *Estações ferroviárias no Brasil*, s.n.t. Rio Grande. Disponível em: http://www.estacoesferroviarias.com.br/rs_bage_riogrande/riogrande.htm. Acesso em 9 jul. 2011.

GUTIERRES, Ester J. B. *Barro e sangue*: mão-de-obra, arquitetura e urbanismo em Pelotas. (1777—1888). Porto Alegre, 1999. 549 f. Tese (Doutorado em História) — Instituto de Filosofia e Ciências Humanas, Pontifícia Universidade Católica do Rio Grande do Sul. Porto Alegre, 1999.

HEINZ, Flávio M. O historiador e as elites — à guisa de introdução. In: ______. (org.). *Por outra história das elites*. Rio de Janeiro: Editora FGV, 2006.

LONER, Beatriz Ana. Jornais pelotenses diários na República Velha. *Ecos Revista*, Universidade Católica de Pelotas, Pelotas, v. 2, n. 1, p. 5-34, abr. 1998.

MARTIN-FUGIER, Anne. Os ritos da vida privada burguesa. In.: PERROT, Michelle et. al. *História da vida privada*. São Paulo: Companhia das Letras, 1991. V. 4: *Da Revolução Francesa à Primeira Guerra*, p. 193-261.

MÜLLER, Dalila. *Feliz a população que tantas diversões e comodidades goza*: espaços de sociabilidade em Pelotas (1840-1870). São Leopoldo, 2010. 338f. Tese (Pós-graduação em História) — Programa de Pós-graduação em História, Universidade do Vale do Rio dos Sinos. São Leopoldo, 2010.

______. *A hotelaria em Pelotas e sua relação com o desenvolvimento da região*: 1843 a 1928. 2004. 158 f. Dissertação (Mestrado em Turismo) — Programa de Pós-graduação em Turismo, Universidade de Caxias do Sul. Caxias do Sul, 2004.

NEEDELL, Jeffrey D. *Belle Époque tropical*: sociedade e cultura de elite no Rio de Janeiro na virada do século. São Paulo: Companhia das Letras, 1993.

PORTER, Roy. Os ingleses e o lazer. In: CORBIN, Alain. *História dos tempos livres*: o advento do lazer. Lisboa: Teorema, 2001. p. 19-58.

SILVA, Antonio de Moraes. *Dicionário da língua portuguesa*, composto por Antonio de Moraes Silva. 4. ed. Lisboa: Impressão Régia: 1831. V. 3.

SOLHA, Karina Toledo. Evolução do turismo no Brasil. In: REJOWSKI, Mirian (org.). *Turismo no percurso do tempo*. São Paulo: Aleph, 2002.

Artigos de periódicos

Correio Mercantil, 12 nov. 1878, p. 1, Pelotas.

Correio Mercantil, 14 set. 1879, p. 2, Pelotas.

Correio Mercantil, 16 mar. 1892, p. 1, Pelotas.

Correio Mercantil, 18 out. 1887, p. 2, Pelotas
Correio Mercantil, 19 nov. 1878, p. 1, Pelotas.
Correio Mercantil, 23 nov. 1900, p. 4, Pelotas.
Correio Mercantil, 24 out. 1885, p. 3. Pelotas.
Correio Mercantil, 25 dez. 1878, p. 3, Pelotas.
Correio Mercantil, 29 jan. 1891, p. 2, Pelotas.
Correio Mercantil, 30 set. 1876, p. 2, Pelotas.
Correio Mercantil, 31 mar. 1878, p. 2, Pelotas.
Correio Mercantil, 5 out. 1887, p. 3, Pelotas.
Diário de Pelotas, 12 dez. 1885, p. 2, Pelotas.
Diário de Pelotas, 16 dez. 1885, p. 3, Pelotas.
Diário de Pelotas, 24 dez. 1885, p. 3, Pelotas.
Diário de Pelotas, 25 dez. 1885, p. 2, Pelotas
Diário de Pelotas, 27 dez. 1885, p. 2, Pelotas
Diário de Pelotas, 8 abr. 1886, p. 1, Pelotas.
Diário de Rio Grande, 24 nov. 1887, p. 2, Rio Grande.
Diário de Rio Grande, 26 ago. 1853, p. 4, Rio Grande.
Diário de Rio Grande, 28 nov. 1863, p. 4, Rio Grande.
Diário de Rio Grande, 3 ago. 1853, p. 4, Rio Grande.
Diário de Rio Grande, 31 jul. 1853, p. 4, Rio Grande.
Diário do Rio Grande, 1 abr. 1854, p. 4, Rio Grande.
Diário do Rio Grande, 21 set. 1860, p. 3, Rio Grande.
Diário do Rio Grande, 7 abr. 1864, p. 1, Rio Grande.
Diário do Rio Grande, 8 dez. 1861, p. 2, Rio Grande.
Nacional, 14 mar. 1892, p. 1, Pelotas.
O Pelotense, 3 maio 1853, p. 4, Pelotas.
O Rio-Grandense, 3 jul. 1847, p. 4, Rio Grande.
Opinião Pública, 16 abr. 1868, p. 4, Rio Grande.

Campos do Jordão (SP): de estância de saúde a estância turística

Priscyla Christine Hammerl

O município paulista de Campos do Jordão é um bom exemplo do processo de desdobramento de uma estância de saúde em uma estância turística, tendo como pano de fundo o desenvolvimento das políticas públicas no país. A cidade, localizada no alto da Serra da Mantiqueira, a 1.700 metros de altitude, é ponto de partida para compreender como médicos, políticos e a população em geral atribuíram valor terapêutico ao clima e às águas do município e como, posteriormente, Campos do Jordão se tornou um destino turístico.

A atribuição de virtudes terapêuticas ao município deve-se, sobretudo, às epidemias ocorridas no Brasil no século XX, dentre elas a tuberculose. A Peste Branca, termo utilizado para designar a epidemia da doença, era um elemento desafiador da ordem social. As ações direcionadas para seu controle foram embasadas nas teorias médicas que aliavam aspectos geográficos e climáticos como fatores predominantes na organização social e no controle epidêmico.

As teses médicas da década de 1920 estabeleciam claramente a relação do ar com a doença. Testes laboratoriais eram feitos em cobaias infectadas pelo bacilo da tuberculose, simulando o tratamento em ambientes fechados e aglomerados em comparação com ambientes abertos, ao ar livre. A conclusão era que, em ambientes fechados, o bacilo causador da doença se procriava com maior facilidade, o que agravaria os casos dos portadores da doença e facilitaria a contaminação dos indivíduos sãos.

Com essas constatações relacionadas à insalubridade dos ambientes, a cura da tuberculose passa a ser tratada também em correlação com esses fatores. Segundo a teoria médica do período, o organismo reagiria naturalmente contra a doença desde que fossem cumpridas regras de higiene, alimentação e repouso. Fatores como o ambiente no qual o doente estava inserido também colaborariam para a recuperação, pois o ar puro e o sol ajudariam a evitar a proliferação do bacilo.

Diante dessas constatações então dominantes no saber médico, políticos e governantes, principalmente cariocas e paulistas, procuraram alternativas para a organização dos doentes em locais que cumprissem as exigências higienistas. É nesse contexto histórico que se compreende a criação de uma cidade de cura equidistante às cidades de São Paulo e do Rio de Janeiro: Campos do Jordão.

A estância de saúde

A consolidação de Campos do Jordão como destino de saúde para tuberculosos não está ligada apenas à sua altitude e afastamento dos grandes centros urbanos, mas também às virtudes terapêuticas de seu clima. Em 1922, o médico carioca Clemente Ferreira, em seus estudos sobre as virtudes climatoterápicas de Campos do Jordão, observa: "Com clima de elevada altitude, de grande terapêutica atmosférica de fraca nebulosidade, e, pois de farta insolação, os Campos do Jordão desfrutam a enorme vantagem de abundância de oxigênio eletrizado".[1]

Esse ar "eletrizado", mais puro, é recomendado como terapia para os tuberculosos. Contudo, Campos do Jordão não é divulgada apenas por suas virtudes climáticas, mas também por suas características hidrominerais, haja vista que a associação entre água e cura não era novidade nesse período. No Brasil, temos diversos exemplos da consolidação de destinos de cura ligados

[1] Ferreira, 1997: 92.

à água, dando origem a estâncias hidrominerais como, por exemplo, Poços de Caldas, Araxá e Caldas de Imperatriz. Campos do Jordão é conhecida pelas propriedades de suas águas radioativas, e, por força da Lei nº 2140, de 1º de outubro de 1926, a cidade transformou-se em Estância Hidromineral.

As atribuições de valores terapêuticos, tanto ao clima quanto às águas jordanenses, acabam por modelar, condicionar e constituir comportamentos diante da sociedade. Doentes e seus acompanhantes passam a frequentar Campos do Jordão a partir da década de 1920, colaborando para torná-la um famoso destino de saúde conhecido por suas águas radioativas e, principalmente, pelo "ar puro" das montanhas.

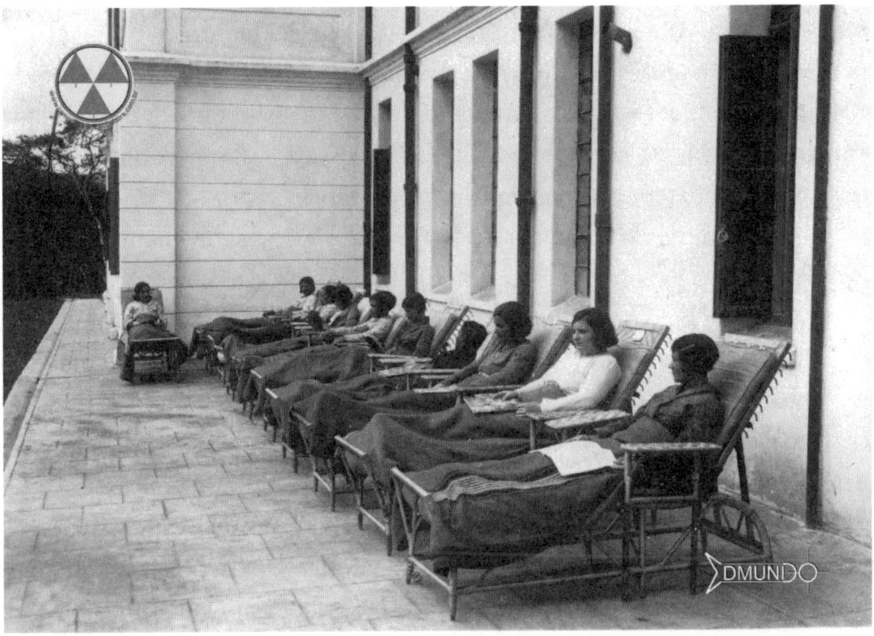

Figura 1: Esta foto, da década de 1940, mostra mulheres em tratamento contra a tuberculose em solário especial nas dependências do Sanatório São Paulo, em Campos do Jordão. Essas exposições ao ar puro eram obrigatórias e faziam parte do tratamento. Fonte: Rocha, s.n.t.

Nosocômios, isto é, hospitais utilizados para tratamento de epidemias, são instalados, além de diversas pensões e casas de veraneio utilizadas por doentes ricos e pobres para o tratamento de doenças. A disciplina sanatorial era rígida, com a prescrição de repouso e de rigorosos hábitos de higiene. Todavia, tais rigores dos centros terapêuticos não perduram por muito tempo, pois fatores como a fruição da paisagem, a crescente procura pelo município enquanto espaço de repouso e lazer e os entretenimentos ofertados pelos hotéis que ali se instalaram durante os anos 1940 favoreceram o surgimento de uma cidade de cura, porém ao mesmo tempo também de lazer. A cidade passa, portanto, por uma mudança em sua função: de um destino de saúde a um destino turístico.

A TRANSIÇÃO

No fim da década de 1930, em Campos do Jordão, José Carlos de Macedo Soares, com sua Companhia de Melhoramentos de Campos do Jordão, realiza diversas obras de melhoramento e embelezamento da estância, em parceria com o aliado do governo estadual, o interventor (e médico de formação) Adhemar de Barros, que completa os investimentos no município construindo vias de acesso e estruturas necessárias para a evolução urbanística da cidade com verbas do referido órgão.

A contribuição de Adhemar de Barros para o desenvolvimento de Campos do Jordão não é mero acaso, pois ele tinha interesses pessoais na melhoria da estância por ser detentor de várias propriedades no município. Além de terras, Adhemar ainda mantinha empreendimentos na cidade, como sua participação na Sociedade Belfruta Ltda., empresa com grandes plantações de frutas, em especial maçãs, e com instalações industriais em Campos do Jordão que produziam doces, sucos, conservas e bebidas alcoólicas.[2]

Com os constantes melhoramentos realizados no município, nota-se o início de uma divisão da cidade, pois os sanatórios (construídos em terrenos doados por Macedo Soares) localizavam-se estrategicamente, em sua maioria, nas vilas Jaguaribe e Abernéssia, enquanto a Vila Capivari era reservada às casas de veraneio da elite, local onde Macedo Soares e Adhemar de Barros mantinham residência. Iniciava-se, portanto, uma segunda função para Campos do Jordão: um destino de repouso e vilegiatura,[3] fato este que está relacionado aos interesses e à organização dos políticos citados.

---

[2] Cotta, 2008: 88.

[3] Digressão recreativa..., 2009.

A divulgação de Campos do Jordão, não somente como destino de saúde para tratamento de doenças pulmonares mas também como destino para aqueles que necessitavam descansar da vida urbana, é constatada na obra de Mário Sampaio Ferraz, publicada em 1940. O livro, que teve mais de uma edição lançada e distribuída gratuitamente pela Secretaria da Agricultura, Indústria e Comércio, traz a propaganda de Campos do Jordão enfatizando não apenas seus aspectos medicinais, mas também a necessidade de investimento no turismo: "Ótimo negócio seria, tanto para Campos como para o estado, que assim estabeleceriam, em definitivo, uma grande e rendosa corrente de turismo. Sem boas estradas limpas e sem agradável hospedagem, não pode haver turismo, que valha este nome".[4]

Ademais, ressalta-se que, desde as primeiras décadas do século XX, são muitos os destinos de saúde brasileiros que, sob a égide da medicina, consolidam estâncias onde a cura e os lazeres entrecruzam-se, como foi o caso de Poços de Caldas, Caldas de Imperatriz e Araxá. O convívio social nas estâncias, proporcionado pelos bailes, banquetes e cassinos, indicam claramente a tendência de transição de uma cidade de cura para um destino de lazer, o que também ocorreu em diversas estâncias na Europa. Dessa forma, os caminhos que indicam o início do processo de construção de um cenário em que a atividade turística se tornaria a principal fonte de renda podem ser constatados desde os anos de 1920, embora ainda elitizados.

Todavia, apesar das iniciativas nacionais para fomentar o turismo, bem como da elite paulistana para preservar sua área de vilegiatura em Campos do Jordão, os doentes não paravam de chegar ao município. O sucesso do romance *Floradas na serra*, de Dinah Silveira de Queiroz (1939),[5] representa a realidade nacional. Ainda eram muitos os casos de tuberculose no país e, sobretudo, na capital paulista. A divulgação de Campos do Jordão como estância climática reafirmada no romance, em parceria com os já conhecidos anúncios das propriedades terapêuticas, contribuiu para a crescente visitação.

Até 1940, já com vários sanatórios funcionando, era ainda comum ver pela cidade doentes em estado grave perambulando pelas ruas. Em vista dessa situação, em 1940, por força do Decreto nº 11.781, a cidade foi

[4] Ferraz, 1940: 88.

[5] Queiroz, 1939.

seccionada em duas zonas, pois o governo considerou impróprias para a instalação de pensões e casas de habitação coletiva de doentes portadores de tuberculose as vilas de Capivari e Jaguaribe, da Prefeitura Sanitária de Campos do Jordão. Esse zoneamento ocorre não só em razão da preocupação público-sanitária que representava o grande número de doentes no município, mas também em razão do fato de que já existia uma separação induzida pela elite entre as áreas destinadas aos doentes e aos veranistas.

Além disso, observa-se também, entre os anos de 1939 e 1941, a instalação de alguns hotéis e clubes na cidade, indicando o interesse financeiro de empreendedores que certamente foram beneficiados com o decreto. Em 1939, por exemplo, com o Decreto nº 10.863 de 28 de dezembro, o governo de São Paulo autoriza a desapropriação de terras para a instalação de uma colônia de férias por parte da Prefeitura Sanitária em Campos do Jordão, o que reafirma o ideal de fomentar o turismo.

Não satisfeitos com o número de doentes que ainda circulavam pela cidade, sobretudo nas zonas em que a construção de sanatórios fora proibida, em 19 de março 1941, através do Decreto-Lei nº. 11.891, o governo estadual obriga a Prefeitura Sanitária a exercer a fiscalização de "pensões e hotéis privativos de pessoas sãs, no sentido de não permitir a permanência, nessas casas, de portadores de tuberculose" e "ter a seu cargo a fiscalização no que diz respeito à higiene das ruas, praças, estações, bares, restaurantes, casas de diversões, pensões, hotéis e sanatórios". Observa-se, aqui, pela natureza dos estabelecimentos a serem fiscalizados, uma iniciativa de separar não apenas os locais onde se localizavam os sanatórios, mas também a livre circulação dos doentes, facilitando, por conseguinte, a proteção dos turistas.

Ainda no ano de 1941, observa-se uma preocupação do governo federal em controlar a tuberculose com a criação do Serviço Nacional de Tuberculose, que tinha por objetivo estudar o problema da doença e tomar medidas de controle. A centralização da saúde pública no governo Vargas possibilitou que as campanhas de prevenção (no caso de São Paulo, já ocorriam pelas ações da Liga Paulista de Combate à Tuberculose) fossem divulgadas em todo o território nacional, assim como a prática de determinadas técnicas de diagnóstico e tratamento.

Nesse aspecto, destaca-se a popularização do exame radiográfico do tórax para diagnóstico da tuberculose. Esse exame é fruto das pesquisas de Manoel Abreu, médico radiologista formado pela Faculdade de Medicina do Rio de Janeiro em 1913, que divulgou novo método diagnóstico para a tuberculose: o exame radiográfico miniaturizado de tórax,[6] batizado de abreugrafia em homenagem a seu criador. Esse exame, rápido e de baixo custo, passou a ser utilizado em massa no combate à doença.

Em Campos do Jordão, com o zoneamento nesse período, se estabeleceram diversos empreendimentos no setor de turismo, dentre eles a sede do Campos do Jordão Tênis Clube Turismo e os hotéis Toriba, Augusta, Refúgio Alpino, Rancho Alegre e Grande Hotel.[7] Em meio à materialização de tantos empreendimentos hoteleiros na cidade, crescia também a preocupação com a saúde dos turistas e, em virtude do Decreto de 1941, a "abreugrafia" passa a ser utilizada para controle e prevenção dos hóspedes de hotéis da cidade. O decreto obrigou as autoridades a regulamentarem a hospedagem no município instituindo a exigência obrigatória de atestado médico radiológico dos pulmões, a todos os frequentadores de estabelecimentos destinados a pessoas sadias.[8]

Figura 2: Vista do Grande Hotel (195?). O estabelecimento era famoso por seu rigor na seleção dos hóspedes via atestado radiológico. A separação entre turistas e doentes é marcada na história desse empreendimento público. Fonte: Rocha, s.n.t.

[6] Hijar, 2007.

[7] Rocha, s.n.t.

[8] Paulo Filho, 1986: 616.

A obrigatoriedade do atestado radiológico remete aos ideais de filantropia higiênica e ao conceito de "imunidade social". A elite, quando percebe que também está predisposta ao contágio (perdendo, assim, sua imunidade social), colabora não apenas com as formas de tratamento dos menos favorecidos com doações para a manutenção de leitos nos sanatórios populares (filantropia higiênica), mas também determina os espaços que estes podem frequentar, havendo uma separação não só entre doentes ricos e pobres, mas também, nessa nova fase, a separação se dá entre os portadores do bacilo e os sãos, independentemente da classe social.

Tal fato é acentuado pela Campanha Nacional contra a Tuberculose, lançada em 1946, que tinha por objetivo realizar a abreugrafia em massa e, por meio do diagnóstico, estimular a utilização de esquemas quimioterápicos. Isso porque, em 1943, um bioquímico norte-americano descobriu a estreptomicina, o primeiro agente quimioterápico específico no tratamento da tuberculose. A estreptomicina era importada e distribuída pelo poder público em uma tentativa de sanar os problemas sociais e sanitários causados pela doença no país. Dessa maneira, o tratamento, que anteriormente era baseado unicamente na climatoterapia, passa a ser conjugado com a utilização do medicamento. Assim, são fortalecidos os ideais de que a tuberculose é curável e, em virtude da possibilidade de tratamento quimioterápico, diminui a prioridade na busca dos sanatórios.

É sob a égide da separação entre turistas e doentes e sob o incentivo do tratamento quimioterápico e ambulatorial que se fortalecem as iniciativas que dão origem ao ciclo do turismo em Campos do Jordão. No entanto, deve-se lembrar que as iniciativas de divulgação da cidade como destino de lazer já vinham ocorrendo desde o início dos anos 1940, ou seja, seis anos antes do início da Campanha Nacional Contra a Tuberculose.

Cassinismo: o início da estância turística

Com o passar dos anos, a melhoria nos meios de transportes e nas formas de divulgação e os avanços nas leis trabalhistas (principalmente com a regulamentação de férias remuneradas) também possibilitam, ao menos em parte, o crescimento da demanda de pessoas com disponibilidade e poder aquisitivo para viajar. Em contrapartida, os interesses na exploração de hotéis, cassinos e outros serviços voltados para o turismo, também aumentam. Observa-se, no caso de Campos do Jordão, que não apenas a iniciativa privada investe em empreendimentos no setor do turismo, mas também o setor público. Comprovando esse interesse, o governo do estado inaugura, em 1944, o Grande Hotel, onde funcionava um cassino que só podia ser frequentado por pessoas sadias, tal qual regia o Decreto-Lei nº.11.891 de 1941.

Após a construção do Grande Hotel, muitos outros meios de hospedagem de iniciativa particular surgiram, inaugurando o ciclo do turismo. No entanto, embora a procura por Campos do Jordão tivesse aumentado, como demonstra o número de hotéis que são construídos na cidade, estes são voltados para hóspedes com alto poder aquisitivo. O período representa a prosperidade dos empreendimentos hoteleiros no município, possivelmente em razão de alguns motivos.

Em primeiro lugar, devido aos crescentes investimentos do governo estadual no setor, que podem ser constatados pelo início das obras do Palácio do Governo (Palácio da Boa Vista, 1938) e pela construção do Grande Hotel (1944). Em segundo, em razão do incentivo financeiro dado pelo governo federal através do Instituto de Aposentadoria e Pensões dos Comerciários, que é organizado pela divisão de turismo do DIP. E, por último, em razão do crescente número de turistas que buscam a cidade, fomentados por um precioso atrativo: o cassino.

Nota-se, portanto, que o crescimento do turismo em Campos do Jordão inicia-se de forma elitizada, como era comum a outras cidades brasileiras no mesmo período. As perspectivas abordadas na implementação e divulgação dos hotéis são reflexo de uma organização e profissionalização na hotelaria brasileira, que vinha se desenvolvendo desde o final da década de 1930. No fim de 1936, por exemplo, ocorreu o I Congresso Nacional Hoteleiro, sediado no Rio de Janeiro. Tal fato indica como o setor estava se organizando e discutindo soluções e problemas relativos ao cenário hoteleiro do país.

Nota-se, portanto, que o setor turístico nacional começava a se organizar, e em Campos do Jordão não foi diferente. Embora não tenham sido encontrados documentos que comprovem com exatidão a data de criação da Companhia de Hotéis de Campos do Jordão, acredito que a mesma date de fins da década de 1930 e início dos anos 1940, acompanhando o quadro

Figura 3: Baile no Grill Room do Grande Hotel, em Campos do Jordão (195?). Além do jogo, os eventos também movimentavam o fluxo de turistas na estância. Fonte: Rocha, s.n.t.

nacional. Participando de quase todas as edições do evento, tendo Campos do Jordão inclusive sediado sua quarta edição, em 1951, a Companhia de Hotéis de Campos do Jordão é marcada na história jordanense por suas ações em favor do desenvolvimento da atividade turística. Dentre as medidas tomadas pela Companhia de Hotéis de Campos do Jordão estão práticas voltadas à construção de uma cidade onde o turista poderia se deslocar com segurança e desfrutar das belezas da região, bem como de outros atrativos, dentre eles os cassinos presentes na estância.

O interesse na exploração de cassinos era uma realidade nacional nos anos 1940. A elite, frequentadora dos hotéis-cassinos nas estâncias já há duas décadas, fortalecia seus vínculos sociais nos elegantes bailes e shows que ocorriam nesses estabelecimentos. Muitos deles, inclusive, organizados como forma de arrecadar fundos para ações sociais, como muitas vezes realizado pela primeira dama, Darcy Vargas, nos cassinos do Rio de Janeiro. Sob o pretexto da benemerência e como uma forma de incentivo à jogatina realizada de forma organizada, o governo Vargas foi responsável pela liberação do jogo oficializado no Brasil, sem deixar de lado, no entanto, os interesses financeiros relativos à lucratividade desses empreendimentos.[9]

Os governos dos estados que mantinham casas de jogos foram beneficiados pelas participações nas finanças desses empreendimentos. Em alguns casos, o próprio governo investia e lucrava integralmente com os cassinos, como foi o caso de Campos do Jordão. Adhemar de Barros foi um grande entusiasta e muito incentivou esses empreendimentos em todo o estado de São Paulo. Durante o Estado Novo, consta que existiam 7 mil casas de jogo do bicho, além de diversos cassinos em funcionamento em todo o estado. A realidade era similar no Rio de Janeiro e em Minas Gerais.[10]

Contudo, como já era habitual no governo de Adhemar, político que ficou conhecido pela célebre frase "rouba, mas faz", o incentivo aos cassinos é apontado por alguns de seus oponentes e jornalistas do período como a principal fonte de sua fortuna, "graças à apropriação do dinheiro público e cobrança de propinas de empresas envolvidas em projetos governamentais", entre estas, os cassinos e banqueiros do jogo do bicho. Documentos que acusavam Adhemar em relação a essas denúncias foram entregues a Vargas. Adhemar, por sua vez, enviara um relatório de defesa das acusações. Embora sem nenhum processo judicial em relação ao fato, em 1941 Vargas nomeou Fernando Costa como interventor de São Paulo.[11] Interessante notar que, apesar da saída de Adhemar da interventoria, a obra do Grande Hotel, iniciada em 1938, continua até sua inauguração, em 1944.

Em 1945, o hotel de propriedade do Estado foi arrendado pela Companhia de Hotéis de Campos do Jordão, que igualmente dirigia o Hotel Toriba e a Caverna Paulista, famoso restaurante. Sob exploração da Companhia, o cassino viabilizava o fluxo de turistas de alto padrão na estância. Contudo, os benefícios trazidos pelos cassinos, não só em Campos do Jordão, mas em todo o território nacional, não perduram por muito tempo. Em 1946, por ocasião da mudança de governo (agora liderado por Eurico Gaspar Dutra), o Decreto-Lei nº. 9.215 manda fechar todas as casas, centros e cassinos que mantinham os jogos de azar, até mesmo aqueles que se inseriam dentro da Lei das Estâncias de Águas Hidrominerais.

[9] Paulo Filho, 1986: 616.

[10] Ibid.

[11] Cotta, 2008: 51.

O jogo, ainda que elitizado, foi considerado em diversos discursos da época, sobretudo os religiosos, como uma ameaça às boas práticas da família, pois seu exercício estaria ligado à boemia, considerado, pelos mais conservadores, como um atentado aos bons costumes. Imbuído desse discurso, Dutra assinou o decreto-lei que proibiu o jogo e resistiu às muitas reclamações dos empreendedores do setor e de seus frequentadores.

Em 1946, o cassino do Grande Hotel também encerrou suas atividades, levando no ano seguinte, em cumprimento do Decreto nº. 16.796, à transferência de fiscalização do Grande Hotel para a Superintendência das Estâncias do Estado, o que representou um grande prejuízo para a Companhia e os demais hotéis da estância. A proibição da principal atividade geradora de renda do município, aliada ao declínio em relação à fase sanatorial, configurou um cenário no qual os proprietários dos empreendimentos hoteleiros deveriam lutar para que seus investimentos não fossem perdidos. Inicia-se, portanto, a necessidade não só de fomento, mas, sobretudo, de planejamento da atividade turística na estância.

Referências

COTTA, L. C. V. *Adhemar de Barros (1901-1969)*: a origem do rouba mas faz. São Paulo, 2008. Dissertação (Mestrado em História) — Faculdade de Filosofia, Letras e Ciências Humanas, Universidade de São Paulo. São Paulo, 2008.

DIGRESSÃO RECREATIVA fora das grandes povoações ou por estações balneares. In: MICHAELIS: moderno dicionário da língua portuguesa. São Paulo: Melhoramentos, 2009.

FERRAZ, M. de S. *Campos do Jordão*. São Paulo: Secretaria da Agricultura Indústria e Comércio, 1940.

FERREIRA, C. Prefácio da obra Estâncias Climatéricas de São Paulo. In: PAULO FILHO, P. *A montanha magnífica*. São Paulo: O Recado, 1997. p. 92.

HIJAR, M. A. et. al. Retrospecto do controle da tuberculose no Brasil. *Revista Saúde Pública*, n. 41, suplemento 1, p. 50-58, 2007. Disponível em: http://www.scielo.br/pdf/rsp/v41s1/6489.pdf. Acesso em: 13 jan. 2011.

PAULO FILHO, P. *História de Campos do Jordão*. Aparecida: Santuário, 1986.

QUEIROZ, D. S. *Floradas na serra*. Rio de Janeiro: José Olympio, 1939.

ROCHA, Edmundo Ferreira da. *Fotografias que contam a história de Campos do Jordão*, s.n.t. Disponível em: http://www.camposdojordaocultura.com.br/categoria-det.asp?id_cat=6&Categoria=Vila+Jaguaribe. Acesso em: 15 out. 2008.

Cidade morta, cidade monumento, cidade turística: a construção de memórias sobre Ouro Preto

Leila Bianchi Aguiar

A cidade de Ouro Preto é hoje um dos principais destinos turísticos, atraindo a atenção de turistas principalmente em função do fato de contar com um conjunto urbano preservado, o que levou à sua inclusão na lista dos patrimônios mundiais pela Organização das Nações Unidas para a Educação, a Ciência e a Cultura (Unesco) em 1980. Neste capítulo vamos analisar a construção de diferentes memórias sobre essa cidade, examinando algumas das dimensões das relações sociais e dos diferentes contextos históricos que permitiram sua transformação em patrimônio cultural e, posteriormente, em destino turístico.

Os primeiros relatos sobre as novas e frequentes descobertas auríferas na região em que hoje se localiza a cidade de Ouro Preto remetem a fins do século XVII. Como consequência dos novos achados, a criação da Vila Rica de Nossa Senhora do Pilar de Ouro Preto, englobando as freguesias de Ouro Preto e Antônio Dias, ocorreu no ano de 1711. A partir de então, iniciou-se um significativo processo de expansão urbana, em especial nos núcleos próximos às atividades mineradoras. A partir da década de 1760, a extração de ouro na região já não atingia as altas cifras das primeiras décadas desse mesmo século. Nos anos 1800, com raras exceções, viajantes descreveram Ouro Preto como uma cidade feia, decadente, de clima chuvoso, composta por uma população de hábitos e costumes condenáveis. Os estragos causados pela mineração intensiva eram frequentes nas narrativas dos que descreviam sua paisagem, conforme podemos ver em uma passagem de autoria do botânico Auguste de Saint-Hilaire, que visitou a cidade em 1817:

> Por todos os lados tínhamos sob os olhos vestígios aflitivos das lavagens, vastas extensões de terra revolvida e montes de cascalho [...] Os morros que a rodeiam são cobertos de uma relva pardacenta, e exibem a imagem da esterilidade.[1]

Da mesma forma, no *Dicionário geográfico, histórico e descritivo*, de Milliet de Saint-Adolphe de 1845, encontramos o seguinte quadro para a cidade:

> A esterilidade da sumidade da terra, as gargantas e escavações, um céu quase sempre enevoado, casas edificadas sem simetria em outeiros desiguais com quintais estreitos, malconservados e separados uns dos outros por muros arruinados, eis o aspecto pouco lisonjeiro que oferece a capital da província de Minas Gerais. As casas mal calçadas e mal alinhadas, sem excetuar a mais mercantil e comprida, chamada rua Direita, qualificação bem mal justificada, são de terra e sem sobrado, cada uma com seu quintal por detrás.[2]

Com exceção das igrejas e de alguns edifícios públicos, especialmente o prédio da Câmara e da Cadeia (atual Museu da Inconfidência), foram comuns as críticas ao seu casario. Para alguns dos viajantes que percorriam roteiros predefinidos nas Minas Gerais e passavam obrigatoriamente por Ouro Preto, suas casas eram malconservadas e amontoavam-se pelos morros. Sua vista possuía um aspecto melancólico, advindo principalmente da névoa que envolvia permanentemente a cidade.

---

[1] Saint-Hilaire, 1938, v. 1: 143.

[2] Saint Adolphe, 1845: 183

Em relação à população da cidade, o comerciante John Luccock nos oferece a seguinte descrição, elaborada por ocasião de sua viagem realizada em 1818:

> A maior parte da população era de negros e mulatos, raça de gente que demonstra possuir uma mistura de sangue de várias origens e eu me sinto propenso a crer que toda e qualquer mistura resulta num aviltamento do espírito humano.[3]

A ideia de que o status da capital da província de Minas Gerais salvou Ouro Preto de uma decadência maior era compartilhada por muitos dos viajantes que para lá se dirigiram ao longo do século XIX e por autoridades políticas defensoras da transferência da capital, uma vez que Ouro Preto não teria outras importantes fontes de renda. Segundo Saint-Hilaire:

> Contam-se em Vila Rica cerca de duas mil casas. Essa vila floresceu enquanto os terrenos que a rodeiam forneciam ouro em abundância; à medida porém que o metal foi se tornando raro ou a extração mais difícil, os habitantes foram pouco a pouco tentar fortuna em outros lugares e, em algumas ruas, as casas estão quase abandonadas. A população de Vila Rica, que chegou a ser de 20 mil almas, está reduzida a 8 mil, e esta vila estaria deserta se ali não fosse a capital da província, a sede da administração, e a residência de um regimento.[4]

Segundo o escritor e tradutor Richard Burton, que esteve na cidade em 1867:

> Ela vive do suor de outras frontes, por sua profissão de capital e pelo dinheiro que o Governo gasta com seus funcionários, o que faz a província queixar-se da "empregocracia". Ficando no caminho entre a metrópole imperial e o distrito diamantino, o pequeno comércio tem certa atividade, mas não é provável que isso dure muito tempo. Quanto mais cedo for encontrado novo lugar para

[3] Luccock, 1942: 338.

[4] Saint-Hilaire, 1938, v. 1: 130-131.

a capital, tanto melhor, mas não é fácil, como já se disse, encontrar lugar adequado para tal fim.[5]

O curioso, no entanto é que, apesar de as observações de comerciantes e naturalistas tecerem um quadro de grande decadência para Ouro Preto ao longo do século XIX, atestamos o significativo número de novas construções religiosas e políticas e melhorias urbanas mesmo após a diminuição da extração aurífera, em parte explicadas pela ampliação da mineração de outros tipos de metais e pelo crescimento das atividades comerciais no período. Novas atividades produtivas desenvolvidas a partir da mineração tornaram-se tão ou mais rentáveis do que a exploração das jazidas. Destaca-se o desenvolvimento comercial e das funções administrativas em Vila Rica, capital de uma província próspera, que havia se diversificado através do desenvolvimento da agricultura e da pecuária em regiões cortadas por importantes rotas comerciais, tendo como consequência o aumento do tráfico de escravos.[6]

Apesar dessas transformações, a Imperial Cidade de Ouro Preto tornou-se alvo de frequentes críticas de intelectuais e políticos, o que levou inclusive à transferência da capital para a região denominada Curral del Rei, onde foi construída a nova sede do estado de Minas Gerais, Belo Horizonte. As análises realizadas sobre a cidade foram feitas à luz das grandes cidades europeias, com clara desvantagem para Ouro Preto. Nesse século em que ganha destaque o urbanismo e a exaltação da modernidade em cidades planejadas com largas avenidas projetadas de acordo com os discursos higienistas, valorizando-se acima de tudo a possibilidade da execução de grandes planejamentos urbanos, à semelhança das grandes transformações operadas por Hausman em Paris, Ouro Preto, com suas "ruas estreitas e edifícios que não têm boa aparência",[7] era o símbolo de um tipo de formação urbana que deveria ser radicalmente alterado por estar associado ao atraso e à insalubridade. Nas palavras de Emanuel Pohl, que esteve na cidade em 1820: "a constante mudança de temperatura que, unida à topografia da cidade, obrigando a contínuas subidas de ladeiras, contribuiria

[5] Burton, 1976: 286.

[6] Cf. Cunha, 2002.

[7] Pohl, 1976: 396.

Figura 1: Vista da cidade de Ouro Preto em 1886. Fonte: Arquivo Central do Iphan/ RJ. Inventário. Ouro Preto, MG: conjunto arquitetônico urbanístico.

para frequentes febres catarrais, reumatismos e doenças inflamatórias de que sofrem os habitantes durante todo o ano".[8]

Da mesma forma, sua sociedade, formada por um grande número de negros e mulatos e "apenas por uma oitava parte de origem branca e europeia",[9] estaria, para os viajantes estrangeiros, conforme a visão eurocêntrica e racialista predominante na época, muito aquém da civilização europeia em uma escala evolutiva. Em sua descrição detalhada da cidade, Emanuel Pohl nos fornece uma série de indícios sobre a origem das imagens depreciativas, desprezando os costumes, o teatro e a música pela "falta de arte e sentimento",[10] elogiando apenas as damas que compareciam às festas "todas segundo a última moda de Paris".[11]

[8] Ibid.: 398.

[9] Ibid.

[10] Ibid.: 399.

[11] Ibid.

Tais relatos nos servem como indícios através dos quais podemos compreender a elaboração dos discursos favoráveis à mudança da capital mineira, abundantes em fins do século XIX. Os discursos de exaltação à modernidade e o argumento de que Ouro Preto não poderia ser adaptada para atender às imposições de uma grande cidade, principalmente devido à sua topografia irregular, marcaram a transferência da capital, em 1897, para Belo Horizonte, construída dentro dos padrões de modernidade e civilização da época.[12] A cidade passou a simbolizar a modernidade que a República estava buscando construir, enquanto Ouro Preto permaneceria identificada como uma cidade oitocentista.

Tal situação se modificará a partir do início das discussões preservacionistas no Brasil. A exemplo do caso francês, quando se multiplicam os discursos preservacionistas em meio à destruição de muitas das construções do Antigo Regime, as demolições de princípios do século XX na capital federal brasileira explicam, em parte, a ascensão do discurso preservacionista. Os planos de modernização do Rio de Janeiro com as reformas postas em prática, principalmente, durante a prefeitura de Pereira Passos, conhecidas como "bota-abaixo", caracterizadas pela grande destruição de muitas das antigas construções coloniais existentes e pelo grande volume de novas construções ecléticas, incentivaram os debates na imprensa e nos meios acadêmicos sobre a necessidade da preservação de alguns bens imóveis, capazes de representar a História da Arte Brasileira.

Nesse processo, Ouro Preto ocuparia um local de destaque, dada sua importância durante o período colonial e o grande número de imóveis remanescentes dessa época. Inicia-se um lento processo de valorização da até então "cidade morta",[13] a partir da segunda década do século XX. Nesse período, alguns autores começam a clamar pela restauração de seus monumentos históricos, conforme podemos constatar no *Anuário de Minas Gerais* do ano de 1918, que denunciava o desmoronamento de casas ao longo da rua São José e o crescimento da vegetação nas calçadas.

[12] Vasconcelos, 1960.

[13] Expressão utilizada por Alceu Amoroso Lima (1916: 2) referindo-se a algumas das cidades mineiras que visitou em 1916, inclusive Ouro Preto.

Uma nova memória sobre Ouro Preto começou a ser construída a partir dos discursos e escritos de mineiros ilustres, muitos deles ex-alunos da Escola de Minas de Ouro Preto e ocupantes de cargos burocráticos nas esferas estaduais e federais,[14] e da publicação de artigos que destacaram a necessidade da preservação dos monumentos históricos ouro-pretanos.

Em 1916, Alceu Amoroso Lima, Afonso Arinos, o senador Virgílio de Melo Franco e seu neto, o então jovem estudante Rodrigo Melo Franco de Andrade, estiveram em Ouro Preto e visitaram suas igrejas e capelas barrocas. Suas impressões sobre a cidade foram fundamentais para a produção de um artigo na *Revista do Brasil*, escrito por Alceu Amoroso Lima, em defesa da preservação dos monumentos nacionais, intitulado "pelo passado nacional",[15] no qual o autor utilizaria pela primeira vez a expressão "cidades mortas" para referir-se a algumas das cidades mineiras. Inconformado com o destino dessas cidades, principalmente no "território heroico das Minas Gerais",[16] Amoroso Lima autor afirmava a necessidade de salvar o passado nacional brasileiro materializado através das construções antigas das cidades mortas, classificando-o como um ato patriótico.

> No Brasil, sobretudo, agonizante à míngua de patriotismo, é de urgente necessidade guardar para as gerações vindouras a moldura do nosso passado. E se os homens que o fizeram pródigos não foram em obras e construções, maior deve ser o nosso desvelo pelo pouco que nos resta das épocas vividas.[17]

Com objetivos um pouco distintos da comitiva anterior, as viagens realizadas por um grupo de engenheiros que desenvolvia projetos em estilo neocolonial buscavam em Ouro Preto, assim como nas demais cidades mineiras, inspiração para a realização de seus novos trabalhos. Tal ofício os transformava em alguns dos pioneiros em relação à necessidade da preservação de antigos bens imóveis. Ainda no ano de 1911, Ricardo Severo, um dos mais importantes arquitetos neocoloniais, em seu discurso de posse no

[14] Cf. Roque, 1999.

[15] Lima, 1916: 2.

[16] Ibid.

[17] Ibid.

Instituto Histórico e Geográfico de São Paulo, lamentou a destruição das tradições e construções de outros tempos, frequentes nas cidades brasileiras.[18] Desde 1915, esse mesmo arquiteto, proprietário de um dos maiores escritórios técnicos de São Paulo, patrocinou as viagens empreendidas por alguns pintores e desenhistas brasileiros, como Felisberto Ranzini e José Wasth Rodrigues, aos estados de São Paulo, Minas, Pernambuco e Bahia, a fim de documentar através de desenhos, fotografias e aquarelas algumas das referências da arquitetura colonial que poderiam ser utilizadas em trabalhos posteriores.[19]

Buscando produzir materiais didáticos capazes de inspirar novos projetos e normatizar as novas manifestações arquitetônicas, José Mariano Filho, médico, diretor da Escola Nacional de Belas-Artes e um dos maiores defensores do estilo neocolonial, também patrocinou, em 1924, viagens a Ouro Preto, Diamantina, São João del Rei e Congonhas. Participou de algumas dessas expedições o arquiteto Lúcio Costa, até então adepto desse estilo, com o objetivo de observar e catalogar detalhes arquitetônicos e obras de artes das cidades mineiras.[20] A divulgação dos trabalhos produzidos nas antigas cidades também serviu como mais uma fonte de pressão em prol da preservação cultural.

Do mesmo modo, foram fundamentais as viagens realizadas por Mário de Andrade e os demais intelectuais classificados como modernistas a pequenas cidades do interior do Brasil em busca de inspiração para seus trabalhos.

Mário de Andrade esteve em Ouro Preto pela primeira vez em 1919, e em 1924 retornou acompanhado do poeta francês Blaise Cendrars e do grupo brasileiro integrado por Oswald de Andrade, Oswald de Andrade Filho, Gofredo da Silva Telles, René Thiollier, Tarsila do Amaral e Olívia Guedes Penteado. Na cidade, estabeleceu contato com intelectuais como Carlos Drummond de Andrade e Pedro Nava. Essa viagem ficou conhecida como um divisor de águas para o modernismo brasileiro. Os integrantes da "caravana paulista", como ficou conhecida a expedição de 1924, buscavam

[18] Kessel, 2002.

[19] Ibid., p. 71.

[20] Id., 2001, p.177.

acima de tudo descobrir um Brasil "esquecido no tempo", visitando capelas e igrejas barrocas, residências civis e construções militares do período colonial[21] que passaram a ser por eles considerados legítimos exemplares da brasilidade e, ainda, serviram de inspiração para suas pinturas, crônicas, poemas e outras expressões artísticas.

As cidades mineiras representavam a dinâmica da colonização, marcada pela diversidade e autenticidade — importantes valores para os escritores e também para os arquitetos modernistas. Partindo de São Paulo, buscavam descobrir esse novo Brasil, inicialmente em viagens ao interior desse estado e a Minas Gerais e, posteriormente, em viagens ainda mais longas, realizadas ao norte e ao nordeste do país, conforme a que foi empreendida por Mário de Andrade, descrita em seu *Diário do turista aprendiz*.[22]

Essa viagem marcaria profundamente os trabalhos desses intelectuais, conforme demonstra a seguinte afirmação de Tarsila do Amaral:

> Foi por ocasião da visita de Blaise Cendrars à nossa terra que eu, sem premeditação, sem desejo de fazer escola, realizei, em 1924, a pintura à que chamaram pau-brasil [...]. As decorações murais de um modesto corredor de hotel, o forro das salas, feito de taquarinhas coloridas e trançadas, as pinturas das igrejas simples e comoventes, executadas com anos de devoção por artistas anônimos; o Aleijadinho, nas suas estátuas e nas linhas geniais de sua arquitetura religiosa, tudo era motivo para nossas exclamações admirativas. Encontrei em Minas as cores que adorava em criança. Ensinaram-me depois que eram feias e caipiras. Segui o ramerrão do gosto apurado [...]. Mas depois vinguei-me da opressão passando para as minhas telas azul puríssimo, rosa violáceo, amarelo vivo, verde cantante, tudo em gradações mais ou menos fortes, conforme a mistura de branco.[23]

A nova estética moderna perseguida não era mais a que buscava copiar os padrões dominantes europeus, mas, ao contrário, procurava descobrir e exaltar valores nacionais considerados originais, como as cores que Tarsila

[21] Ibid.: 175.

[22] Andrade, 1976.

[23] apud Mattar, 2002: 88.

se lembraria de sua infância. Apesar da aparente ambiguidade na busca de um grupo de vanguarda por uma tradição brasileira, o desprezo com que até então eram tratadas as ruínas das antigas construções e os conjuntos urbanos das cidades mortas transformava a atitude dos intelectuais em moderna, haja vista que desde o século XIX estas haviam sido tratadas como decadentes por políticos influentes e viajantes que lá estiveram. A viagem da "caravana paulista" para essa antiga cidade, com grande cobertura da imprensa, e as constantes referências a Ouro Preto no trabalho desses artistas — pinturas, poemas e crônicas — contribuíram decisivamente para que novas leituras capazes de exaltar a importância dessa cidade mineira para a cultura nacional fossem realizadas.

Seguiram esse mesmo caminho os arquitetos modernistas que prezavam a originalidade e a autenticidade em seus projetos. Definiam seus próprios trabalhos como inovações, assim como havia sido inovadora a arquitetura do período colonial brasileiro, estabelecendo elos entre sua nova arquitetura.[24] Mesmo com estilos tão diferentes, julgavam que as arquiteturas coloniais e modernas compartilhavam a originalidade e a autenticidade, ausentes em outros estilos arquitetônicos.

O discurso dos distintos grupos formados por intelectuais e políticos sobre os valores presentes em Ouro Preto — autênticos para os modernistas, ou tradicionais para os neocoloniais — foi responsável pela formação de um consenso em relação à importância das cidades mineiras e, consequentemente, sobre a necessidade de sua preservação.

Como resultado do processo descrito anteriormente, Ouro Preto foi a primeira cidade brasileira a ser declarada Monumento Nacional. Através do Decreto nº 22.928, de 12 de julho de 1933, e após a criação do Serviço do Patrimônio Histórico e Artístico Nacional (Sphan), o conjunto arquitetônico e urbanístico da cidade foi tombado e inscrito no Livro do Tombo de Belas-Artes em 1938. Antes mesmo do tombamento, é possível identificar algumas práticas preservacionistas institucionalizadas, como a destinação de verbas pelo governo do estado de Minas Gerais, em 1926, e algumas reformas realizadas em pontes e chafarizes sob a supervisão de Gustavo Barroso, diretor da Inspetoria dos Monumentos Históricos, no

[24] Cf. Chuva, 2009.

ano de 1934.[25] Já em meados de 1936, quando o Sphan ainda funcionava em caráter experimental no Ministério da Educação, ocupado por Gustavo Capanema, verificamos nos discursos de seu diretor, Rodrigo Mello Franco de Andrade, a intenção de reforçar a importância da preservação dos monumentos históricos de Ouro Preto. Ao tratar da incumbência do novo serviço recém-criado, Rodrigo afirmava:

> De acordo com o projeto do sr. Mário de Andrade, haverá uma comissão incumbida de fazer o tombamento no Distrito Federal e uma para cada estado. Claro que esse serviço não poderá ser feito de uma vez, mas parcialmente, sendo pensamento do ministro Capanema atacá-lo de início no Distrito Federal e em Minas Gerais, particularmente em Ouro Preto.[26]

A escolha de iniciar os trabalhos pelo Rio de Janeiro e Minas Gerais, com destaque especial para Ouro Preto, indicava a continuidade das práticas do novo Serviço em relação às ações anteriores, que consagraram a cidade como monumento nacional, o que é bastante compreensível, pois participaram da elaboração e montagem dessa nova instituição intelectuais que, nas décadas anteriores, adjetivaram dessa forma essa localidade quando lá estiveram em suas viagens de "descoberta do Brasil", como Mário de Andrade e Rodrigo Melo Franco de Andrade. Mário de Andrade, conforme relatamos anteriormente, havia realizado tal viagem acompanhado de Blaise Cendrars e de outros intelectuais brasileiros em 1924, enquanto Rodrigo estivera em Ouro Preto com seu tio e outros políticos mineiros em 1919, somando-se ainda o fato de que era bisneto de Rodrigo José Bretas, o primeiro biógrafo de Aleijadinho, que tantas obras executou em Vila Rica.[27]

A partir de 1938, quando a cidade de Ouro Preto foi inscrita no Livro do Tombo de Belas-Artes do Sphan, seu conjunto urbano passou a ser descrito e tratado pelos técnicos dessa instituição como uma obra de arte. A cidade-monumento deveria ser conservada como tal: perfeita, pronta e

[25] Ver Magalhães, 2004.

[26] Andrade, R. 1987: 25.

[27] Andrade, R. 1986.

Figura 2: Vista da cidade de Ouro Preto nas primeiras décadas do século XX. Fonte: Arquivo Central do Iphan/RJ. Inventário. Ouro Preto, MG: conjunto arquitetônico urbanístico.

acabada. As poucas alterações sofridas em sua estrutura urbana ao longo das três primeiras décadas do século XX reforçavam a crença de que a cidade não sofreria grandes modificações.[28] Nessa medida, segundo afirma a arquiteta Lia Motta, "a obsessão em congelar a arquitetura de Ouro Preto acabou por promover uma descaracterização e falsificação da paisagem urbana".[29] Essa atuação contribuiu para a construção de uma imagem para a cidade, apoiada em determinadas características do século XVIII colonial presentes em parte de seus imóveis, mas multiplicadas para todo o conjunto urbano.

[28] Cf. Motta, 1987.

[29] Ibid.: 108-122.

Para manter tais tradições, era necessária a preservação do patrimônio arquitetônico da cidade, e, nesse momento, o principal desafio encontrado pelo Sphan estava na falta de verbas para o grande número de obras de caráter urgente em residências que ameaçavam desabar. Acompanhamos essa questão principalmente no ano de 1949, quando, em uma tentativa de conseguir verbas para a restauração de bens imóveis na cidade, foi realizado um leilão, com grande repercussão nacional, a partir da doação de objetos como joias e obras de arte de importantes membros da "alta sociedade" brasileira, contando com a adesão de Manuel Bandeira e Cecília Meireles, entre outros importantes intelectuais da época.[30]

Ouro Preto: cidade turística

A construção de Ouro Preto como destino turístico também esteve diretamente ligada à atribuição do valor de "cidade-monumento", e em diversos momentos observamos uma convergência de interesses entre as políticas preservacionistas e os projetos de desenvolvimento turístico da cidade, percebidos como a solução para muitos dos problemas que dizem respeito à salvaguarda do antigo conjunto urbano tombado em nível federal desde 1938. Analisando as viagens realizadas às atuais "cidades históricas" até princípios do século XX, identificamos as dificuldades de hospedagem e a ausência de um projeto turístico organizado nessa cidade, ao mesmo tempo que esta não era vista como um destino turístico. Tal elaboração ainda não havia sido realizada. Em um almanaque, publicado em 1890, constavam apenas quatro estabelecimentos de hospedagem.

Em seu livro de memórias e casos de Ouro Preto, Aracy Lessa nos fornece algumas informações sobre "Ouro Preto a caminho do museu",[31] no período compreendido entre a mudança da capital em 1897 e a elevação a Monumento Nacional em 1933. As histórias ambientadas na cidade formam um quadro de uma cidade interiorana típica, na qual "as moças pouco saíam

---

[30] Arquivo Geral do Iphan. Inventário do conjunto urbano de Ouro Preto, caixa 683, pasta 2.602, s.n.t.

[31] Lessa e Olinto, 1967.

de casa"[32] e os homens se encontravam nas pequenas vendas e armazéns, localizados na parte de baixo dos antigos sobrados que contavam com quintais com jabuticabeiras e outras árvores frutíferas. Alguns dos personagens das histórias eram funcionários, estudantes ou professores da Escola de Minas, marcando a importância que tal instituição assumiu principalmente após a mudança da capital. Entre os principais eventos da cidade, estavam as missas diárias e as festas religiosas, organizadas por algumas das antigas irmandades. A autora afirma que em uma vendinha perto de sua casa reuniam-se os amigos de seu avô "comentando a política e contando anedotas para os menores (daquela época), ou quem sabe, para os comentários sobre a vida alheia, coisa que sempre viveu com saúde naquela cidadezinha fria e pacata, nessa época pouco visitada pelos turistas".[33]

Ao acompanharmos as "viagens de descoberta do Brasil" empreendidas pelos modernistas em direção às "cidades mortas" mineiras, identificamos alguns indícios sobre o tipo de "turismo" existente na cidade nas primeiras décadas do século XX. Entre os viajantes estavam apenas comerciantes, e os integrantes da "caravana" foram frequentemente confundidos com compradores de antiguidades. Sobressaem nesse momento as constantes queixas pelas dificuldades encontradas devido à falta de uma infraestrutura turística da região, compensadas, no entanto, pela boa comida mineira.[34] A "caravana paulista" enfrentou grandes dificuldades de transporte, uma vez que a maior parte do percurso era realizada ora de automóvel ora em trens em péssimas estradas ou em ferrovias em "ritmo de maria-fumaça".[35]

A partir de 1938, além de salvar da destruição e restaurar grande parte do casario urbano da cidade, o Sphan procurou ainda criar condições para a divulgação do patrimônio histórico e artístico de Ouro Preto, incentivando dessa forma o crescimento do turismo na cidade. Como parte dessas medidas, podemos citar a criação do Museu da Inconfidência, em 1938,[36] tendo recebido, em 1942, os restos mortais dos inconfidentes, após estes terem sido repatriados segundo a iniciativa de Getúlio Vargas. Nesse momento, Rodrigo

[32] Ibid.: 11.

[33] Ibid.: 31.

[34] Ibid.:74.

[35] Nogueira, 2002: 45.

[36] Brasil, 1938.

Mello Franco de Andrade, então diretor do Sphan, apresentava Ouro Preto como uma cidade-museu que, como tal, deveria ser objeto de visitação.

> Se alguém lhe disser que Ouro Preto é uma cidade morta, não acredite. Ouro Preto é, isto sim, uma cidade-museu, mas uma cidade bem viva, tão viva que até o passado, noto aí, não quer morrer, nem mesmo envelhecer, fica vivaz e moço, séculos afora, desafiando os "irregulares ultrajes do tempo".[37]

Cabe destacar ainda o envolvimento de "intelectuais do Serviço", a partir de 1939, na construção de um hotel na cidade, capaz de incentivar o turismo na região em função da carência de leitos. Nesse ano, identificamos a existência de apenas dois hotéis e três pensões na cidade que, juntos, possuíam 82 quartos, informação obtida a partir dos dados da Arrecadação Municipal. Estes se localizavam próximos à linha de trem ou em áreas tradicionalmente comerciais, sendo utilizados principalmente para viagens de trabalho.[38] A construção do Grande Hotel não apresentou, no entanto, resultados imediatos em relação ao aumento no fluxo turístico.

Ao longo da década de 1940, já era possível detectar uma maior projeção nacional do município, enquanto possível destino turístico em conjunto com as demais "cidades do ouro" principalmente durante festas religiosas como a Semana Santa. Em um jornal de 1948, encontramos a seguinte citação: "É difícil conhecer um brasileiro que não deseje conhecer duas cidades no Brasil: Salvador, na Bahia, e Ouro Preto, em Minas Gerais".[39] Nesse mesmo período, a cidade começou a figurar nos jornais turísticos acompanhada do aposto "monumento nacional", demonstração de que a "cidade-monumento", exaltada por artistas e intelectuais desde princípios do século XX e transformada em monumento nacional no ano de 1933, poderia tornar-se um interessante produto para o turismo.

---

[37] Andrade, 1942.

[38] No Registro de Lançamentos e Impostos para indústrias e profissões entre os anos de 1931 e 1937, localizado no Arquivo público Municipal de Ouro Preto, observamos as contribuições do Hotel Miguel Anais, na Praça Brandão, do Hotel Floriano Binder, na Praça Rui Branco, do Hotel Toffolo, de Olívio Toffolo, na rua Tiradentes, da Pensão de Raymunda Arnad, no Pilar, do Hotel Miguel "Curcio" (sobrenome ilegível no original), na rua Tiradentes, da Pensão de d. Amélia Sousa Carvalho, da Pensão de Dolores Ramos, na rua Bobadela, do Hotel de Francisco Lagermani, na rua Diogo de Vasconcellos, entre outras contribuições esporádicas não especificadas.

[39] *A Tribuna*, 12 set. 1948, p. 2.

Figura 3: Grande Hotel de Ouro Preto, na rua das Flores. Fonte: Arquivo Central do Iphan/RJ. Inventário. Ouro Preto, MG: Grande Hotel.

A transformação do conjunto urbano preservado em atração turística era realizada não somente na cidade, mas também à distância, através da publicação de matérias sobre Ouro Preto em periódicos de grande circulação. Ao analisar em sua dissertação[40] a produção literária sobre Ouro Preto durante o século XX, Arley Andriolo identifica 23 obras publicadas entre as décadas de 1930 e 1950 capazes de criar ou reforçar imagens sobre os possíveis atrativos turísticos da cidade.

Buscando facilitar o acesso, grandes investimentos em rodovias ligando Belo Horizonte ao Rio de Janeiro e a São Paulo foram realizados durante a presidência do mineiro Juscelino Kubitscheck, entre os anos de 1956 e 1961. Nesse mesmo momento, foram organizadas as primeiras excursões para o "circuito cidades históricas", por agências de turismo sediadas nas grandes capitais, com visitas obrigatórias a Ouro Preto, principalmente por ocasião da Semana Santa ou mesmo durante a época de julho. Paralelamente, o gover-

[40] Andriolo, 1999.

no do estado de Minas Gerais destinou verbas para as obras de restauração e conservação dos centros de atração turística e das cidades coloniais.[41]

O desenvolvimento turístico era incentivado não somente pelas agências e empresas envolvidas com sua realização, mas também passou a ser apresentado como necessário à preservação do patrimônio cultural da cidade pelos principais intelectuais que atuavam no campo preservacionista. Analisando o crescimento turístico de Ouro Preto como um estudo de caso para um fenômeno que se desenvolvia em escala internacional nos sítios urbanos, podemos destacar a realização de estudos coordenados pela Unesco sobre as potencialidades econômicas da cidade, mais especificamente, as possibilidades de desenvolvimento do "turismo cultural" em seu território. O projeto de preservação e valorização de Ouro Preto (1970), de autoria do arquiteto português Alfredo Viana de Lima, fazia parte de um conjunto mais amplo de apoio ao desenvolvimento turístico nos sítios urbanos brasileiros por parte da Unesco.

Todas as sugestões e projetos demonstravam a intrínseca ligação entre os projetos preservacionistas e turísticos da época, em total acordo com a defesa da expansão do "turismo cultural", realizada pelas associações do setor turístico e instituições preservacionistas segundo orientações e normas para o aproveitamento do patrimônio cultural aprovadas em encontros internacionais, como a Conferência de Quito, em 1967, e os documentos elaborados pela Unesco sobre o assunto,[42] ou em encontros nacionais e regionais, como os Encontros de Governadores de 1970 e 1971 e o Encontro Regional do Circuito Histórico.[43]

Em fins da década de 1960 e princípios da década seguinte, o turismo na cidade atingia consideráveis cifras de crescimento, conforme demonstram as estatísticas do Museu da Inconfidência que, ao registrar o número de visitantes a essa instituição, desde 1945, nos fornecem o mais amplo panorama sobre o fluxo turístico em Ouro Preto.

A cidade de "aspecto pouco lisonjeiro" descrita por viajantes ao longo do século XIX, transformada em patrimônio nacional nas primeiras décadas do século XX, finalmente havia se consagrado como um destino turístico.

[41] Minas Gerais, 1952.

[42] Parent, 1968: 11.

[43] Ibid.

Referências

ANDRADE, Mário de. *Diário do turista aprendiz*. São Paulo: Duas cidades, 1976.

ANDRADE, Rodrigo Mello Franco de. *Rodrigo e seus tempos*. Rio de Janeiro: Ministério da Cultura/Fundação Nacional Pró-Memória, 1986.

______. *Rodrigo e o Sphan:* coletânea de textos sobre o patrimônio cultural. Rio de Janeiro: Ministério da Cultura/Fundação Nacional Pró-Memória, 1987.

ANDRIOLO, Arley. *Ouro Preto, 1897-1973*: a construção de uma cidade turística. São Paulo, 1999. Dissertação (Mestrado em Estruturas Ambientais Urbanas) — Faculdade de Arquitetura e Urbanismo, Universidade de São Paulo. São Paulo, 1999.

BRASIL. Presidência da República. Decreto-lei nº 965, de 20 de dezembro de 1938. Cria o Museu da Inconfidência, na cidade de Ouro Preto, e dá outras providências. Rio de Janeiro: Diário Oficial, 1938.

BURTON, Richard Francis. *Viagem do Rio de Janeiro a Morro Velho*. Belo Horizonte: Itatiaia; São Paulo: Edusp, 1976.

ARQUIVO GERAL DO IPHAN. Inventário do conjunto urbano de Ouro Preto, caixa 683, pasta 2.602, s.n.t.

______. Inventário do conjunto urbano de Ouro Preto, caixa 683, pasta 2.603, s.n.t.

CHUVA, Marcia Regina Romeiro. *Os arquitetos da memória*: sociogênese das práticas de preservação do patrimônio cultural no Brasil (anos 1930-1940). Rio de Janeiro: Editora UFRJ, 2009.

CUNHA, Alexandre Mendes. *Vila Rica e São João del Rey*: as voltas da cultura e os caminhos do urbano entre o século XVIII e XIX. Niterói, 2002. Dissertação (Mestrado em História) — Programa de Pós-graduação em História, Universidade Federal Fluminense. Niterói, 2002.

KESSEL, Carlos. *Entre o pastiche e a modernidade*: arquitetura neocolonial no Brasil. Rio de Janeiro, 2002. Tese (Doutorado em História Social) — Programa de Pós-graduação em História, Universidade Federal do Rio de Janeiro. Rio de Janeiro, 2002.

LESSA, Aracy; OLINTO, Antonio. *Ouro Preto do meu tempo*. Rio de Janeiro: J. Ozon Editor, 1967.

LUCCOCK, John. *Notas sobre o Rio de Janeiro e partes meridionais do Brasil*. São Paulo: Livraria Martins, 1942.

MAGALHÃES, Aline Montenegro. *Colecionando relíquias*. Um estudo sobre a Inspetoria de Monumentos Nacionais (1934-1937). Rio de Janeiro, 2004. Dissertação (Mestrado em História Social) — Programa de Pós-graduação em História Social, Universidade Federal do Rio de Janeiro. Rio de Janeiro, 2004.

MATTAR. Denise (org.). *No tempo dos modernistas*: d. Olívia Penteado, a senhora das artes. São Paulo: Fundação Armando Alves Penteado, 2002.

MINAS GERAIS. Governo do Estado. Assembleia Legislativa de Minas Gerais. Lei nº 922 de 24 de setembro de 1952. Autoriza o governo do estado a promover obras de restauração e conservação nas cidades coloniais e centros de atração turística. Belo Horizonte: Diário Oficial, 1952.

NOGUEIRA, Antonio Gilberto Ramos. *Por um inventário dos sentidos*: Mário de Andrade e a concepção de inventário. São Paulo, 2002. Tese (Doutorado em História) — Programa de Pós-graduação em História, Pontifícia Universidade Católica. São Paulo, 2002.

PARENT, Michel. Protection et mise en valeur du patrimoine culturel brésilien dans le cadre du développement touristique et économique. 1968. Arquivo Central do Iphan, Rio de Janeiro, sub-série Unesco (1966-1969), módulo 66, caixa 59, pasta.190.

POHL, J. Emanuel. *Viagem ao interior do Brasil.* Belo Horizonte: Itatiaia, 1976.

ROQUE, Rita de Cássia Menezes. *Os bandeirantes dos tempos modernos*: a Escola de Minas de Ouro Preto e o bloco no poder em Minas Gerais (1889-1945). Niterói, 1999. Dissertação (Mestrado em História Social) — Programa de Pós-graduação em História, Universidade Federal Fluminense. Niterói, 1999.

SAINT ADOLPHE, Milliet de. *Dicionário Geográfico histórico e descritivo do Império do Brasil*. Paris: Ailland, 1845. V.2.

SAINT-HILAIRE. *Viagem pelas províncias do Rio de Janeiro e Minas Gerais*. São Paulo: Companhia Editora Nacional, 1938. 2 v.

Artigos de periódicos

A TRIBUNA, 12 set. 1948, p. 2.

ANDRADE, Rodrigo Mello Franco de. Discurso no Mausoléu dos Inconfidentes. *Revista do Globo*, Porto Alegre, v. 14, n. 318, 21 abr. 1942.

ANUÁRIO de Minas Gerais, Belo horizonte, tomo 2, n. 6, 1918.

KESSEL, Carlos. O movimento neocolonial e a preservação do patrimônio. *Anais do Museu Histórico Nacional*, Rio de Janeiro, v. 33, p. 177, 2001.

LIMA, Alceu Amoroso. Pelo passado nacional. *Revista do Brasil*, n.11, p. 2, set. 1916.

MOTTA, Lia. O Sphan em Ouro Preto: uma história de conceitos e critérios. *Revista do Patrimônio Histórico e Artístico Nacional*, n. 22, 1987.

RECREADOR MINEIRO (pseud.) Monumento geográfico e histórico que a esta província tributa e consagra por grata memória o recreador mineiro. *Ostensor Brazileiro*, Rio de Janeiro, v. 1, n. 46, p. 361-365, 1845-1846.

VASCONCELOS, Salomão de. Ouro Preto, um dos maiores núcleos de povoação dos nossos irmãos de além-mar. *Revista do Instituto Histórico e Geográfico de Minas Gerais*, Belo Horizonte, n. 7, p. 253-262, 1960.

Histórias de um navio holandês (1939): antecipações do turismo em Pernambuco

Dirceu S. M. Marroquim

Falar sobre uma história do turismo no Recife é uma atividade desafiadora por dois motivos: O primeiro é o fato de que essa historiografia só agora começa a ser produzida, ou seja, as metodologias da escrita estão sendo paulatinamente edificadas, o que é uma tarefa que requer tato, experimentação; o segundo motivo consiste na necessidade de desfazer-se das concepções arraigadas pelas construções sobre a cidade, mais especificamente do argumento da "natureza turística" do Recife.[1] É um exercício de compreensão da lógica da construção tanto física quanto imagética de dada espacialidade em determinado momento.

Diferentemente de outras cidades do país, como Petrópolis, no Rio de Janeiro, e São Luís do Maranhão, onde já em fins do século XIX[2] se falava sobre a organização de viagens turísticas, a discussão sobre turismo no Re-

---

[1] Seja em sites que divulgam o Recife como destinação turística, seja em guias de diversos períodos, há uma permanência da naturalidade da cidade como lugar turístico. "Recife espera por você, linda e naturalmente atrativa", em www.brasilviagem.com/pontur/?CodAtr=3604. Acesso em: 19 mar. 2012. Ou mesmo em "A personalidade do Recife é forte, feérica, abrangente e cativante como seu sol [...] Plantada à beira do Atlântico, ela é como que formada por várias naves fervilhantes de vida ancoradas não apenas junto aos arrecifes de que tirou o nome, mas à brisa tropical, morna, acariciante e refrigeradora". Oliveira, 1989.

[2] Ver Daibert, 2010; Matos e Santos, 2004. Sobre história do turismo em Pernambuco, ver Marroquim, 2011.

cife só ganha relevo nos debates ocorridos na década de 1930 — o que não significa que não se viajasse a lazer em épocas anteriores. Alguns autores escreveram sobre tal prática na capital pernambucana.

Mário Sette, referindo-se ao século XIX, escreveu que "aqui no nosso Recife modesto, provinciano e atrasado de 1869 efetuaram-se excursões dessa natureza (...) foi essa 'Pernambucana' [Companhia Pernambucana de Navegação] que em 1869 promoveu viagens de turismo em nossas costas e nos cantos mais pitorescos do nosso país".[3]

O registro feito pelo escritor pernambucano é sem dúvida mais interessante pelo que deixa escapar do que pelos dados que apresenta em primeiro plano. Quando escreve que se fazia turismo no Recife oitocentista, ele está dotado de concepções acerca do que, no momento em que escreve, o termo significa. Isso não é gratuito.

Mário Sette vivenciou um período em que na cidade do Recife se pensavam e se discutiam as diretrizes de um plano de turismo para o estado. Entre outros fatores, a criação da Diretoria de Estatística, Propaganda e Turismo (Dept), em 1939, serviu como ponto de produção e publicação de textos sobre que espécie de atividade turística se queria difundir. A ideia do pitoresco como argumento para visitação não era estranha nem ao escritor, nem ao diretor da Dept, Souza Barros. As opiniões circulavam em um mesmo espaço e eram discutidas por pessoas que se frequentavam[4] e se apropriavam dessas ideias de maneiras diferentes.

Seria precipitado afirmar que as concepções de o que significava turismo para os integrantes da Diretoria estavam distantes das atribuições feitas por outros sujeitos sobre a mesma temática anos antes. A chegada de um representante da Wagon Lit's Co, em 1935, e o estabelecimento do escritório do Automóvel Club no mesmo ano faziam movimentar os debates públicos sobre a representação do termo para esses grupos. O historiador e jornalista Mário Melo, em sua coluna diária no jornal *Folha da Manhã*, escrevia periodicamente textos que davam voz aos que pretendiam fomentar a atividade turística dentro da cidade. Sobre esse momento, grifou o jornalista:

---

[3] Sette, 1954.

[4] Ver Sette, 1939.

> Ensina o matuto, na sua sabedoria, que o comer e o coçar está no começar. Princípio querer as coisas. Iniciado o turismo aqui, será uma espécie de moto-contínuo. Cada visitante se converterá em propaganda e não cessará em propaganda e não cessará mais o comércio de vindas e idas de pessoas que desejam conhecer o que Pernambuco tem para apresentar.[5]

Era preciso, para ele, promover o fenômeno turístico na cidade. Em 1938, o Touring Club do Brasil estabeleceu escritório no Recife, promovendo excursões pela cidade com seus visitantes — e seguiu assim por quase toda a década de 1940.[6]

Figura 1: Excursão do Touring Club visitando a praia de Boa Viagem, 1945. Fonte: Acervo do Museu da Cidade do Recife.

Mário Melo achava que era necessário acompanhar os visitantes para que "não vejam somente mocambos e mangues, e não tenham impressão

[5] *Jornal Pequeno*, 15 jan. 1935.

[6] *Jornal Pequeno*, 15 jan. 1938.

da parte infecta que nos envergonha".[7] Essa opinião não vinha desacompanhada de acontecimentos ocorridos dentro da própria cidade. A professora Maria das Graças Ataíde apontou precisamente casos desse tipo, afirmando que "tornou-se comum a prisão de turistas que ousavam fotografar 'lugares feios e sem higiene' [...] As máquinas fotográficas eram apreendidas e quebradas na frente do visitante".[8]

A proposta era, em resumo, estruturar o turismo na cidade, dar-lhe um caráter próprio, caro, *a priori*, às práticas do Estado. O mesmo jornalista, comentando sobre a situação da atividade turística antes da criação da Diretoria, transcreveu um diálogo bastante elucidativo:

> Família que viera à terra estava contando a má impressão da cidade: tomara um carro e pedira ao motorista que lhe mostrasse a igreja antiga de mais curiosidade. Rodara muitos minutos ganhara uma praia extensa e que parou o carro na frente da igrejinha. Externamente nada de importante. Muito ao contrário. Internamente ainda menos.
>
> — Que igreja é esta? Perguntou ao guia.
>
> — De Nossa Senhora de Boa Viagem.
>
> — É a mais importante de Pernambuco?
>
> — Sim. A mais antiga e uma das mais visitadas por passageiros.
>
> — Ora, (concluiu a transeunte) diziam-me que em Pernambuco havia bonitos templos. Pela pobreza do que vi e que é o melhor, imagino como são os outros.[9]

Quando os visitantes chegavam ao Recife pegavam um carro na Estação do Brum e viam a cidade apresentada pelos motoristas que guiavam os forasteiros.[10] No excerto acima, Mário Melo descreveu uma dessas situações. A Igreja de Boa Viagem não é nem de longe a Igreja mais antiga do estado. A preocupação do jornalista era que houvesse um esmero na transmissão e recepção dos turistas no Recife. Essa seria a missão da Dept.

[7] *Jornal Pequeno*, 3 fev. 1939.

[8] Almeida, 2001:134.

[9] *Jornal Pequeno*, 8 mar. 1939.

[10] Neste texto não serão discutidas as diferenciações das categorias de análise: turista, forasteiro e viajante.

Criada pela Prefeitura com o intuito de "divulgar, de maneira regular e oportuna, a vida e as coisas do Recife tanto aqui quanto lá fora",[11] a Dept pretendia fazer com que os visitantes conhecessem a cidade, suas feiras, suas peculiaridades e seus ares pitorescos.

Uma das primeiras tarefas realizadas foi um "censo dos hotéis, pensões, cômodos e leitos", para suprir a necessidade de alojamento durante o III Congresso Eucarístico que aconteceu em 1939.[12] Associadas a toda estruturação interna e às preocupações com a organização do congresso, outras atividades foram desenvolvidas, entre elas, a recepção dos turistas que vinham geralmente em comitivas através de cruzeiros. Muitos viajantes eram recebidos com honrarias oficiais e, em alguns casos, o prefeito e a sua comitiva dariam, pessoalmente, as boas-vindas aos que aportavam.[13]

Figura 2: Excursão do Touring Club ao Recife. Visita ao Convento de São Francisco. Na imagem é possível visualizar o então prefeito da cidade, Antônio Novaes Filho, sexto homem da esquerda para a direita. Fonte: Acervo do Museu da Cidade do Recife.

---

[11] *Folha da Manhã* (vespertino), 13 mar. 1939.

[12] *Diário de Pernambuco*, 15 maio 1939.

[13] *Jornal do Commercio*, 23 jul. 1939.

O Rotterdam chegou

Na manhã do dia 24 de julho de 1939, desembarcava na cidade do Recife o navio holandês *Rotterdam*. Construído em 1908 nos estaleiros de Horland &Walff Ltd., de Belfast, foi um dos maiores navios que aportaram na cidade até então. Com 198 metros de comprimento, 24 metros de largura e 13 de pontal, estava a serviço das organizações turísticas Wagon Lits, Cook, com sede em Nova York, e havia preparado uma longa viagem por toda a América do Sul, passando por diversos países.[14] No Brasil, o Recife fora uma das cidades previstas para uma visita de quatro horas de duração.

Tudo havia sido preparado. O prefeito Novaes Filho, juntamente com Souza Barros, diretor da Dept, receberia pessoalmente os viajantes:

> [...] organizando um prospecto ilustrado, em língua inglesa, prestando, dentro do itinerário marcado para o passeio dos turistas, informações exatas de todos os pontos interessantes históricos e artísticos: chamando a atenção para a "cor local" da cidade no que se refere a hábitos, aspectos típicos, paisagens etc.; e mostrando o nosso desenvolvimento comercial e populacional [...]. Assim, na medida do possível, vamos cumprindo a nossa tarefa de dotar o Recife de um serviço de turismo e propaganda, tal como possuem as grandes cidades.[15]

Cento e cinquenta automóveis foram reservados para receber os 790 turistas. Os carros estariam esperando por eles na saída do porto para guiá-los pelos caminhos da capital pernambucana, arrabaldes e a cidade de Olinda. Ao desembarcarem, dois imensos painéis seriam expostos, obras dos pintores Manoel Bandeira e Luiz Jardim, que retratavam o velho so-

[14] A Compagnie Internationale des Wagons-Lits foi fundada em 1872 por Georges Nagelmackers na Bélgica e logo se estabeleceu como uma importante empresa nesse então nascente setor. Em 1927 a empresa foi vendida para Thomas Cook, um dos pioneiros na execução de grandes viagens, do turismo de massa, por assim dizer. Posteriormente passou a integrar uma multinacional francesa que se associou com a Carlson Company e com a One Equity Partness. (ver http://www.carlsonwagonlit.com/en/).

[15] *Jornal do Commercio*, 8 jul. 1939.

brado mourisco da Praça da Igreja de São Pedro de Olinda e um aspecto do Bairro do Recife.[16]

Figura 3: Visita dos turistas do navio norte-americano *Stella Polaris*, 1944. Fonte: Acervo do Museu da Cidade do Recife.

A entidade responsável por financiar a viagem foi a World Federation of Educational Association (WFEA), que possuía sede em Nova York:

> [...] realiza o cruzeiro no interesse do melhor entrelaçamento e identificação entre os professores das três Américas. No intuito de um exato conhecimento dos seus métodos, sistemas e condições pedagógicas. Um cruzeiro de turismo e Boa vontade dentro do Espírito Pan Americano [...]. De dois em dois anos a Federação realiza um congresso, o qual se tem reunido em Edinburgh (1925), Toronto (1927), Genova (1929), Denver (1931), Dublin (1933) e em Tóquio

[16] Em 1939, a Diretoria ainda não estava com suas funções a pleno vapor, não havia estruturado o acervo fotográfico, nem contratado os fotógrafos, o que veio a acontecer posteriormente. Ruim para o pesquisador que ficou sem imagens bem-feitas da visita do *Rotterdam,* mas interessante porque os navios seguintes foram todos registrados pelas lentes a serviço da Dept.

(1937). Em 1939 o presente cruzeiro de turismo substituiu o atual congresso de educação.[17]

O cruzeiro já vinha de um longo percurso antes de chegar ao porto da cidade do Recife. Partiu de Nova York com escalas em Havana, Kingston e La Guaira. Seguiria direto para Buenos Aires. Ao voltar, passaria também em Santos, Salvador e Rio de Janeiro, de onde retornaria ao porto de partida. Em alguns desses locais seriam realizadas conferências; no Brasil, a capital federal foi o local escolhido para tal.

O interventor federal de Pernambuco provavelmente estava informado sobre a existência da Associação desde períodos anteriores.[18] No acervo de Gustavo Capanema, que se encontra no CPDOC da Fundação Getúlio Vargas, encontram-se alguns folhetos (1936, 1937, 1938) publicados anualmente pela Associação, que tinham como objetivo

> Reunir e colocar a disposição dos educadores de todas as partes as informações referentes aos movimentos educacionais, realizações e eventos; facilitar, por meio de conferências, correspondência e contatos pessoais, a cooperação e colaboração das representações e organizações oficiais de todos os países (tradução livre).[19]

Como foi dito anteriormente, cada visitante recebeu um pequeno guia ilustrado com informações gerais em inglês e português falando sobre os principais pontos da cidade. Esse prospecto seria um dos meios de informação entre os turistas e a Diretoria, uma vez que, durante a visita, não

[17] *Jornal do Commercio*, 23 jul. 1939.

[18] As interventorias, segundo Silvana Goulart (1990:29), eram "elementos-chave na relação entre o governo central e as unidades da federação [...] constituíam esfera estratégica do Estado Novo, interligando as novas oligarquias estaduais, os ministérios e a presidência da República". Pernambuco, segundo Dulce Pandolfi (1984), seria a interventoria modelo para todo o Brasil, Agamenon Magalhães, o interventor, assumiu o cargo em dezembro de 1937 e ficou no poder até o fim do Regime. Sobre Agamenon Magalhães, ver Pereira, 1975; Filho, 1976.

[19] Smith, 1944, p. 107. "To pool and make available to the educators of all lands information covering education movements, achievements, and events. To facilitate through conference, correspondence, and personal contacts the cooperation and collaboration of the official representations and organizations of all countries."

haveria um representante da Dept em cada automóvel.[20] No discurso de inauguração da Dept, Souza Barros afirmara que

> [...] o turismo, como quer Deffontaines,[21] não é, apenas, a observação do extraordinário: "Não se vê senão o anormal, o excepcional, as monstruosidades; é um dos grandes prejuízos à base do nosso sistema de observação; os livro-guias nos convidam somente a notar os rochedos fantásticos, os monumentos extraordinários, as cascatas que se desprendem de maior altura e se dão com todo cuidado os algarismos-records. Cria-se, assim, uma mentalidade-guia que associa estranhamente o belo ao raro.[22]

A criação de uma "mentalidade-guia" através dos livros de visitação modifica a relação do turista com o espaço que poderia ter sido experimentado. A preocupação sentida por Souza Barros não estava muito distante de formulações bem posteriores em locais completamente distintos. Alguns autores contemporâneos, como John Urry, falando a respeito das ideias de Daniel Boorstin, perceberam que, "isolado de um ambiente acolhedor e das pessoas locais, o turismo de massa promove viagens em grupos guiados e seus participantes encontram prazer em atrações inventadas com pouca autenticidade, gozam com credulidade de 'pseudo-acontecimentos'".[23] Isto é o que Boorstin chama de "bolha ambiental", algo que impede os viajantes de exercitarem a experiência turística em outra esfera. A preocupação que norteou as diretrizes para o turismo no Recife no início dos anos 1940 possui como cerne um argumento semelhante.

O tempo de visitação de aproximadamente quatro horas de duração (em terra firme) dificultaria a implantação de um projeto turístico que vivenciasse a localidade de forma mais diversificada. Nesse sentido, Souza Barros enfatizaria o problema de que

---

[20] O referido guia não foi encontrado nos acervos disponíveis.

[21] Deffontaines foi um geógrafo francês que esteve no Brasil durante a década de 1930 e fundou o curso de Geografia da USP. Exerceu forte influência sobre os intelectuais da época. Ver Bray, 1993.

[22] *Folha da Manhã*, vespertino, 11 maio 1939.

[23] Urry, 2001.

> [...] dificuldade maior desses cruzeiros é que a sua demora é sempre insignificante. As grandes companhias não têm nenhum interesse em retardar os seus navios em portos como o do Recife, que não são fim de escala e com os quais, às vezes, não se fazem outras transações comerciais. [...] O próprio *Rotterdam*, em cruzeiro Turístico, somente esteve no porto por um espaço de seis horas, não podendo haver grandes vantagens para o turismo na cidade e no estado, se esses navios continuam a ter no nosso porto uma pequena demora. Os turistas limitam-se a receber favores oficiais, mas não se integram na vida da cidade, não fazem despesas, não vão a pontos de interesse no interior, não ocupam hotéis etc.[24]

Sendo o turismo a priori considerado um comércio, a preocupação manifestada pelo diretor da Dept era compreensível. Era preciso que o Recife criasse elementos para que não fosse apenas um porto de passagem, mas sim de estadia dos navios e permanência dos visitantes. Algumas estratégias foram assumidas para que isso se tornasse possível. Diversas propagandas da cidade começaram a aparecer em jornais e em rádio. Por exemplo, no jornal carioca *Diário da Noite*, do mês de outubro de 1940, foi publicada a reportagem: "Recife, ponto de distribuição de turismo para todo o Nordeste".[25]

Se, de um lado, verificava-se o esforço do estado para o desenvolvimento do turismo, de outro parecia não haver interesse de investidores particulares em desenvolver o setor em Pernambuco. Em publicação oficial, o *Boletim do Porto e da Cidade do Recife*[26] afirmou que o estado não deveria intervir na prática turística enquanto negócio, e sim criar alicerces para que as empresas competentes assumissem as rédeas nesse quesito.

---

[24] Souza, 1942:54.

[25] O *Diário da Noite* pertencia ao grupo Diários Associados, do empresário Assis Chateaubriand, e foi fundado em 1929. Em 1931, o *Diário de Pernambuco* foi adquirido pelos Diários Associados e tinha uma postura situacionista. Ver http://www.diariosassociados.com.br/linhadotempo/decada30.html.

[26] *Boletim do Porto e da Cidade do Recife* era publicado pela Dept mensalmente com artigos versando sobre o cotidiano da cidade e história, bem como apresentando provocações referentes às temáticas que se propunham discutir. Essa documentação se encontra no Setor de Obras Raras da Fundação Joaquim Nabuco. A informação citada também pode ser encontrada no Relatório anual da Diretoria.

O que cabia ao governo era desenvolver a indústria hoteleira, criar e conservar estradas.

O grande alvo da Diretoria era, na verdade, o turismo interno, já que o viés internacional seria um investimento a longo prazo, e, com a iminência da guerra, a tarefa ficava cada vez mais distante. No entanto, era necessário que houvesse a criação de agências de viagens para que a prática turística se profissionalizasse. Em artigo publicado, o diretor da Dept afirmou:

> Realmente, é de grande utilidade a criação, nesta capital, de agências de turismo, que tomam a seu cargo a venda do turismo, no sentido que se dá hoje a essas operações e que se destinem não só a receber os turistas que passam em cruzeiros internacionais, como a promover o turismo interno.[27]

A Diretoria concederia algumas facilidades no que toca ao estabelecimento de empresas que tivessem como meta investir no turismo de Pernambuco: dispensa de impostos por um prazo de 15 anos; vantagens especiais para a construção de pavilhões de fins de semana, inclusive desapropriação, nos pontos convenientes; concessões vantajosas à organização de hotéis confortáveis em cidades interioranas, como Garanhuns e Caruaru, além de balneários em Itamaracá e Gaibu; entendimento entre governo e companhia proponente, para uma imediata publicação de roteiros, guias, cartazes etc. que visassem, de preferência, às fontes de turismo exploradas por ela.

Portanto, no Recife, a prática turística deveria ser realizada em uma parceria do Estado com a iniciativa privada. Algumas empresas chegaram a montar agências, como a Savi (S.A. Viagens Internacionais), bem como outros agentes já atuantes: Carlos Ribeiro de Sales, da firma John A. Thom, e Rumbo M. Naughton, da Wagon Lits-Cooks. Porém, com a II Guerra Mundial, o fluxo de visitantes na cidade diminuiu significativamente. Para se ter uma ideia, no ano de 1942, a quantidade de pessoas que chegou ao porto foi de 12.350 passageiros. No ano seguinte, com a entrada do Brasil no conflito, a quantidade de pessoas que chegou ao

[27] Souza Barros, 1942:74.

Recife foi de 1.976.[28] Os esforços da Diretoria ficaram concentrados na recepção de oficiais norte-americanos, que passavam brevemente no Recife a caminho de Natal.[29]

No ano seguinte, 1944, a Dept teve suas atividades encerradas, quando passou a se chamar Diretoria de Documentação e Cultura — DDC.

Considerações Finais

As reflexões sobre o turismo deixadas pela Diretoria de Estatística, Propaganda e Turismo não foram apagadas. A Dept formou quadros que atuaram dentro da cidade de maneira muito intensa durante algumas décadas. Em novembro de 1951, foi realizada no Recife a quarta edição do Encontro Nacional de Turismo no Brasil. A capital pernambucana já contava com uma comissão de turismo que pretendia planejar a atividade dentro da cidade.[30] No entanto, o responsável por organizar o evento foi o sr. José Césio Regueira Costa, antigo responsável pela seção de turismo da Diretoria de Estatística.

As construções sobre a cidade, os caminhos percorridos e as potencialidades turísticas do estado foram narrados por Césio aos visitantes, que tiveram acesso a uma concepção de turismo que não necessariamente a da Comissão, e sim a de anos anteriores. No acervo do Museu da Cidade do Recife, ficaram registradas não apenas o Congresso de Turismo, mas também diversas excursões realizadas ao longo das décadas de 1940 e 1950.

Em resumo, durante o período de sua existência, a Dept fomentou uma forma de ver e apresentar a cidade para outros sujeitos. Muitos "recifes" foram construídos a partir das percepções indicadas pela instituição aos viajantes que chegaram à cidade. São tantas histórias, tantos sujeitos e tantos documentos que é preciso instigar a reflexão sobre o turismo em Pernambuco e fomentar nos pesquisadores a vontade de compreender como se constitui um cenário tão complexo, que é o das organizações turísticas dentro do estado.

---

[28] *Boletim do Porto e da Cidade do Recife*, 1943.

[29] Fonseca, 2009.

[30] *Jornal do Commercio*, 10 nov. 1951.

Referências

ALMEIDA, Maria das Graças Andrade Ataíde de. *A construção da verdade autoritária*. São Paulo: Humanitas/FFLCH/USP, 2001.

DAIBERT, André Barcelos Damasceno. *História do Turismo em Petrópolis entre* 1900 e 1930. 2010. Dissertação (Mestrado em Bens Culturais e Projetos Sociais) — Fundação Getúlio Vargas, CPDOC, Rio de Janeiro, 2010.

FILHO, Andrade de Lima. *China Gordo*: Agamenon Magalhães e sua época. Recife: Universitária, 1976.

FONSECA, Edson Nery da. *Vão-se os dias e eu fico*. São Paulo: Ateliê Editorial, 2009.

GOULART, Silvana. *Sob a verdade oficial*: ideologia, propaganda e censura no Estado Novo. São Paulo: Marco Zero/CNPQ, 1990.

MARROQUIM, Dirceu S. M. *Antecipações do turismo em Pernambuco*: de meados do século XIX à década de 1930. 2011. Monografia (Graduação em História) — Universidade Federal Rural de Pernambuco, Recife, 2011.

OLIVEIRA, José Gonçalves de. Recife. In: PREFEITURA DA CIDADE DO RECIFE. *Guia do Recife*. Recife: Prefeitura da Cidade do Recife, 1989.

PANDOLFI, Dulce. *Pernambuco de Agamenon Magalhães*: consolidação e crise política. Recife: Fundação Joaquim Nabuco/Massangana, 1984.

PEREIRA, Nilo. *Agamenon Magalhães, uma evocação pessoal*. Recife: Governo do Estado de Pernambuco, 1975.

SMITH, Henry L. The Wolrd Federation Association. *Annals of the American Academy of Political and Social Science*, v. 235, p. 107, Set. 1944.

URRY, John. *O olhar do turista*: lazer e viagem nas sociedades contemporâneas. São Paulo: Senac, 2001

Artigos de periódicos

BARROS, Manuel de Souza. Turismo é comércio. *Boletim do Porto e da Cidade do Recife*. Recife, Dept, 1942.

Diário de Pernambuco, 15 maio 1939.

Folha da Manhã (vespertino), 13 mar. 1939.

Folha da Manhã (vespertino), 11 maio 1939.

Jornal do Commercio, 23 jul. 1939.

Jornal do Commercio, 10 nov. 1951.

Jornal do Commercio, 8 jul. 1939

Jornal Pequeno, 15 jan. 1935.

Jornal Pequeno, 15 jan. 1938.

Jornal Pequeno, 3 fev. 1939.

Jornal Pequeno, 8 mar. 1939.

MATOS, Ana Cardoso; SANTOS, Maria Luisa F. N. dos. Os guias de turismo e a emergência do turismo contemporâneo em Portugal (dos finais do século XIX às primeiras décadas do século XX. *Revista Scripta Nuova — Revista Electrónica de Geografía y Ciencias Sociales*, Universidad de Barcelona, v. 8, n. 167, 2004.

SETTE, Mário. *Turismo de outrora*. *Vitrina*, n. 45, p. 24, 28 jan. 1954.

______. Visita a Dept. *Folha da Manhã*, 4 ago. 1939.

O turismo brasileiro nas páginas dos jornais paulistanos *Folha da Manhã* e *Folha da Noite* (1930-1945)

Valeria Lima Guimarães

> Aí está matéria para estudo dos nossos homens de governo, que podem transformar S. Paulo num concorrido centro de turismo, o mais importante da América do Sul.
> *Folha da Manhã*, 23 jun. 1936, p. 6

O interesse dos historiadores pelo turismo, até bem pouco tempo inexpressivo, vem ganhando fôlego nos últimos anos no cenário mundial graças à grande visibilidade que o fenômeno turístico conquistou nas duas últimas décadas. Neste trabalho, procuro contribuir para o desenvolvimento desse novo campo de estudos para o historiador, assim como chamar a atenção dos turismólogos para a História como mais uma disciplina relevante para os estudos que dão suporte à pesquisa acadêmica em turismo.

Serão analisadas aqui as representações sociais acerca do fenômeno turístico nas páginas de dois jornais paulistanos, um vespertino e um matutino, que circularam a partir de 1921 e 1925, respectivamente, num período em que o turismo ainda dava os primeiros passos para a sua organização no país. A *Folha da Noite* e a *Folha da Manhã* serão chamadas, em muitos momentos, de "as Folhas", considerando que se trata de dois produtos distintos, apesar de pertencerem ao mesmo grupo (a Empresa

Folha da Manhã), possuírem a mesma linha editorial, o mesmo discurso e, em muitos casos, reproduzirem integralmente as matérias de um no outro jornal.

O desenvolvimento das modernas tecnologias da informação e comunicação (TICs) vem proporcionando ao historiador novos recursos para a pesquisa, e complexificando sua análise, tendo em vista o acesso a um volume muito mais amplo e diversificado de informações. Em 2011, por ocasião das comemorações dos 90 anos do jornal *Folha de S. Paulo*, foi disponibilizado aos pesquisadores um arquivo digital de todas as edições das Folhas que, desde a década de 1960, passaram a circular uma única vez por dia e foram rebatizadas de *Folha de S. Paulo*.[1]

O minucioso trabalho de consulta a essas fontes jornalísticas exigiu um grande fôlego para dar conta de um volume bastante significativo de informações. O procedimento metodológico adotado partiu da consulta virtual às Folhas, tratadas aqui como fonte e objeto de pesquisa, com a utilização da palavra "turismo" no mecanismo de busca. Imediatamente foram apresentados mais de 127 mil registros da expressão, publicados entre os anos de 1921 e 2011, data da consulta. Na página digitalizada, a palavra pesquisada surge destacada em vermelho, atraindo o olhar diretamente para a matéria correspondente e quase chamando a atenção exclusivamente para si. Não fosse a curiosidade comum aos historiadores e às questões de método referentes à crítica interna do documento, escapariam ao olhar outras matérias de grande relevância para esta pesquisa que também continham ou não a palavra "turismo", mas que não foram identificadas com o uso da ferramenta.

As Folhas possuíam uma coluna chamada "Jornais do Rio", onde divulgavam um resumo das principais matérias publicadas nos periódicos da capital. Assim, tomando nota das referências apontadas nas Folhas, foi possível recorrer às publicações originais em microfilme na Biblioteca Nacional e verificar quais as ênfases e os silêncios dados por esses dois jornais às matérias dos periódicos da capital no tocante ao turismo e, assim, estabelecer parâmetros de comparação entre eles.

[1] Na década de 1940, a Empresa Folha da Manhã criou ainda a *Folha da Tarde*, que também fez parte da fusão que resultou na *Folha de S. Paulo*.

A própria apresentação dos resultados da busca virtual nos arquivos das Folhas, disposta por décadas, é um indício revelador do progressivo desenvolvimento do turismo brasileiro, sem que, contudo, essa ideia seja absolutista, pois, durante a leitura das matérias, outras não apontadas pelo mecanismo de busca também foram encontradas, como citado. Mesmo sendo possível admitir esses lapsos no funcionamento da ferramenta (o que não inviabiliza as análises qualitativas nem as quantitativas), o uso de acervos digitalizados se revela um instrumento extremamente útil para o pesquisador, permitindo o acesso a um volume e a uma qualidade de informações que não seria possível consultar manualmente no meio físico dentro das balizas temporais de uma pesquisa de doutoramento, como é o caso.

O turismo como marco civilizatório moderno: primeiras palavras das Folhas

Entre 1921, ano em que a *Folha da Noite* começou a circular, e 1924, foram encontradas somente dez ocorrências para o termo "turismo", que ainda não era de uso corrente na língua portuguesa, sendo mais comuns as expressões "viagem de recreio" e "excursionismo". Entre 1924 e 1934 foram detectadas 1.441 ocorrências, boa parte delas referindo-se a anúncios e matérias sobre automóveis modelo "turismo", uma das maravilhas da modernidade e objeto de desejo dos leitores do jornal.

No início de 1933 chegava ao mercado brasileiro o Chevrolet Pavão 6, "o automóvel mais lindo destes tempos", como frisava o anúncio do fabricante nas Folhas. Fora dada ênfase à beleza do carro três vezes no reclame. Os adjetivos utilizados na descrição do seu design e a sua modernidade, que seria atestada pela transferência de tecnologia e estética da aviação, também procuravam estimular nos leitores a admiração e o desejo pelo carro:

> Aqui está o modelo turismo do novo Chevrolet. O mais lindo automóvel destes tempos! Repare na graciosa continuidade de suas linhas! O famoso desenho "air-stream", estudado pelos técnicos de aviação, é esse que V.S. vê aplicado aos novos Chevrolet de 1933. O novo turismo Chevrolet é muito mais lindo

que os anteriores turismos Chevrolet e os de marcas mais custosas. É também mais eficiente, possante e econômico.[2]

O modelo turismo era recomendado para passeios, logo, para a exibição pública, conferindo admiração e distinção social aos seus donos. O próprio nome "Pavão" já era bastante sugestivo. Depois do grande destaque à beleza do carro, o anúncio lembrava as qualidades técnicas, o desempenho do motor e o preço acessível aos bolsos da nova classe média que começava a se constituir e a cultivar novos hábitos, como o passeio de automóvel.

Esse tipo de automóvel era também utilizado em competições esportivas. As corridas nos carros modelo turismo, de teto rígido, compunham uma categoria própria, denominada "turismo", existente nas provas de automobilismo e também de aviação (os *reids* ou *raids* de turismo), em que participavam a fina flor da sociedade brasileira e também competidores estrangeiros, a maior parte deles argentina. O jornalista Roberto Marinho, já àquela altura presidente das Organizações Globo, era um desses distintos esportistas. Numa corrida no Rio de Janeiro, em evento integrante da "Quinzena do Automobilismo", promovido pelo Automóvel Club do Brasil, alcançou o recorde de velocidade na prova de "quilômetro lançado", atingindo 144 km/h em 23 segundos, como noticiado na capa da *Folha da Noite* de 25 de setembro de 1933 e na edição da *Folha da Manhã* do dia seguinte.

A partir de meados da década de 1920, São Paulo — como também o Rio de Janeiro — convertia-se numa "arena experimental de homens e máquinas".[3] A excitação das mentes e dos corpos com as práticas esportivas combinadas às frenéticas máquinas de velocidade da modernidade conferia a sensação de força, vitalidade, progresso e civilização. E era por esse caminho, assim como pela via dos anúncios dos fabricantes de automóveis, que o turismo adentrava as páginas das Folhas. Ocupava a seção esportiva, ao lado do turfe, do futebol, do remo, da natação, do excursionismo (que tinha um sentido mais próximo do que entendemos como turismo hoje) e do escotismo. Pelos dois jornais, a sociedade paulistana ficava sabendo das viagens realizadas pelos participantes dos *raids* automobilísticos em

---

[2] *Folha da Manhã*, 31 mar. 1933: 5.

[3] Sevcenko, 1992: n.p.

todas as categorias, inclusive na de turismo, que muitas vezes exigia do competidor mais resistência às dificuldades enfrentadas em percursos mais longos, alguns dos quais levavam vários dias para serem completados. Os participantes emprestavam seu prestígio social a essas competições e às excursões (ou travessias) automobilísticas que organizavam para "desbravar" o interior paulista, seguindo o espírito "bandeirante", ao mesmo tempo que por meio delas conquistavam admiração pública e status ainda maiores. Ao final dessas competições, que tiveram o Automóvel Club e também o Touring Club (duas das sociedades pioneiras no fomento do turismo nacional) como principais incentivadores, os pilotos eram diplomados e seus nomes, publicados em matérias de destaque nas Folhas.

Esses *raids*, sem dúvida, influenciaram na popularização do uso do automóvel não apenas como meio de transporte, mas também como uma prática esportiva institucionalizada e como forma de lazer. Os passeios de automóvel tinham uma inegável força simbólica, representando a um só tempo novos hábitos citadinos, a sensação de acesso a uma modernidade conferida às máquinas, a conquista de territórios não alcançados, não urbanizados, o "desbravamento", a "aventura", um caráter civilizador e, sobretudo, o status.

Na década de 1930 as duas Folhas já eram consideradas jornais de grande circulação, com tiragem de 80 mil exemplares.[4] Nesse momento, embora turismo e automobilismo continuassem estreitamente ligados, a palavra "turismo" vai ganhando novos sentidos, sendo cada vez mais difundida pelos dois jornais e utilizada para caracterizar as até então chamadas "viagens de recreio", sem que esta última expressão tivesse desaparecido por completo.

Um grande e lucrativo negócio

Além da seção esportiva e por vezes da capa — como no caso da matéria em que é noticiado o recorde nacional de Roberto Marinho na categoria turismo —, havia uma seção diária que fazia a divulgação dos roteiros

[4] Os números, referentes ao ano de 1931, estão disponíveis no site do jornal na internet. Ver: História da Folha, s.n.t.

e meios de transporte utilizados por ilustres viajantes que chegavam ou partiam das cidades de São Paulo ou de Santos. Esse não era um atributo exclusivo das Folhas. O *Jornal do Brasil* trazia também uma seção dando notabilidade a essa distinta categoria de viajantes por prazer, enaltecendo as características dos modernos navios ou aviões que os transportavam, ressaltando o luxo e o conforto, como símbolos de status.

Antecedendo as práticas contemporâneas da *press trip* (as viagens oferecidas à imprensa para conhecer — e, logicamente, divulgar — determinado destino ou atração turística), os jornalistas de São Paulo e de Santos foram convidados para uma viagem ao Rio de Janeiro a fim de conhecer aquele que foi então considerado o maior transatlântico já aportado no país, de propriedade da companhia italiana Italmar, de quem partira a iniciativa. A notícia do convite e da presença dos jornalistas de São Paulo no *Rex* rendeu mais do que a própria atração, que, segundo o jornal, arrastou uma multidão ao porto para vê-lo de perto.

Nas edições de 11 e 12 de fevereiro de 1938, os jornalistas a bordo do *Rex* foram destaque:

> Chegou ontem ao Rio o gigantesco transatlântico italiano, que pela primeira vez vem à América do Sul, trouxe cerca de 800 turistas procedentes de Nova York — especialmente convidada foi àquela capital uma caravana de jornalistas para visitar a luxuosa unidade mercante (chamada da edição da *Folha da Manhã* de 11 de fevereiro de 1938, à página 2).

Já no dia seguinte, foi publicada uma grande foto dos jornalistas, perfilados à frente do *Rex*, acompanhada de uma longa matéria com um título muito semelhante, mas conferindo maior destaque à presença da imprensa paulista: "Uma festa de cordialidade ítalo-brasileira — Jornalistas de São Paulo visitaram no Rio o gigantesco transatlântico italiano *Rex*, que pela primeira vez aporta no Brasil — Almoço à imprensa oferecido a bordo — Regresso dos visitantes [a imprensa paulista] no [vapor] *Augustus*".[5] A matéria detalhava a programação cumprida pelos jornalistas paulistas, que incluiu uma recepção solene oferecida pelo presidente da Associação Bra-

[5] *Folha da Manhã*, 12 fev. 1938: 7.

sileira de Imprensa, Herbert Moses, um almoço corporativo e um passeio de automóvel pelas ruas do Centro.

No período de carnaval, que pelo menos desde meados da década de 1920 atraía turistas estrangeiros ao Rio de Janeiro, sobretudo norte-americanos, aumentava a excitação das Folhas em relação à presença dos forasteiros vindos em seus modernos e luxuosos transatlânticos.

Em 1932, sob a influência decisiva do Touring Club, o carnaval carioca foi oficializado pela Prefeitura. As Folhas deram considerável cobertura ao fato e se posicionaram em comum acordo com o pensamento do então prefeito do Rio de Janeiro, Pedro Ernesto, acerca da importância estratégica do carnaval para o fomento do turismo:

> Considero o carnaval como prefeito de uma grande cidade, que tem nele um atrativo de primeira ordem, uma festa de sabor particular. Ele é, pois, um excelente instrumento de turismo, e turismo não pode deixar de fazer parte de um programa do prefeito carioca, desde que o Rio, pelas suas condições naturais, é uma das cidades que mais turistas pode atrair no mundo inteiro.[6]

Para a *Folha da Manhã*, o carnaval oficializado do Rio de Janeiro "fez voltar à metrópole brasileira todo o fulgor dos tempos áureos". Muito provavelmente a volta do tal fulgor dos tais tempos áureos, como imaginou o jornalista na matéria de capa do matutino, está diretamente relacionada à criação, naquele ano, do Baile de Gala do Teatro Municipal, considerado no texto, depois da oficialização da festa, a principal novidade do carnaval. Esse "baile de luxo e [...] das comidas", como se referiu, enfatizando o glamour e a fartura do buffet, foi promovido pela Prefeitura para 3.500 convidados.

Sempre que um grande transatlântico chegava ao Rio — nem todos aportavam, devido ao baixo calado do porto carioca (só adaptado a esses gigantes do oceano muito recentemente) —, era assunto para vários dias nas Folhas. Do *Normandie* ao *Queen Mary*, passando pelo *Rex*, há pouco citado, impressionavam os jornalistas das Folhas a monumentalidade das embarcações, a sua modernidade, o luxo, a quantidade de turistas — nunca especificada com exatidão e sempre estimada em "centenas" ou "muitos"

[6] O Carnaval..., 1932.

— e, sobretudo, a sua posição social. Também não escondiam o deslumbramento, assim como a população que os saudava no porto, pelo fato de pessoas tão distintas escolherem o nosso país como destino turístico.

As colunas sociais das Folhas também estavam atentas à divulgação dos nomes dos hóspedes mais ilustres, ou abastados, dos requintados hotéis localizados naqueles que eram os "destinos" turísticos paulistas mais apreciados à época, como, por exemplo, Águas de Lindoia. Na coluna intitulada "Hóspedes e Viajantes", era comum encontrar uma listagem de visitantes acomodados no "magnífico" Hotel Boucault, motivados pela prática do termalismo no balneário, àquela altura já prestigiado no exterior graças às pesquisas científicas que atribuíam às suas águas poder curativo.[7] Os nomes selecionados para publicação nas Folhas eram antecedidos pelos respectivos tratamentos de distinção, sendo o mais comum "doutor", destacados dos demais hóspedes ainda pela expressão "entre outras pessoas".

Na década de 1930, à medida que as práticas turísticas vão cada vez mais se intensificando juntamente com os novos valores sociais (entre eles as mudanças estéticas, a urbanização, a aceleração do tempo, a valorização do tempo livre e do lazer público), as Folhas passam a dedicar ao turismo novos espaços. O assunto foi pauta de longos editoriais, na maior parte das vezes com lamentações sobre a falta de organização do turismo no Brasil. Começou a figurar com maior frequência nas capas e manchetes principais, sendo uma das mais expressivas a matéria de capa de 3 de novembro de 1933: "As vantagens da intensificação do turismo no Brasil — o vice-presidente do Touring Club do Brasil, sr. Pires Rebello, fala à *Folha da Noite* sobre o que já se tem feito no Brasil em matéria de turismo". O destaque ao turismo na capa da *Folha da Noite* fora dado pouco mais de um mês depois de outra importante capa, motivada pela visita do presidente portenho Augustín Justo ao Brasil: "Está sendo negociado pelo Itamaraty um convênio de turismo entre o Brasil e a Argentina", escreveu em letras garrafais a *Folha da Manhã* de 23 de setembro de 1933.

A percepção do crescente prestígio que o turismo vai conquistando entre os segmentos mais abastados da sociedade brasileira e da nova bur-

[7] Para mais informações sobre a história dos usos turísticos de Águas de Lindoia, ver http://www.aguasdelindoia.com/lindoia_historia.html.

guesia nascente, os interesses de uma "indústria" que vai se constituindo, criando facilidades para esse novo viajante a lazer ou para recuperação da saúde (ou as duas motivações juntas) e a inserção do turismo na agenda política, inclusive na pauta dos negócios exteriores, influenciaram nesse reposicionamento do turismo nas páginas do jornal.

Conforme é sabido, a função do jornal vai além da sua capacidade de informar. São também seus objetivos interpretar, orientar, divertir, disseminar ideias e, entre outras funções, vender, por meio de anúncios comerciais.[8]

Entre 1935 e 1945, nas páginas das Folhas, são vistos com grande frequência os anúncios das viagens promovidas pelas agências de turismo, como a Mappin, a Exprinter, a Novat S.A. e a Brasiltur. Além dessas agências, hotéis — a maior parte do tipo "grande hotel", como o Santa Helena, que oferecia "apartamentos confortáveis e luxuosamente mobiliados"[9] —, restaurantes, transportadoras turísticas, lojas de moda, máquinas fotográficas, binóculos, malas e sapatos eram anunciados como produtos e serviços indispensáveis ao turista moderno, contribuindo para aumentar a arrecadação da Empresa Folha da Manhã com a publicidade. Em muitos casos, os produtos e serviços oferecidos por esse novo "*trade* turístico" em formação eram objetos de pautas nas páginas principais dos dois jornais da empresa.

Ao lado dos novos negócios turísticos que se apresentavam, os jornais também davam destaque às iniciativas dos nascentes birôs públicos e privados de turismo. Relatórios das reuniões dos órgãos públicos de turismo federal, dos municípios e das províncias do Rio de Janeiro e de São Paulo, decisões administrativas tomadas pelo Touring Club, a expectativa para a chegada dos monumentais transatlânticos na costa brasileira, os preparativos para o carnaval no Rio e em São Paulo e as várias feiras de amostras realizadas durante o Estado Novo (nas quais comentava-se a importância do turismo nesses eventos) eram alguns dos novos temas que inspiravam as pautas do jornal e revelavam suas aspirações acerca da modernidade e do papel do turismo em relação ao futuro do país e daquele que era considerado pelas Folhas o seu principal motor, a cidade de São Paulo.

[8] A esse respeito, ver Bahia, 1990.

[9] *Folha da Manhã*, 13 ago. 1936: 14.

Os jornais, assim como as revistas, são empreendimentos que congregam um conjunto de indivíduos em torno de ideias, crenças e valores a serem difundidos pela palavra escrita.[10] Não demorou para que o turismo passasse a ser incorporado ao discurso das Folhas nas matérias jornalísticas não assinadas, editoriais, artigos de opinião, crônicas, havendo espaço também para o contraditório, embora o discurso majoritário no jornal atribuísse ao turismo um papel de grande relevância econômica e social.

Um tema recorrente entre os escritores e articulistas do jornal que abordavam o turismo era a queixa quanto à falta de organização da atividade turística, seja nos comentários ácidos e em muitos casos irônicos que encerravam os editoriais referentes ao turismo, seja na divulgação dos resultados financeiros obtidos pelos principais países receptores do turismo internacional, em quem o Brasil deveria se inspirar para melhorar a infraestrutura turística do país, aumentar a receita com a atividade e alcançar padrões desejáveis de desenvolvimento e civilização.

O editorial da *Folha da Manhã* de 26 de junho de 1938, à página 6, intitulado "O turismo em São Paulo", é particularmente interessante por expressar a opinião do jornal e em grande medida o pensamento social da época a respeito do turismo:

> Insistimos no assunto com a intenção de invocar para ele a atenção do governo do estado e da Prefeitura Municipal. E o fazemos sem grandes ilusões, sabendo perfeitamente que não temos ainda ótimos atrativos para o turismo mundial, que exige organização de hotéis e transportes, além das condições naturais que possibilitam a indústria.

Observa-se no fragmento citado a tomada de posição da *Folha da Manhã* em defesa do turismo, com a crítica e cobrança de maior participação do poder público municipal e estadual na atividade. De um modo geral, os primórdios da organização e gestão do turismo brasileiro foram iniciativas das instituições privadas, com destaque para o Touring Club, com o Estado passando aos poucos a incluir o turismo em sua agenda. A preocupação

[10] Ver Sirinelli, 1996: 231-269; Luca, 2005: 111-153.

estatal com o turismo moderno começa a ganhar contornos mais definidos, como vimos, a partir da organização do carnaval carioca de 1932.

O texto deixa claro também o entendimento do jornal de que, para o desenvolvimento das práticas turísticas, são necessários infraestrutura turística e desenvolvimento de equipamentos turísticos adequados; concebe, como era o pensamento dominante à época, o turismo como uma indústria; focaliza unicamente o turista internacional, imaginado como rico e civilizado; e reconhece a falta de atratividade turística e de "condições naturais" da cidade de São Paulo. Talvez este último aspecto esteja relacionado a um olhar depreciativo sobre a paisagem paulistana em relação ao que era considerado como um valor turístico, como se pode depreender no trecho a seguir:

> Temos, no entanto, o trajeto S. Paulo-Rio, entre duas serras, a do Mar e a da Mantiqueira, que oferece magníficos panoramas e estações maravilhosas, como campos do Jordão e Campos da Bocaina. Temos a estrada S. Paulo-Santos, que também pode ser posta em valor. Num raio de 100 quilômetros para o interior, Sorocaba, Itu, Campinas e Bragança situam-se em regiões cuja travessia tem encantos que de nós dependeria torná-los atraentes. Mais para dentro, cinquenta cidades, centralizando ricas regiões em que, se houvesse sempre boas estradas e bons hotéis, se fariam excursões curiosas e originais para os estrangeiros que quisessem conhecer "algo nuevo" no mundo. E, no litoral, além de Santos, S. Vicente e o Guarujá, a Praia Grande é extensa e linda como poucas outras, Caraguatatuba, Ubatuba, mansões destinadas a receber turistas que fugissem, no nosso inverno, dos frios de Buenos Aires e dos calores do hemisfério setentrional.[11]

Os exemplos dos "magníficos panoramas" das serras paulistanas e dos "encantos" das cidades relativamente próximas compensariam a falta deles em São Paulo, como é sugerido pela expressão "temos, no entanto". Embora na opinião do jornal a força da beleza cênica atribuída a determinado lugar lhe conferisse interesse turístico, mais uma vez, a falta de infraestrutura turística prejudicaria a atividade. Fica evidente, na preocupação com as estradas, a ênfase no turismo rodoviário, feito por automóvel. É reforçada

[11] *Folha da Manhã*, 26 jun. 1938, p. 6.

a aposta no turista estrangeiro de alto poder aquisitivo, para o qual havia mansões disponíveis para hospedagem no litoral paulista. Possivelmente esse visitante preferencial fosse de origem de países de língua espanhola, como sugerido pelos termos "algo nuevo", mais precisamente nossos vizinhos argentinos, fugidos do frio de Buenos Aires.[12] Refere-se também aos turistas do hemisfério Norte, podendo indicar tanto os europeus quanto os norte-americanos, já àquela altura visitantes contumazes do Brasil.

> Há, portanto, farto material. O problema é aproveitá-lo. Se soubéssemos fazê-lo, a indústria do turismo inscrever-se-ia excelentemente entre as nossas fontes de receita.
>
> Não pensemos em arrecadar 3, 5, 10, 12 milhões de contos, como a França. Mas não seria ótimo se arrecadássemos algumas centenas, ou mesmo alguns milhares de contos de réis, numa atividade que, além de tudo, teria grande função como obra de civilização e propaganda para S. Paulo?[13]

A conclusão do editorial revela as grandes expectativas do Grupo Folha — e por que não dizer da "boa" sociedade? — em torno do desenvolvimento do turismo brasileiro. Expressa claramente a crença no turismo como uma indústria, altamente rentável, cujo potencial ainda era desconhecido no país e como um instrumento de boa propaganda. Porém, o mais interessante era a difusão de um imaginário que atribuía à tão desejada presença dos ricos estrangeiros e à construção da infraestrutura turística adequada para recebê-los a conquista de um estágio civilizatório mais avançado em São Paulo.

No auge dos cassinos espalhados pelos hotéis balneários e pelas estâncias climáticas do país, que funcionaram dentro da legalidade até 1946, as Folhas posicionavam-se em seus editoriais contra a liberação do jogo de azar no Brasil, exceto se praticado pelos turistas, pois, como imaginavam, estes deixariam sobre o pano verde vultosas quantias, contribuindo para o desenvolvimento da nação. "Não há dinheiro que vá dar tão depressa aos

---

[12] Os argentinos, assim como os uruguaios, já tinham um turismo receptivo bem mais organizado do que o nosso e cultivavam o hábito de viajar por lazer, tema que tenho investigado com mais profundidade em minhas pesquisas de doutorado. Não por acaso, acrescido de fatores como os movimentos pan-americanistas, os primeiros convênios bilaterais de turismo assinados pelo Brasil foram respectivamente com a Argentina (1933) e com o Uruguai (1937).

[13] *Folha da Manhã*, 26 jun. 1938: 6 .

canais do comércio quanto o dinheiro que o turismo despende", escreveu a *Folha da Manhã*, no editorial, intitulado "Os Estados Unidos e o turismo", publicado à página 2, em 7 de janeiro de 1938.

Na coluna "Jornais do Rio" eram cada vez mais frequentes as reproduções de matérias sobre turismo — no todo ou em parte — publicadas nos jornais da capital, dentre eles o *Correio da Manhã* e o *Jornal do Brasil*. As Folhas encerravam as reproduções das matérias dos jornais da capital com comentários críticos sobre a ineficiência do poder público no fomento do turismo brasileiro e sobre o desconhecimento do potencial turístico do país, questões recorrentes nas suas páginas, como se pôde verificar no editorial há pouco analisado. Em outras matérias denunciava o abandono de antigos balneários de prestígio, como o Guarujá, e a falta de investimentos no turismo paulistano, ressaltando iniciativas como a promoção de passeios turísticos pela municipalidade em Bertioga e a instalação dos birôs santista, paulistano e campineiro do Touring Club.

Entre os anos de 1931 e 1945, a Empresa Folha da Manhã pertenceu ao cafeicultor Octaviano Alves Lima. Seus jornais defenderam os interesses das oligarquias dominantes de São Paulo, tendo apoiado o Partido Republicano Paulista (PRP) até a extinção da legenda, em 1937. Faziam oposição aberta ao governo Vargas, posicionando-se a favor da Revolução Constitucionalista de 1932, que por muito tempo ainda renderia matérias no jornal, dando notícia, por exemplo, anos mais tarde, da morte de "heróis" que lutaram em 1932. As Folhas sofreram empastelamento e censura por diversas vezes. O próprio nome de Getúlio Vargas era evitado pelos jornais, que em muitos casos preferiam chamá-lo de "Sr. Presidente da República".

Mas nem sempre as Folhas mostravam-se críticas ao Estado ao referirem-se às políticas que tangenciavam o turismo (ou a falta delas). O jornal ajudou a delinear o perfil do turista indesejável, temido pela possível influência de ideias perigosas, pela possibilidade de ser um imigrante ilegal ou por seu baixo poder aquisitivo. Durante a década de 1930, o turismo foi parar nas páginas policiais das Folhas: as constantes deportações de estrangeiros, identificados como "falsos turistas" pela Seção de Turismo da Secretaria de Segurança Pública, viravam notícia. Os nomes dos "turistas indesejáveis" apreendidos e à espera de deportação passaram a ser publicados acompanhados de outros juízos de valor, principalmente após a publicação do Decreto-Lei n.º 406, de 4 de maio de 1938, que dispunha sobre a entrada de estrangeiros no território nacional e que imputava àqueles que pretendessem ingressar no país como turistas uma série de exigências burocráticas, entre elas passaporte autenticado, prova de idoneidade, atestado de saúde e atestado de vacina antivariólica. Além disso, mesmo com a documentação em ordem, conforme o art. 113 do referido decreto, estavam proibidos de entrar no país estrangeiros que possuíssem ligações políticas com movimentos "anarquistas, terroristas, extremistas e congêneres", os "ciganos e congêneres", os portadores de doenças infectocontagiosas, entre as quais acreditava-se figurar o câncer.

Nas páginas das Folhas, o turismo era visto como a solução para o desenvolvimento econômico da nação, para a modernização do país e para a aceleração do seu processo civilizatório, isto é, do seu maior grau de aproximação dos valores das sociedades europeias ocidentais. O objetivo principal das matérias e das críticas dos editoriais era fomentar o debate acerca do desenvolvimento do turismo na cidade de São Paulo, exaltada como "a capital bandeirante do trabalho", sempre tendo como contraponto: 1) o Rio de Janeiro, percebido como "a cidade do lazer e do turismo": "S. Paulo quase nada fez ainda em prol da organização do seu turismo, nesse ponto se deixando bater, longe, pelas atividades do Rio de Janeiro";[14] 2) os principais países receptores do mundo, como França, Espanha, Suíça, Itália e Alemanha; 3) os principais países emissores, como os Estados Unidos. Essas nações eram projetadas como exemplos de modernidade e de excelência na gestão pública do turismo, sendo também citadas, com menos frequência, as iniciativas do governo português, comandado por Salazar, no desenvolvimento do turismo nacional.

Os novos turistas nas páginas das Folhas

No início da década de 1930, as Folhas dirigiam-se claramente ao turista sofisticado, afeito ao luxo, ao conforto e às modas estrangeiras. Projetavam um imaginário acerca do moderno expresso pela atividade turística, dotada de uma capacidade intrínseca de desenvolver o país e atribuir-lhe maior

[14] *Folha da Manhã*, 23 jun. 1936: 6.

grau de civilização. A partir da segunda metade da década o discurso acerca do turismo começa a mudar, emergindo um novo turismo e um novo sujeito turista que ascende socialmente.

A popularização do turismo era uma tendência cada vez mais próxima, que passou a ser incorporada ao discurso das Folhas. Os direitos sociais adquiridos (como as férias remuneradas) e os anúncios publicitários de pacotes turísticos mais baratos, com viagens mais curtas (alguns tours anunciados até meados da década de 1930 chegavam a levar 91 dias) e com facilidade de pagamento parcelado, sem acréscimo de juros, sem dúvida tornaram os dois jornais mais atentos a um novo tipo de viajante a lazer.

Esse novo perfil de turista que se desenhava era compatível com as transformações ocorridas no cenário turístico mundial: as camadas médias urbanas começam a viajar em suas férias e é para elas que as matérias das Folhas passam a ser direcionadas. Essa sensível mudança se fez sentir nas páginas dos jornais de diferentes maneiras, sendo as mais recorrentes a ênfase dos anúncios dos prestadores de serviços turísticos nas facilidades de pagamento e os elogios dos dois jornais à política de turismo social do Reich, de Salazar e de Mussolini, entendida pelas Folhas como aquela modalidade de turismo voltada para jovens de baixa renda que teriam a oportunidade de realizar o exercício cívico de conhecer (e respeitar) a pátria.

Um caso particularmente interessante foi a sugestão, em editorial de 10 de novembro de 1936, à página 6, de copiar o modelo italiano que, entre outras facilidades para atrair o turista, reduzira em 70% o preço das passagens ferroviárias para casais europeus em lua de mel que quisessem viajar para o país. A adaptação do modelo fascista ao Brasil, conforme aventou a *Folha da Manhã*, projetaria São Paulo como o principal destino turístico "do Sul" brasileiro para os nubentes do país, e Recife seria a capital "do Norte" do turismo para esse tipo de demanda:

> Mussolini, na Itália, tudo tem feito para aumentar as correntes turísticas de fora ou de dentro do país. Uma providência que vem dando grande resultado é aquela há pouco tomada pelo governo fascista de reduzir, em 70%, as passagens de estrada de ferro para os nubentes, que, gozando dessa vantagem, terão uma obrigação: a de tocar em Roma. Milhares e milhares de pares da Itália, da Suíça e da França aproveitam essa ótima regalia e vão a Roma e dali

> a outras cidades italianas. Um êxito extraordinário alcançou a ideia de Mussolini, que é, como se sabe, favorável às famílias numerosas e deseja, para o lar, "*la donna repleta*".
>
> Imaginemos, no Brasil, concessão idêntica. Os noivos do sul iriam ao norte, com a obrigação, por exemplo, de chegar, pelo menos, a Recife. Os do setentrião viriam para o sul, com a obrigação de conhecer, pelo menos, São Paulo.

O turismo interno, como se depreende do texto anterior, começa a ser percebido e valorizado pelas Folhas, que por algum tempo priorizaram o turismo receptivo internacional. Nesse contexto, as iniciativas do Departamento de Turismo do Centro do Professorado Paulista, por exemplo, ganham grande destaque no jornal, que passa a realizar matérias e divulgar informes sobre as chamadas e os preparativos para as excursões realizadas pela instituição a várias cidades brasileiras, com mais frequência ao Rio de Janeiro, seguido por Curitiba e Foz do Iguaçu, e até viagens a Buenos Aires, oferecendo pagamento em diversas prestações e facilidades ao alcance dessa categoria social que tem no turismo um de seus novos desejos.

A emergência do turismo de massas nas páginas das Folhas não ofuscou a sua atenção ao turismo receptivo internacional nem aos distintos viajantes brasileiros, que continuaram a ter seus nomes destacados nas colunas sociais. "Em hóspedes e viajantes", publicada na *Folha da Manhã* no ano de 1943, por exemplo, além dos tratamentos de distinção, já comentados anteriormente, liam-se nos subtítulos outras credenciais que conferiam notabilidade a esses viajantes, como o destino e o meio de transporte. Assim, interessava publicar os nomes dos que partiam "De São Paulo para o Rio", "Do Rio para São Paulo", informando também o nome dos navios em que tais ilustres viajantes se encontravam, e um terceiro subtítulo, intitulado "Pela Vasp" (a Viação Aérea São Paulo, fundada no final de 1933), assegurando status ao viajante que se deslocava de avião.

Do mesmo modo, enquanto os anúncios de prestadoras de serviços turísticos oferecendo condições facilitadas de pagamento para os novos turistas ganhavam cada vez mais espaço nas Folhas, não faltavam anunciantes que continuavam focalizando um público seleto, afeito ao luxo e ao conforto.

Considerações finais

Adentrando pelo domínio acidentado do cotidiano, como propõe Velloso,[15] é possível verificar que por meio de "ideias, imagens e linguagens se exprimia o moderno". O espaço cada vez maior conferido ao turismo nas páginas da *Folha da Manhã* e da *Folha da Noite*, com toda clareza, era uma dessas manifestações do moderno.

Nos dois jornais foi possível conhecer o percurso feito pelo turismo entre as décadas de 1920 e 1940, observando-se seu progressivo movimento da seção de esportes, quando esteve, nos primeiros anos de existência desses periódicos identificado às competições envolvendo máquinas e velocidade, até a sua percepção como um novo setor econômico e como uma nova prática moderna que extrapolava o meio esportivo e ganhava cada vez mais status entre os segmentos política, econômica e socialmente privilegiados daquela que já era considerada a maior cidade capitalista do Brasil. Assim, o turismo assumia um lugar de destaque em várias seções das Folhas, como nas colunas "Hóspedes e Viajantes" e "Jornais do Rio", inclusive nos vários editoriais dedicados ao tema e também na primeira página.

Depreende-se do exame das mais de 4 mil referências ao turismo na *Folha da Manhã* e na *Folha da Noite*, no espaço temporal desta pesquisa, que esses jornais, a partir de enunciados que conformavam determinada visão sobre o turismo e o turista, contribuíram para a disseminação do turismo como um valor moderno no imaginário da sociedade paulistana, especialmente de seu público leitor. Ao turismo foi atribuída a capacidade de promover o urbanismo, estimular a criação e a melhoria das estradas e atrair volumosas somas de capitais, uma vez que o turista era representado como um indivíduo de posses, viajando no seu automóvel de passeio (possivelmente modelo turismo), em luxuosos transatlânticos ou em modernos aviões. O turismo seria uma mina de ouro ainda inexplorada no país. Aos poucos, a classe média também passou a ser incorporada ao discurso turístico, e para ela se direcionava boa parte das matérias, produtos e serviços turísticos oferecidos pelas Folhas.

[15] Velloso, 1996, p. 209.

Os dois jornais da Empresa Folha da Manhã protagonizaram, entre os anos de 1930 e 1945, uma intensa campanha em prol do desenvolvimento do turismo brasileiro, criticando veementemente a falta de infraestrutura e de organização do turismo no âmbito nacional, apoiando as iniciativas de desenvolvimento do turismo no estado de São Paulo, tendo como principais referências os modelos dos países autoritários europeus, e encorajando a sociedade local, evocando o "espírito bandeirante", em seu esforço de transformar São Paulo no principal destino turístico da América do Sul.

Referências

BAHIA, Juarez. *Jornal, história, técnica*: história da imprensa brasileira. São Paulo: Ática, 1990.

HISTÓRIA da Folha, s.n.t. Disponível em: http://www1.folha.uol.com.br/folha/circulo/historia_20_30.htm. Acesso em: 24 out. 2011.

LUCA, Tânia Regina. A história dos, nos e por meio dos periódicos. In: PINSKY, Carla Bassanezi (org.). *Fontes históricas*. São Paulo: Contexto, 2005. p. 111-153.

SEVCENKO, Nicolau. *Orfeu extático na metrópole. São Paulo*: sociedade e cultura nos frementes anos 20. São Paulo: Companhia das Letras, 1992. n.p.

SIRINELLI, Jean-François. Os intelectuais. In: REMÒND, René. *Por uma história política*. Rio de Janeiro: Editora UFRJ, 1996. p. 231-269.

VELLOSO, Monica Pimenta. *Modernismo no Rio de Janeiro*: turunas e quixotes. Rio de Janeiro: Editora FGV, 1996.

Artigos de periódicos

Folha da Manhã, 13 ago. 1936, p. 14.

Folha da Manhã, 23 jun. 1936, p. 6.

Folha da Manhã, 31 mar. 1933, p. 5.

O CARNAVAL oficializado deste ano. *Folha da Manhã*, 7 fev. 1932. Capa. Disponível em: http://acervo.folha.com.br/. Acesso em: 9 mar. 2011.

Turismo, cultura e natureza: a produção de uma imagem sobre o Ceará nos anos 1970

Ana Amélia Rodrigues de Oliveira

No dia 15 de abril de 1973, o jornal *Gazeta de Notícias* publicou um artigo do escritor cearense Otacílio Colares[1] intitulado "Um museu que faltava numa terra sem museus". O artigo se refere à criação do Museu de Arte e Cultura Populares do Ceará, que, segundo o autor, era uma feliz iniciativa do governo do estado. O museu foi instalado no primeiro andar da edificação da antiga cadeia pública, onde já se encontrava em funcionamento o Cetur (Centro de Turismo), uma espécie de centro comercial onde os turistas poderiam encontrar à venda parte do artesanato produzido no Ceará. O Cetur era vinculado à Emcetur (Empresa Cearense de Turismo), criada em 1971 pela Lei nº 9.511, de 13 de setembro de 1971.[2] Seus objetivos principais eram a coordenação de programas que garantissem o desenvolvimento do turismo no estado e a criação de uma infraestrutura que suportasse a indústria turística estadual. Entre os produtos de comercialização dessa indústria estava o artesanato.[3]

---

[1] Poeta cearense nascido em Fortaleza a 1º de setembro de 1918. Autor de inúmeros trabalhos literários, foi membro da Academia Cearense de Letras e do Conselho Estadual de Cultura do Estado. Publicava com certa frequência artigos nos jornais do estado.

[2] Empresa de economia mista, da qual 51% das ações pertenciam ao governo do estado. Cf. Audifor, 1976.

[3] Ibid.:17.

Segundo o artigo de Colares, a criação do Museu foi resultado das ações do governador César Cals (1971-1975), que tinha como um dos pontos de sua plataforma de governo o desenvolvimento do turismo como uma atividade rentável para a economia. Mas por que a criação de um museu de cultura popular[4] estaria relacionada, também, a uma política turística, e não só cultural? Porque, acreditamos, com a promoção de uma política sistemática de turismo no estado, deu-se início a um processo de "valorização" da "cultura popular". Esta, que até meados da década de 1960 não despertara no governo estadual grande interesse de investimento, transformara-se numa atividade lucrativa, mas apenas se estivesse associada à atividade turística. Essa "valorização" parece ter contribuído para a idealização da cultura popular como elemento definidor de uma identidade cearense.

Figura 1: Imagem da paisagem litorânea cearense que passou a ser recorrente nos documentos que promovem o turismo. A jangada, que até hoje é um dos principais símbolos do Ceará, já era bastante evidenciada nos anos 1970. Fonte: *Anuário do Ceará*, 1972.

[4] Farei uso dessa definição ao longo do texto, mas gostaria de ressaltar que não entendo cultura popular apenas como uma oposição à cultura erudita, o que me parece algo simplista e monolítico. O conceito de cultura popular é algo que se constrói ao longo do tempo, ganhando diversos significados, e por isso deve ser objeto de análise histórica, segundo autores como Michel De Certeau (1993) e Peter Burke (1998).

A pesquisa nos dá indícios de que é essa cultura popular "valorizada" que, juntamente com a ideia das belezas naturais, fundamentará os discursos que serão construídos sobre o Ceará no final dos anos 1960 e que darão subsídio à ampliação das atividades turísticas no estado. Instituições como o Banco do Nordeste do Brasil (BNB), por exemplo, serão fundamentais para a legitimação desses discursos, que serão utilizados para atrair cada vez mais turistas para o estado. Sobre a utilização da cultura popular como atrativo turístico, o documento *Perspectivas de desenvolvimento do turismo no Nordeste*, publicado pelo BNB em 1971, diz o seguinte:

> Diversas providências devem ser adotadas com a finalidade de ser assegurado um maior fluxo de turistas para o Nordeste e um melhor atendimento, cumprindo mencionar as seguintes: [...] promoção do artesanato e do folclore nordestinos, a fim de preservar essas atividades de grande importância para atrair turistas.[5]

No livro *A invenção do Nordeste*, Durval Muniz de Albuquerque diz que essa espacialidade foi construída historicamente, originada por uma tradição de pensamento, uma imagística e textos que lhe deram realidade e presença.[6] Segundo o autor, a ideia de Nordeste surge como reação à sensação de perda de espaços econômicos e políticos por parte dos produtores tradicionais de açúcar e algodão, dos comerciantes e dos intelectuais ligados a eles. Essa reação possibilitou a união de várias forças em torno da definição de um novo recorte do espaço nacional. O Nordeste surgia, portanto, como uma reação às estratégias de nacionalização vigentes nas primeiras décadas do século XX. A partir daí, uma memória social, cultural e artística vai sendo elaborada e vários elementos vão sendo instituídos como definidores da identidade e da homogeneidade do espaço e da fixação de um espírito de ser nordestino. A seca é o primeiro traço definidor da região.

As ideias de Durval Muniz são fundamentais para pensarmos o Nordeste enquanto espacialidade construída historicamente, algo que se inventa no tempo presente. Partindo dessa perspectiva, diríamos que no final

[5] Banco do Nordeste do Brasil, 1971, p. 16.

[6] Albuquerque Jr., 2006: 66.

da década de 1960 inicia-se um processo de ressignificação da imagem da região. Com o desenvolvimento de uma política de turismo, surge a necessidade de se construir uma nova ideia de Nordeste, não mais associando a região apenas ao sertão, a fome ou à miséria, mas também ao litoral, que se tornará o principal atrativo turístico da região.

Acreditamos que o fortalecimento da política de turismo no estado do Ceará é resultado de algumas ações de caráter político que começam a ser pensadas ainda nos anos 1950 e que visavam inserir a região na lógica de desenvolvimento capitalista.[7] A partir dos anos 1960 haverá, por parte do Estado, o incentivo à implantação de diversas atividades econômicas, industriais, comerciais ou agrícolas, que possibilitariam o progresso socioeconômico da região. Entendemos que a "indústria do turismo", termo encontrado em alguns dos documentos pesquisados, foi mais uma das atividades econômicas implantadas na região e, em particular, no estado do Ceará. O documento *Perspectivas de desenvolvimento do turismo no Nordeste* destaca a importância do turismo para a região:

> A importância do turismo e o papel por ele desempenhado já são reconhecidos mundialmente, tanto assim que o seu planejamento vem sendo preocupação de algumas nações, integrando os seus planos globais de desenvolvimento. Tendo em vista essas considerações, o Banco do Nordeste do Brasil realizou um estudo das perspectivas do turismo para a região, cujos resultados compõem o presente volume.[8]

No Brasil, os investimentos na área do turismo se intensificam a partir da criação da Política Nacional de Turismo instituída oficialmente pelo Decreto-lei nº 55, de 18 de novembro de 1966.[9] É importante lembrar que a partir do

---

[7] Visto como região-problema, historicamente estigmatizado como o lugar da barbárie, o Nordeste, no final dos anos 1950, começa a sofrer algumas intervenções por parte do Estado, que pretendia diminuir as disparidades regionais no país através de uma política de planejamento dirigida ao "progresso" socioeconômico da região. Tal planejamento foi resultado do trabalho realizado pelo Grupo de Trabalho para o Desenvolvimento do Nordeste, o GTDN, constituído em 1956 pelo presidente Juscelino Kubitschek e tendo como coordenador o economista Celso Furtado. Foi o relatório produzido pelo GTDN que deu subsídios teóricos para as ações que seriam realizadas posteriormente pela Superintendência do Desenvolvimento do Nordeste, a Sudene. Ver Costa, 2005.

[8] Banco do Nordeste do Brasil, 1971: 13.

[9] O citado decreto cria o Conselho Nacional de Turismo e a Embratur. Ver Benevides, 1979.

golpe militar em 1964 o país entrou, definitivamente, no circuito internacional do capitalismo, e o Estado reorganizado passou a operar dentro de uma lógica cada vez mais planejada, planejamento esse que se iniciou na esfera da política econômica e que depois se estendeu às outras áreas de ação do governo.

A partir do decreto, o governo federal passou a considerar como atividade turística toda e qualquer iniciativa, fosse do setor público ou privado, que tivesse reconhecido interesse no desenvolvimento econômico do país. Ainda segundo o decreto, o poder público também atuaria no sentido de oferecer financiamento e incentivos fiscais às iniciativas que favorecessem a atividade turística nas diferentes regiões do país, como o desconto de 50% no imposto de renda de pessoas jurídicas que investissem na construção, ampliação ou reforma de hotéis, ou obras ou serviços específicos de finalidade turística.[10]

Acreditamos que ações como essas vão influenciar o aumento dos investimentos em atividades turísticas no Ceará, que se intensificaram no início dos anos 1970. É desse período, por exemplo, a criação da Empresa Cearense de Turismo (Emcetur) e o Plano de Incentivo ao Turismo, do governador César Cals.[11]

A década de 1970 parece marcar o início da planificação do turismo no Ceará. Até meados da década de 1960, a exploração da atividade turística se dava de forma muito tímida e estava basicamente restrita à cidade de Fortaleza. Nos anuários do Ceará dos anos 1950 e 1960 identificamos a ausência de referências a atrativos turísticos em regiões do interior do estado, ganhando destaque apenas aquilo que se encontra na capital. É o caso do *Anuário do Ceará* de 1960/1961, que não faz referência a nenhum possível ponto turístico em municípios do interior e destaca como atrativos de Fortaleza a Igreja do Coração de Jesus, a praça do Ferreira, o Ideal Clube, a então Universidade do Ceará, entre outros.[12]

O interessante é que os pontos turísticos de Fortaleza quase nunca estavam relacionados a praias ou a belezas naturais da cidade, e sim a lugares que, de acordo com essas fontes, teriam importância histórica e cultural, como o Teatro José de Alencar, a praça do Ferreira, o clube Náutico Atlético Cearense, e outros. A importância cultural atribuída a esses lugares se dava

[10] Ibid.: 5.

[11] Nobre, 1979:111.

[12] Uchôa, 1960/1961.

por estarem os mesmos relacionados aos hábitos culturais da elite fortalezense. Nem de longe os lugares destacados por esses documentos fazem referência ou lembram algo que esteja associado à cultura popular, por exemplo.

Figura 2: Capa da edição especial da revista *Quatro Rodas* que destaca o turismo no Nordeste. Fonte: *Revista Quatro Rodas*, 1971.

Nos documentos dos anos 1960, não se falava em praias, hoje internacionalmente famosas, como Canoa Quebrada ou Jericoacoara, em belezas naturais, em serras etc., muito menos em artesanato, cultura popular, manifestações culturais. Esses elementos não aparecem nos documentos que falam sobre turismo. Até que, em determinado momento, o que antes não parecia ser de interesse, passa a ganhar visibilidade. Por quê?

Segundo Ana Fani Alessandri Carlos, espaços são produzidos por atividades econômicas como o turismo, "e desse modo praias, montanhas e campos entram no circuito da troca, apropriadas, privativamente, como áreas de lazer para quem pode fazer uso deles".[13] À afirmação da autora acrescentamos a ideia de que a cultura popular também é incorporada pelo turismo como mercadoria de troca. É como se a natureza[14] e o patrimônio cultural fossem as matérias-primas do turismo, elementos que exercem papel essencial na atração de um lugar turístico, ideia que já parecia estar presente na política de turismo dos anos 1970.

[13] Carlos, 1996: 25.

[14] Utilizarei o termo "natureza" ao longo do texto, mas no sentido de espaços naturais, de ecossistemas, compostos por elementos como o mar, as dunas, a vegetação, que formam determinada unidade ecológica. Faço tal afirmação para esclarecer que não concebo a natureza como uma categoria estática, fixa, mas como algo que é resultado de construções culturais e históricas, comprometidas com determinadas relações de poder, sustentando dadas relações de dominação e exploração. Ver Albuquerque Jr., 2006: 65.

As fontes dos anos 1970 já apresentam outro cenário. No *Guia de Fortaleza* de 1976[15] não só a cultura popular passa a ter destaque, evidenciada a partir do artesanato, mas também as paisagens naturais. Nesse guia são apresentados os quatro polos de desenvolvimento da indústria do turismo no estado, criados pelo Plandece, o Plano de Desenvolvimento do Ceará: Costa do Sol, Serra de Baturité, Cariri e Planalto da Ibiapaba. O guia também apresenta algumas opções de passeios para os turistas que desejassem "excursionar" pelos municípios cearenses, para onde o governo pretendia levar o progresso, aproveitando suas potencialidades naturais e humanas.

As fontes nos dão evidências de que aqueles que serão os principais atrativos do turismo no Ceará nos anos 1970, as belezas naturais e o artesanato, ou seja, a "cultura popular", nem sempre foram os elementos usados para atrair os visitantes. Essa é uma ideia que passa a ser explorada no final dos anos 1960. A importância dada à natureza a partir de determinado momento parece ser algo produzido pela política de turismo.

Antes da ampliação das atividades turísticas no Ceará, o estado não parecia ser visto como um lugar de atrativos naturais. Em artigo publicado no jornal *Gazeta de Notícias* de 9 de julho de 1958, Arnaldo Vasconcelos discute a importância dos museus para o engrandecimento cultural da sociedade, e diz:

> *Numa terra, como o Ceará, em que não há nada da natureza que atrai o visitante*, era de esperar que o governo dedicasse alguma coisa ao cultivo das tradições, que seriam uma nota pitoresca para os visitantes. Ainda está em tempo. Talvez o governo se lembre disso.[16]

O texto destaca o papel que deveria ter o poder público na promoção cultural diante da inexistência de atrativos naturais no estado, manifestando a importância que deveria ter o governo na constituição de outros elementos de atração turística, como "as tradições", diante da aparente inexistência de uma "natureza".

---

[15] Audifor, 1976.

[16] *Gazeta de Notícias*, 9 jul. 1958; grifo nosso.

Investindo na imagem do litoral e de suas belezas naturais e reforçando o sertão como o lugar, não só da pobreza, mas também da tradição, da pureza cultural, onde seria possível encontrar uma "autêntica" produção da "cearensidade", a política de turismo parece contribuir para a construção de uma imagem do Ceará, a partir da definição de novos elementos identitários.

Essa política de turismo fará com que os governos federal e estadual criem estratégias de ação que possam intensificar as atividades turísticas nos estados nordestinos. Para atrair mais visitantes para o Ceará era preciso mudar a ideia que se tinha do estado. Apesar de emergir uma nova imagem associada ao litoral, os vínculos com o sertão e tudo aquilo que o representa não são descartados; pelo contrário, também são incorporados nesse processo. Desse modo, a política de turismo pensada tanto para a região Nordeste quanto para o Ceará definirá como os dois principais elementos de atratividade a natureza e a cultura popular.

Esses dois elementos são destacados num texto do *Guia de Fortaleza*, publicado em 1976, o qual fala sobre a participação do Banco do Nordeste no desenvolvimento do turismo na região. Sobre a importância que o setor começava a representar para a economia nordestina já a partir de meados da década de 1960, o *Guia* afirma:

> TURISMO NÃO É ASSUNTO SÓ PARA FÉRIAS — O Nordeste é uma região onde são inúmeros os atrativos históricos, *os encantos da natureza*, as manifestações artísticas, *as festas tradicionais* e os pratos típicos. Mas isto não é assunto para se pensar apenas durante as férias. Principalmente quando se é empresário. No Nordeste, a *indústria do turismo* cada dia se apresenta mais promissora, *graças à nova mentalidade que se implantou na região. O BNB tem muito a ver com essa nova mentalidade*: desde 1967, o BNB realiza trabalhos ligados ao desenvolvimento do setor, financiando a rede hoteleira, *identificando pontos de atração, divulgando a nova imagem do Nordeste* e elaborando planos globais de expansão e incentivo. Muitos empresários já sabem disso e estão obtendo animadores resultados com seus investimentos em turismo na região. Com o apoio do BNB. Quando se vive de negócios, pode faltar tempo para fazer turismo. Mas pode-se ganhar muito dinheiro com ele, no Nordeste.[17]

[17] Audifor, 1976: n.p.; grifos nossos.

A divulgação dessa nova imagem era feita a partir da publicação de anúncios nos veículos de informação e através de outros materiais. De acordo com o jornal *Gazeta de Notícias* de 2 de maio de 1971, entre as ações da Campanha de Incentivo ao Turismo no Nordeste, realizada pelo BNB, estava prevista a realização de uma campanha publicitária em nível nacional. Além da produção de calendários, posters e folhetos sobre a região, a campanha realizou a divulgação nos jornais e revistas de maior circulação do país, cabendo até a publicação de edições especiais sobre o Nordeste, caso da revista *Quatro Rodas*, que publicou a edição especial *Turismo Nordeste*, em 1971, e a revista *Realidade*, que publicou em novembro de 1972 uma edição especial *Nordeste*.

Mas o discurso sobre o potencial econômico do turismo não parecia uma unanimidade. No dia 15 de junho de 1971, Antônio Ferreira Neto publicou um artigo no jornal *Gazeta de Notícias*, intitulado "Turismo e caldo de cana", onde faz uma crítica ao que ele chama de "empolgação" pelo turismo. A crítica não é feita ao turismo enquanto atividade econômica, mas à forma como ele era entendido naquele momento:

> A empolgação pelo turismo no Nordeste abriga o risco de repetir erros de perspectiva semelhantes aos que, no passado, nos escravizaram à monocultura da cana-de-açúcar e do algodão. [...] Não se pode negar a validade econômica do turismo, mas, também, não se pode elegê-lo o novo condutor do povo eleito para a Terra Prometida. É preciso estabelecer suas exatas dimensões num conjunto de atividades econômicas destinadas a fornecer à população nordestina o nível de bem-estar a que tem direito.[18]

Essa "empolgação" a que o texto faz referência está relacionada a uma mentalidade mercadológica, que vislumbrava grandes oportunidades de negócios para os empresários que quisessem investir em turismo no nordeste brasileiro. Tal mentalidade parecia influenciar, inclusive, na definição do que seria atrativo turístico e a constituição de uma nova imagem da região, ou seja, a ressignificação do que se entendia como Nordeste e, mais especificamente, como Ceará.

[18] *Gazeta de Notícias*, 15 jun. 1971.

As fontes disponíveis nos dão indícios de que o discurso construído pela política de turismo a partir dos anos 1970 parecia estar em consonância com o discurso do desenvolvimento. Parecia haver uma necessidade, por parte do governo estadual, de dar uma nova evidência ao Ceará. A necessidade de afirmar o estado como o lugar, não mais do atraso, mas das oportunidades fará com que anúncios sejam publicados em veículos de comunicação de nível nacional. Na edição de 28 de abril de 1971 da revista *Veja* foi publicado o anúncio intitulado "Ceará em vista", que traz o seguinte texto:

> É tempo de construir. É tempo de se olhar para o Ceará. Estado de maior evidência no Nordeste de hoje. Lá existem as maiores oportunidades de investimento, no momento. Lá se encontram as condições mais favoráveis para a aplicação das deduções fiscais — através de empresas planejadas em função dos recursos naturais da região e da disponibilidade de mão de obra apta à qualificação e especialização. Incentivar o desenvolvimento, incentivar o esquema infraestrutural e coordenar as funções das entidades públicas econômico-financeiras são agora tarefas prioritárias da Administração Estadual. O Ceará acelerou o passo, rumo à integração nacional. Portanto, invista![19]

O turismo seria um meio de mostrar ao país que o Ceará não era mais um lugar de miséria, seca e pobreza, mas de inesgotáveis belezas naturais e grandes oportunidades econômicas, mesmo que algumas evidências mostrassem o contrário. Enquanto o governo investia numa publicidade positiva do estado, o jornal *Gazeta de Notícias* fazia uma série de denúncias em relação ao descaso do poder público com a capital, Fortaleza. No dia 3 de julho de 1973, por exemplo, a *Gazeta* apresentou a matéria "Cuidado. Pano branco no banho do mar", sobre a contaminação por fungos de três das principais praias da capital: Iate Clube, Volta da Jurema e Náutico. Já a *Gazeta* de 17 de junho do mesmo ano apresenta a matéria "Favela — o lado rural da cidade", tratando da questão da proliferação das favelas na cidade, do aumento da miséria e da ineficiência das administrações públicas em solucionar o problema.

[19] *Veja*, 28 abr. 1971: 16.

A partir dessas evidências, perguntamos: o que pretendia o governo ao investir na promoção do turismo? Queria relegar ao esquecimento uma realidade que negava seu discurso progressista? Que interesses havia no discurso que o turismo construía sobre o Ceará nos anos 1970?

Como já foi dito, no final dos anos 1960 e início dos anos 1970, a necessidade de uma nova imagem para o Ceará parece contribuir para a construção de uma identidade cearense fundamentada em dois importantes elementos: a cultura popular e a natureza. Foi pensando no fortalecimento dessa identidade que se começaram a definir os símbolos que representariam o estado, os ícones que expressariam o espírito da gente do Ceará. Assim, as imagens do vaqueiro e do jangadeiro foram escolhidas para expressar os "autênticos" tipos cearenses. O vaqueiro, símbolo do sertão, visto por alguns como o responsável pelo povoamento da antiga capitania, portador da ancestralidade do "povo cearense"; e o jangadeiro, expressão da gente do litoral, região que, com a implantação de uma política do turismo, passou a ser o principal atrativo para os visitantes.

As divergências não estavam relacionadas apenas ao discurso progressista do estado, mas à forma como o jangadeiro e sua cultura eram apresentados pelas campanhas de promoção do turismo. No dia 20 de junho de 1971, a *Gazeta de Notícias* publicou um artigo de Antônio Ferreira Neto intitulado "Jangada, turismo e desenvolvimento", que diz:

> O jangadeiro provou ser um bom tema para campanhas publicitárias de promoção do turismo nordestino. Seu apelo de bravura e romantismo é tão forte que esquecemos um pouco a realidade e insistimos na exaltação de um símbolo condenado pelo progresso. Deixamos de lado até o risco que representa centrar a campanha turística num homem cujas condições de vida não correspondem à nova imagem que se pretende dar ao Nordeste.[20]

No citado artigo, Ferreira Neto faz referência ao fato de que a romantização da figura do jangadeiro pelo turismo põe em risco sua própria existência. Esse romantismo inibe outras interpretações relativas à realidade do jangadeiro, encoberta pelas campanhas publicitárias promovidas pelo

[20] *Gazeta de Notícias*, 20 jun. 1971.

turismo que, como o próprio texto diz, exaltam as condições de vida de alguém que não condiz com a imagem que se pretendia dar ao Nordeste.

O turismo se apropria da imagem desses dois tipos transformando tudo aquilo que está relacionado a seus hábitos cotidianos, como o chapéu de couro e a jangada, por exemplo, em símbolos de representação do estado. Assim, o turismo contribuiu para a definição do vaqueiro e do jangadeiro como os símbolos do Ceará.[21] Que interesses estariam envolvidos nesse processo?

Tudo indica que a evidência dada à natureza pelo turismo não acontecia apenas devido ao fato de o estado ter um cenário paradisíaco, com grande potencial a ser explorado pelo visitante, mas por ser o elemento fundador de certa tradição cearense, de um modo de ser próprio: daí a importância de defini-la como um dos elementos que reforçarão os sentimentos de pertencimento do povo cearense nos anos 1970. Afinal de contas, o jangadeiro e o vaqueiro, os dois principais símbolos do estado, terão a natureza como o elemento definidor de sua própria existência, pois não há vaqueiro fora do sertão, assim como não há jangadeiro distante do mar.

Referências

ALBUQUERQUE JR., Durval Muniz de. *A invenção do Nordeste e outras artes*. 3. ed. São Paulo: Cortez, 2006.

AUDIFOR. *Guia de Fortaleza*. Fortaleza: Tiprogresso, 1976. n.p.

BENEVIDES, Mauro. *O Ceará e o seu desenvolvimento na área do turismo*. Brasília: Gráfica do Senado Federal, 1979.

BURKE, Peter. *Cultura popular na Idade Moderna*. São Paulo: Companhia das Letras, 1998.

[21] Neste artigo, não tenho a pretensão de construir uma imagem passiva do jangadeiro, do vaqueiro ou do artesão. É possível que esses sujeitos tenham se utilizado de certas táticas para se beneficiar da projeção da nova imagem do Ceará que se constituía nesse período, mas não tenho fontes que comprovem essa hipótese, nem é o meu objetivo neste estudo. Minha análise se concentra na constituição dos modos de dizer o Ceará a partir de agentes como o turismo, os governos federal e estadual, que produziam seus discursos sobre o estado em consonância com o discurso desenvolvimentista do período.

CARLOS, Ana Fani Alessandri. O turismo e a produção do não lugar. In: ______; YAZIGI, Eduardo; CRUZ, Rita de Cássia Ariza. *Turismo. Espaço, paisagem e cultura*. São Paulo: Hucitec, 1996. p. 25-37.

CERTEAU, Michel de. A beleza do morto. In: ______. *A cultura no plural*. Campinas: Papirus, 1993. p. 55-85.

COSTA, Liduina Farias Almeida da. *O sertão não virou mar*. Nordestes, globalização e imagem pública da nova elite cearense. São Paulo: Annablume; Fortaleza: Universidade Estadual do Ceará, 2005.

NOBRE, Geraldo da Silva. *Para a história cultural do Ceará*. O Conselho Estadual de Cultura (1966-1976). Fortaleza: Henriqueta Galeno, 1979.

SAMPAIO, Dorian; COSTA, Lustosa. *Anuário do Ceará*. Fortaleza: Stylus, 1972.

Artigos de periódicos

BANCO DO NORDESTE DO BRASIL. Perspectivas de desenvolvimento do Nordeste até 1980. *Turismo*, Fortaleza, p. 16, 1971.

Gazeta de Notícias, 15 jun. 1971.

Gazeta de Notícias, 20 jun. 1971.

Gazeta de Notícias, 9 jul. 1958.

UCHÔA, Waldery. *Anuário do Ceará*. Fortaleza, 1960/1961.

Veja, 28 abr. 1971, p.16.

Festa Nacional do Champanha: uma contribuição à história dos eventos

Susana de Araujo Gastal
Mariana Schwaab Machiavelli

Os eventos têm se constituído em importantes produtos turísticos, em muito associados ao imaginário da *festa*, em especial quando as localidades carecem de recursos naturais e/ou culturais que funcionem como atrativos. Entretanto, a história das *festas temáticas*[1] ainda é pouco estudada, pois, não raro, os próprios organizadores não produzem relatórios e outros documentos em que as trajetórias das mesmas fiquem registradas. A Festa Nacional do Champanha (Fenachamp), realizada em Garibaldi/RS, na região turística da Serra Gaúcha, não foge a essa regra. Assim, buscando contribuir com seu registro histórico, o presente capítulo aborda a Fenachamp, com ênfase documental nos 12 cartazes de divulgação produzidos para as diferentes edições entre 1981 e 2011. Dados complementares foram retirados dos demais materiais de divulgação, como vídeo e site oficial.[2]

Festa e turismo estão associados, no Rio Grande do Sul, desde 1931, quando foi realizada a primeira Festa da Uva, em Caxias do Sul, por iniciativa de Joaquim Pedro Lisboa, funcionário da Fazenda Estadual e membro do Institu-

[1] Gastal e Machiavelli, 2011.

[2] O conteúdo aqui apresentado faz parte de uma pesquisa ampla, no âmbito da Dissertação de Mestrado intitulada *Imagens e representações sociais da Festa Nacional do Champanha/ Garibaldi-RS*.

to do Vinho. Já no ano seguinte, a festa seria ampliada e começaria a atrair visitantes de outros locais, inclusive com voo da recém-criada Varig (Gastal, 2009).

Mas a tradição das festas, até então de caráter comunitário, é mais antiga na região. As comunidades alemãs e italianas, originadas nos principais fluxos de migrantes que se instalaram no sul do Brasil ao longo do século XIX, receberam como legado o cultivo da festa como forma de celebrar, comemorar e divertir. Momentos que, no mundo colonial, tinham o lazer em contraponto às rotinas de trabalho. Tais festas estavam associadas à colheita, em especial às vindimas, e não descuidavam do lado religioso: "Antes de celebrar, era preciso agradecer a Deus pelas dádivas. Rezavam e bebiam com fervor".[3] Também eram atividades locais, pois os deslocamentos eram dificultados pela carência de estradas e pontes.[4]

Em fevereiro de 1913, houve em Garibaldi a I Exposição de Uvas da Serra. O solo fértil do local permitira o cultivo das parreiras trazidas da Itália pelos imigrantes, mas seu pioneirismo vitivinícola se deve, em muito, à presença da congregação dos Irmãos Maristas, de origem francesa, a partir de 1904. Até 1970, a Granja Pindorama seguiu sob o comando dos irmãos, quando então foi vendida.[5]

Em 1915, Manoel Peterlongo, chegado do Tirol italiano dois anos antes, funda a Vinícola Armando Peterlongo e produz o primeiro champanha do país, utilizando receita recebida do marista Pacômio, a partir do método do abade francês dom Pérignon.[6] A presença das cantinas na cidade cresce a partir de 1931, quando é fundada a Cooperativa Vinícola Garibaldi. Outras empresas do setor estabeleceram-se ou foram criadas em Garibaldi, chegando-se às 47 indústrias onde atualmente produzem vinhos, espumantes e sucos de uva. Algumas, inclusive, apresentam espaço de visitação e comércio. As festas surgem em decorrência dessa organização da produção.

No Rio Grande do Sul, a partir dos anos 1970, houve, em concomitância à criação do Sistema Estadual de Turismo, a formulação de políticas públicas de incentivo à realização de festas temáticas nos municípios. Na época, a maioria deles sofria com a falta de estruturas instaladas para atender as demandas e fluxos de turismo que começavam a movimentar as economias locais. Para viabilizar o turismo, as festas temáticas, praticadas

[3] Erbes, 2000:19.

[4] Gastal et al., 2010.

[5] Clemente e Ungaretti, 1993.

[6] Ibid.

em diversas comunidades, começaram a contar com instalações provisórias para comercialização de alimentos e práticas de lazer nos dias de sua realização, permitindo que os festejos fossem desfrutados por munícipes e visitantes que, timidamente, começaram a se aventurar até elas, mesmo na falta de infraestrutura adequada. Atualmente, as festas cultivadas nas mais variadas comunidades, muitas já tradicionais, integram o calendário turístico do estado e de muitos municípios, como mostra a Tabela 1:

TABELA 1 — FESTAS TEMÁTICAS NO RIO GRANDE DO SUL

FESTA	CIDADE
Festa Nacional da Uva	Caxias do Sul
Festa do Peixe	Tramandaí
Festiqueijo	Carlos Barbosa
Festa Nacional do Champanha — Fenachamp	Garibaldi
Encontro das Tradições Italianas — Entrai	Farroupilha
Festa da Colônia	Gramado
Fenavinho Brasil — Festa Nacional do Vinho	Bento Gonçalves
Festa Nacional da Vindima	Flores da Cunha
Festa de Abertura da Vindima e Expomonte	Monte Belo do Sul
Fenakiwi — Festa Nacional do Kiwi	Farroupilha
Chocofest — Páscoa em Gramado	Gramado
Natal Luz	Gramado
Festa do Pinhão	São Francisco de Paula
Festa Nacional da Maçã	Veranópolis
Festa de Produtos Coloniais — Feprocol	Nova Pádua
Festa Nacional do Churrasco	Lagoa Vermelha
Festa das Amoras, Morangos e Chantily — Fenamor	Feliz
Suinofest	Encantado
Festa do Agricultor	Barão do Triunfo
Fest in Vêneto	Cotiporã
Festa do Porco à Paraguaia	Maximiliano de Almeida
Festa Nacional do Doce — Fenadoce	Pelotas
Festa das Compotas	Taquara
Festa do Mar	Rio Grande
Festa Nacional do Milho — Fenamilho	Santo Ângelo
Festa Estadual do Feijão	Sobradinho
Festa Nacional da Erva Mate — Femate	Arvorezinha
Festa do Moranguinho	Bom Princípio

Fonte: Elaborada pelas autoras.

Quanto à presença dos cartazes como peça de divulgação das festas, isso se dá porque as comunidades nem sempre possuem sustentação econômica que permita dispor de estruturas de comunicação mais sofisticadas para divulgá-las adequadamente. Utilizam-se rádios e jornais locais ou a visita de comitivas do evento — na qual se destacam as *rainhas* e *princesas* —, autoridades estaduais, federais e órgãos de imprensa, além da produção de cartazes. No amadorismo e precariedade de tais estruturas de divulgação, o cartaz ganha destaque e permanece muito utilizado, mesmo quando o crescimento das festas permite a profissionalização de sua estrutura.

No Brasil, entre a década de 1960 e meados da década de 1990, houve forte presença dos cartazes nas campanhas publicitárias de eventos turísticos, talvez pelos espaços de exposição então disponibilizados em agência de turismo, hotéis e, dependendo do perfil da cidade, nas vitrines dos estabelecimentos comerciais. Iremos, a seguir, registrar a importância dessa peça publicitária para o turismo. Destacaremos, para tal, os cartazes da Fenachamp, cuja veiculação se dá nas vitrines e no interior das empresas locais e municípios vizinhos, em órgãos de turismo do estado e do país, agências e operadoras de turismo, entre outras distribuições de menor expressão.[7]

Fenachamp: seus cartazes, sua história

Autodenominada Terra do Champanha, no final da década de 1970, Garibaldi produzia 90% do espumante do país, levando a que entidades empresariais locais propusessem a criação de evento em torno do produto. A ata da reunião do Centro da Indústria Fabril (CIF), de 4 de novembro de 1968, registrou a fala do vice-presidente Itaner Rossi propondo "a realização do Festival do Champagne em Garibaldi, pois, a exemplo do que é feito em outras partes com outros produtos e sendo aqui o berço do champagne no Brasil, acreditava termos condições de realizar uma promoção grandiosa".[8]

[7] Informações cedidas por Rojane Andrighetti, da Secretaria Municipal de Turismo, órgão responsável pela distribuição dos cartazes.

[8] Miotti, 2009: 161.

Na mesma ocasião, o prefeito Irani Peterlongo Rosa, mesmo que seu mandato estivesse por findar, também manifestou o apoio da municipalidade à realização do festival, já em fevereiro de 1969, concomitantemente à Festa da Uva de Caxias do Sul, para aproveitar o fluxo de visitantes à região. Mas, provavelmente pelo exíguo tempo, o festival não foi realizado.

O recém-empossado prefeito Léo A. Cisilotto, em nova reunião do CIF em 5 de maio de 1969, manifestou-se pela realização do evento em 1971, pois para 1970 já estava programada a II Fenavinho, no município vizinho de Bento Gonçalves. Porém, a Fenavinho foi postergada para 1972. Ainda em 1969, dentro das comemorações da II Semana de Garibaldi, realizou-se o Festival do Champanha. O evento maior, com caráter de exposição e feira, cobrou dos visitantes um ingresso no valor de CR$ 0,50,[9] que permitia degustar uma taça de champanha.[10]

O assunto retorna apenas em 27 de dezembro de 1978, na Câmara de Indústria e Comércio (CIC), de Garibaldi, quando seu presidente Adolfo Lona propõe realizar a Festa Nacional do Champanha. Para viabilizar o evento, foi firmado, em 12 de junho de 1979, o Contrato de Constituição de Sociedade Civil por Quotas de Responsabilidade Limitada, criando a Festa Nacional do Champanha Ltda., assinado pela Prefeitura, pelo CIF e pela Associação Comercial. Uma sociedade sem fins lucrativos, cujo objetivo era o de promover o desenvolvimento comunitário, econômico e social do município.[11]

Em fevereiro de 1981 foi realizado o I Festival Colonial Italiano, buscando divulgar a cultura local, mas também propondo, explicitamente, angariar subsídios para a realização da primeira Festa Nacional do Champanha. No processo de organização, as lideranças se defrontaram com problemas como a falta de experiência na realização de eventos, a carência de local apropriado e de recursos financeiros. Os organizadores optaram pela reforma do Parque Santa Mônica, que pertencia ao município e dispunha de restaurante, para viabilizar a primeira edição da festa entre 10 e 26 de julho de 1981.

---

[9] Corrigido pelo IGP-DI, da FGV, o valor atualizado seria de R$ 2,59.

[10] Miotti, 2009: 161.

[11] Ibid.

Figura 1: Cartaz da I Fenachamp. Fonte: Fenachamp.

A I Fenachamp visava promover a produção industrial da bebida e destacar aspectos da cultura local — o que, como se observa na figura 1, não está presente no cartaz — para incentivar a participação da comunidade. Para surpresa dos organizadores, que esperavam de 20 a 30 mil visitantes, a festa atraiu um público de 69 mil pessoas. O cartaz da primeira festa apresenta em destaque, no centro, uma taça de modelo *quadrada*[12] com a bebida. No lado direito da taça há uma marca de batom em forma de beijo, na cor vermelha, e no lado esquerdo, um toque de brilho, que, de certa forma, erotizam o produto. Sob o fundo de cor preta, encontramos na parte superior do cartaz a edição e o nome da festa e, ligeiramente abaixo, Festa Nacional Do Champanha, por extenso. No rodapé estão as logomarcas do realizador, Fenachamp, e da Embratur, como patrocinadora. A peça publicitária foi desenvolvida pela agência de Publicidade Villa Romani, de Caxias do Sul.

Figura 2: Cartaz da II Fenachamp. Fonte: Fenachamp.

A II Fenachamp aconteceu de 29 de junho a 22 de julho de 1984 e contou com 92 expositores e 110 mil visitantes. A Comissão Organizadora recebeu apoio de entidades como Lions e Rotary Club, na proposta de fazer da festa um evento da comunidade. Foi nessa oportunidade que uma grande garrafa de champanha foi instalada no trevo de acesso ao parque, lá permanecendo até hoje, como marca do município. Na entrada da festa, o visitante recebia

[12] Para os especialistas, a taça mais apropriada para o consumo da bebida deve ser de bocal mais fechado e fundo arredondado, para valorização do *perlage*.

uma taça com a logomarca do evento, podendo degustar a bebida à vontade. Havia, ainda, a gastronomia associada à imigração italiana, uma exposição da indústria moveleira e um roteiro de visitas à cidade em ônibus especial.

Desenvolvido também pela agência de publicidade Villa Romani, o cartaz da segunda edição da festa apresenta em destaque uma mulher loira estourando um champanha. Assinam o cartaz Varig, Embratur e Cia. Riograndense de Turismo, reiterando o apoio do governo às festas no estado, e o Banco Sul Brasileiro.[13] O fundo do cartaz é um céu noturno, a espuma da bebida fazendo as vezes de estrelas.

Figura 3: Cartaz da III Fenachamp. Fonte: Fenachamp.

Novamente se passam três anos, até agosto de 1987, quando é realizada a III Fenachamp, com o apelo comercial "Entre nessa Festa", que atraiu 70 mil pessoas. Tal festa foi de fundamental importância para a consolidação do Parque Santa Mônica, então denominado Parque da Fenachamp, que contou com novas estruturas: portões, estacionamento, concha acústica, lago (que propiciou a realização de jogos aquáticos durante o evento), memorial da colonização italiana, estrutura para lanchonetes, casa do champanha e melhoria dos sanitários.

A agência responsável pelo cartaz dessa festa foi a Ponto Um, de Porto Alegre. Em destaque, no lado esquerdo, uma garrafa de champanha com a rolha estourando, porém, sem deixar jorrar a bebida. No lado direito, uma sequência de fotos mostra: a rainha da festa, com sua coroa e uma taça na mão; a gastronomia; e uma vista aérea do local da festa, em um momento de grande movimento. Entre a garrafa e as fotos está o slogan "Entre Nessa Festa". Assinam a peça a Varig e as vinícolas Georges Aubert e De Greville.

A IV Fenachamp, realizada três anos depois, de 6 a 29 de julho de 1990, teve como slogan "Alegria, Alegria". O objetivo era o de levar a Garib-

[13] O Sul Brasileiro foi depois transformado em Banco Meridional, antes de ser adquirido pelo grupo Santander.

Figura 4: Cartaz da IV Fenachamp. Fonte: Fenachamp.

aldi o maior número de pessoas, o que foi conseguido, pois houve 120 mil visitantes. As atrações da festa, além do champanha, foram a oferta gastronômica, a música, a dança e o desfile de carros alegóricos. A festa contou com apoio de entidades e empresas de turismo, bem como das Forças Armadas, que promoveram a apresentação da Esquadrilha da Fumaça e de paraquedismo.

Desenvolvido pela empresa Martins e Andrade, de Porto Alegre, o cartaz inova no formato, agora horizontal. Na foto, aparecem seis pessoas sorrindo. Ao fundo se observa o ambiente de uma cave de pedra, tendo ao centro um pupitre[14] com garrafas. São patrocinadores e apoiadores: CVC Viagens e Turismo, Poder Público Municipal e Vinícola Delantier. Talvez a introdução da palavra Brasil, junto ao nome da cidade, se deva ao apoio da CVC, uma empresa de turismo de abrangência nacional.

A V Fenachamp acontece de 9 de julho a 1º de agosto de 1993, com o slogan "A Festa Mais Borbulhante do País". Essa edição buscou consolidação nacional, havendo maior investimento na divulgação, com lançamento em São Paulo; desaparece do cartaz o nome por extenso da festa, tratada apenas como Fenachamp. O evento

Figura 5: Cartaz da V Fenachamp. Fonte: Fenachamp.

[14] Cavalete de madeira com orifícios nos quais as garrafas de espumante terminam sua maturação, dispostas de cabeça para baixo. Ver http://www.vinhosdoc.com.br.

atraiu 100 mil visitantes, com uma forte presença de turistas de outros estados, que puderam participar de cursos de degustação. Numa área de 45.000m², foi montada a estrutura de receptivo e uma exposição industrial e comercial. Houve o desfile de carros alegóricos, das ruas de Garibaldi ao Parque.

É nessa edição que se encontram as primeiras referências concretas quanto à inserção da comunidade local. Para alcançar esse objetivo, a organização promoveu algumas campanhas diferenciadas junto à comunidade: concurso de decoração de vitrines e residências e um concurso fotográfico. Com base na análise de documentos da Comissão Financeira dessa edição da festa, conclui-se que a responsável pela elaboração do cartaz foi a Expressão Brasileira de Propaganda Ltda.[15]

O cartaz dessa edição não obedece ao padrão de tamanho usual das peças anteriores. Continua retangular, porém mais estreito em comparação aos demais. Tal cartaz, e os que se seguirão, deixará de destacar o número da edição da festa. Na foto, em primeiro plano, há uma taça quase cheia, cuja haste se prolonga sobre a barra inferior do cartaz. Sobre esta está sobreposto o slogan em letras na cor vermelha: "A Festa Mais Borbulhante do País". Assinam a Varig, Rio-Sul Linhas Aéreas e Telasul, uma empresa local do ramo moveleiro.

Após essa edição, a empresa Fenachamp Ltda. é extinta, por proposta da CIC, com objetivo de possibilitar à iniciativa privada administrar o Parque da Fenachamp, via concessão de uso. O processo de fato ocorreu, mas não da forma como fora planejado, gerando resultados insatisfatórios para a comunidade, o que leva à retomada da administração pelo poder público.

Em meio a esse processo, a sexta edição da festa, prevista para 1996, ocorreu apenas em 1998, de 30 de outubro a 8 de novembro. A festa passou a ser de responsabilidade de uma Comissão Comunitária. A VI Fenachamp teve uma proposta diferenciada, a começar pela duração menor, de apenas nove dias, assim como a redução do nome para Festa do Champanha e o desaparecimento da sigla Fenachamp. Mais uma vez, buscando envolver a comunidade e mostrar aos turistas o dia a dia do município,

[15] A agência recebeu troféu do XXIV Prêmio Colunista Nacional 1991, na categoria *outdoor*, em peça criada para a Varig.

Figura 6: Cartaz da Festa do Champanha 1998. Fonte: Fenachamp.

os organizadores optaram por realizar o evento na área central da cidade, atraindo um público que teria sido de 80 mil visitantes.

O cartaz da festa não inova, apresentando uma taça em destaque, em posição levemente diagonal, só que agora em desenho, e não em foto. A cor de fundo lembra a do champanha, sendo a taça e as borbulhas na cor branca. O dizer "Venha Borbulhar de Alegria..." aparece sobreposto à taça, com letras em vermelho e o nome — Festa Nacional do Champanha — abaixo, com letras em azul e com pouco destaque. Assinam a peça a CIC, a Associação de Pequenas e Micro Empresas de Garibaldi (Apeme),[16] a Prefeitura Municipal e o Banrisul — ou seja, desaparecem as instituições de abrangência nacional.

Figura 7: Cartaz da Festa do Champanha 2000. Fonte: Fenachamp

Na sétima edição, de 11 a 22 de outubro de 2000, a festa manteve o modelo da edição anterior, assim como a menor duração, agora em 11 dias. Ocupou as ruas da cidade, de novo sob a justificativa de melhor integrar comunidade e região na festividade.[17] Um pequeno projeto consolida a proposta do evento em torno das comemorações do centenário do município. O slogan "Garibaldi, 100 anos para festejar e muita história para contar..." sintetizava a proposta, vendo a cidade como símbolo da pujança dos imigrantes instalados na região. Realizada ao ar livre, a festa teria

[16] Nome à época da hoje Associação de Pequenas e Médias Empresas.

[17] Fenachamp 25 anos, 2007.

enfrentado problemas climáticos, com muita chuva no período, não havendo registro do número de participantes.

O cartaz da Festa do Champanha 2000 foi elaborado pela agência Caras, localizada em Carlos Barbosa, município vizinho a Garibaldi. O fundo do cartaz apresenta um céu azul com algumas nuvens e, parcialmente, uma casa colonial de madeira. Em frente e em destaque, uma garrafa verde de espumante com o envoltório do gargalo dourado. Da garrafa projeta-se uma tira de película de cinema, onde, à guisa de fotogramas, estão imagens do local. Pode-se observar o desenho do pórtico da cidade, garrafas de espumante, o trem turístico maria-fumaça, que percorre o município, e a rainha, as soberanas e princesas do evento, em traje oficial e gesto de brinde. Na parte inferior do cartaz, sob a garrafa, alinhado à esquerda e em duas linhas, estão data e local da festa; a exemplo da edição de 1990, volta a aparecer a palavra Brasil. No rodapé assinam: CIC, logomarca Garibaldi — Terra do Champanha (utilizada pela Secretaria de Turismo), Apeme, Prefeitura e a Claro, empresa de telefonia móvel que buscava inserção no mercado regional.

A oitava edição ocorre de 3 a 29 de outubro de 2003, com o slogan "Venha beber estrelas". Será a Festa mais longa, com 26 dias de duração. A Fenachamp 2003 enfrentou dois desafios: primeiro, atendendo a uma reivindicação da comunidade, o retorno da Festa ao Parque da Fenachamp, pelos transtornos de trânsito causados à cidade ao realizar o evento em sua área central; segundo, pelo momento vivido pela economia local, de encontrar um modelo adequado para viabilizar a participação das vinícolas, priorizando a divulgação e comercialização do produto, com retorno econômico ao expositor. Essa preocupação, presente em edições anteriores, não havia sido formalmente registrada pelos organizadores. O pavilhão foi montado como uma

Figura 8: Cartaz da Fenachamp 2003.
Fonte: Fenachamp.

grande champanharia, onde eram servidos bebida e pratos da gastronomia local. O ingresso vinha acompanhado de uma taça de vidro, personalizada com a logomarca da festa, e um ticket para degustar um dos espumantes em exposição. A Fenachamp 2003 atraiu um público de 25 mil visitantes, número menor que o dos anos anteriores, talvez pelo custo dos ingressos ao parque.

Desenvolvido por JJD Proequipe, de Caxias do Sul, o cartaz de 2003 volta a destacar a taça, em posição levemente diagonal, com a bebida a *perlage*[18] formando a imagem de um casal brindando. Assinam a peça a própria Fenachamp, a Vinícola Garibaldi, a CIC e a Apeme, a Caixa Econômica Federal, a Unimed Planos de Saúde, o Instituto Brasileiro do Vinho (Ibravin). Destaca-se que esta é a primeira edição com apoio da Lei de Incentivo à Cultura (LIC), do Rio Grande do Sul, na modalidade de renúncia fiscal.

A festa de 2005 foi realizada pela prefeitura de Garibaldi, através da Secretaria de Turismo, Indústria e Comércio, e pela Comissão da Festa, de 30 de setembro a 16 de outubro, com o tema "O brilho do champanha fazendo história", que atraiu um público de 25 mil pessoas. A Fenachamp 2005 teve como proposta, junto com a política de turismo do município, "trazer à tona o charme e o glamour do espumante fino, aliando a isso a alegria e a expressão da década de 1920, considerada o apogeu do município de Garibaldi, que é representado pelo casario antigo que faz parte do projeto turístico "Passadas — a arquitetura do olhar".[19] Entretanto, a programação, bastante popular, não acompanhou tal pretensão. Essa edição foi decisiva para consolidar o modelo da festa como uma grande champanharia, adotado em 2003, indicando seu sucesso junto às empresas, mesmo que atraindo um público menor. Inova, também, ao colocar em evidência o patrimônio arquitetônico, em detrimento de signos mais turistificados, como o trem maria-fumaça.

O cartaz foi desenvolvido pela agência Studio Uno, de Caxias do Sul, e materializa a sofisticação proposta como imaginário associado ao espumante. A taça volta a estar em destaque, mas em modelo mais contemporâneo. O

---

[18] *Perlage*: borbulhas do espumante, ocasionadas pela presença de gás carbônico.

[19] Fenachamp 2005, s.n.t.

perlage é intenso e se espalha em pontos luminosos em cor que tende ao dourado, misturando-se às estrelas do céu ao fundo. O Centro Histórico é entrevisto, com suas janelas iluminadas e a rua deserta. É a primeira vez que o patrimônio arquitetônico urbano é destaque, em função da associação com o "Projeto Turístico Passadas", que a Secretaria de Turismo desenvolvia, buscando a sua valorização.

Figura 9: Cartaz da Fenachamp 2005. Fonte: Fenachamp.

Anteriormente, o patrimônio local estivera no cartaz de 2000, mas de uma maneira mais turistificada na presença do prédio de madeira da tradição colonial. Novamente a data (2005) aparece em destaque. São os realizadores: Fenachamp, e Prefeitura, representada pelo logotipo da Terra do Champanha. Os patrocinadores são Ibravin, Governo do Estado do Rio Grande do Sul, Banrisul, Ministério do Turismo, e apoio da Unimed e Caixa Econômica Federal, num crescimento numérico e de diversificação.

A Fenachamp 2007, de 19 de setembro a 7 de outubro, convidava com o slogan "Venha brindar seus melhores momentos" e teve como marca comemorar os 25 anos de realização da primeira festa. Deu ênfase à história das festas anteriores, impondo-se como uma tradição local, em que pese a irregularidade que marcou seu percurso. Ao longo do ano, a diretoria e a prefeitura promoveram diversos eventos para dar visibilidade a essa história. Ex-colaboradores foram reunidos em diversas solenidades, com destaque para a exposição Fenachamp 25 Anos, que reuniu quadros, fotos, fôlderes, vestidos e acessórios das soberanas de todas as festas. Foi produzido o vídeo denominado "Fenachamp 25 Anos — sua história e sua gente". Houve, ainda,

Figura 10: Cartaz da Fenachamp 2007. Fonte: Fenachamp.

o desfile de carros alegóricos, do qual participaram pessoas ligadas às diferentes edições.

> O evento também se caracterizou pelas mudanças internas dos pavilhões, melhorando a sua estrutura para shows e ampliando o espaço físico e coberto do parque de 3 mil m² para quase 6 mil m². Isso possibilitou ao visitante mais comodidade e flexibilidade no passeio pelo parque e na degustação dos espumantes. O público total de 52.300 visitantes, oriundos de todas as partes do Brasil, celebrou as mais de 20 mil garrafas de espumantes comercializadas e pôde prestigiar os grandes shows de César Menotti e Fabiano, Banda Mel, Tholl e The Fevers.[20]

O cartaz da Fenachamp 2007 foi desenvolvido pela agência Fattore Comunicação Integrada. Em franco destaque, aparece a rainha, coroada e com o traje oficial, sorrindo ao empunhar a taça em brinde, cercada por certa aura dourada. Ao seu lado, uma composição de fotos em espiral repete o recurso utilizado na peça de 2000. No rodapé assinam: Fenachamp, Prefeitura, Tramontina, Banrisul, Claro — telefonia móvel, Caixa Econômica Federal e Ministério do Turismo, Unimed Planos de Saúde, Vinícola Chandon, Cooperativa Agrícola Cairú, Telasul — Móveis, Companhia de Gás do Estado do Rio Grande do Sul (Sulgás). Por último, aparece o logotipo da Lei de Incentivo à Cultura, indicando que tais empresas talvez tenham participado através de doações via renúncia fiscal.

A Fenachamp 2009, que aconteceu de 1º a 25 de outubro, foi organizada pela Associação Rota dos Espumantes de Garibaldi, entidade representativa do setor vinícola do município, com o apoio da CIC e da prefeitura. Ressalte-se que essa edição reuniu empresas que representaram 90% da produção nacional de espumante, atraindo 60 mil visitantes aos pavilhões.

> A Fenachamp 2009 celebrou os 28 anos de história celebrando "a evolução do champanha" [...]. Diversas autoridades regionais participaram da Festa. Entre as principais atrações da Fenachamp 2009 estiveram os shows regionais e nacionais, a Vila Típica Italiana, onde os turistas e visitantes

[20] Fenachamp 2007, s.n.t.

puderam participar de uma vasta programação de atividades e provar os mais saborosos produtos da região, e as oficinas de gastronomia, ministradas por profissionais que ensinaram os interessados a escolher o espumante que melhor combina com os determinados tipos de comida. Além disso, houve a Feira Comercial e Industrial, ótimo local para fazer compras, e muitas outras atrações.[21]

Figura 11: Cartaz da Fenachamp 2009. Fonte: Fenachamp.

A Vila Típica Italiana apareceu como sinônimo de uma área de alimentação, onde a comida e outros elementos da italianidade local estiveram associados ao culto das tradições, mas também ao lazer. Os principais atrativos, a cada final de semana, foram a presença de uma comunidade do interior de Garibaldi, convidada a permanecer no local e a participar de jogos lúdicos rurais. Nesse ambiente, também havia a exaltação a símbolos, como o Relógio da Vida[22] e a Igreja, além de realização de palestras sobre o meio rural e apresentações artísticas a ressaltar a italianidade. A festa atraiu um público de 60 mil pessoas.

Desenvolvido pela Fattore Comunicação Integrada, esse cartaz, com fundo preto, traz um casal em destaque. A mulher é loira, cabelo preso e mão enluvada. Sua taça é do tipo aberta, modelo utilizado até a década de 1960. O homem veste uma camisa listrada e sua taça é do tipo *flute*, adotado a partir dos anos 1970, por preservar melhor o *perlage*. Acima do casal, a frase "A evolução do champanha", o que significa dizer que o feminino está associado à tradição e o masculino ao contemporâneo. Nas fotos da base do cartaz aparecem as soberanas, a maria-fumaça, o centro histórico e o pórtico de entrada com veículo turístico Tim-Tim (cami-

[21] Fenachamp 2009, s.n.t.

[22] Área com plantação de ervas medicinais, dispostas no desenho de um relógio de sol no solo, onde cada erva tem uma funcionalidade importante para a saúde do corpo humano e para um órgão específico, adequada para um determinado horário do dia.

Figura 12: Cartaz da Fenachamp 2011.
Fonte: Fenachamp.

nhão da II Guerra Mundial utilizado para o transporte de turistas). Os realizadores são: Fenachamp, Prefeitura Municipal de Garibaldi e CIC de Garibaldi.

A Fenachamp 2011, que aconteceu de 16 a 30 de outubro, nas sextas, sábados e domingos, foi organizada pelo Centro Empresarial e Cultural de Garibaldi (CEC), criado em 2010 para a realização da festa e de outros eventos locais. Na sua programação, organizou-se um *sabrage* que buscava ser validado para figurar no Guinness Book/Livro dos Recordes, ao reunir 200 pessoas para a "degola" da garrafa de champanha com a utilização de um sabre. O consumo ultrapassou 24 mil garrafas, degustadas por mais de 70 mil pessoas. Cabe ressaltar que essa festa marcou a inauguração de um segundo pavilhão, que abrigou a feira comercial, até então realizada no Centro de Tradições Gaúchas (CTG), localizado dentro do mesmo parque.

Em consonância com o tema proposto pela festa — "Da terra nasce a magia que explode em alegria", escrito em branco logo abaixo do nome da festa —, o cartaz apresenta uma garrafa de champanha nascendo da terra. Da garrafa o espumante jorra tal como fogos de artifício. A garrafa mistura-se ao parreiral, indicando o *terroir* e as uvas da sua produção. O nome da festa é destaque, como nas edições anteriores, porém, pela primeira vez, o ano (2011) não está presente. Textos laterais incluem um convite à participação, a data e os dias de realização, assim como o nome da cidade. Abaixo, aparecem as soberanas brindando. Ao seu lado, fotos de um *sabrage*, do centro histórico, da maria-fumaça e do pórtico de Garibaldi com o Tim-Tim. No rodapé constam: Financiamento — Lei de Incentivo à Cultura; Realização — Fenachamp e CEC; Patrocínio — CIC de Garibaldi, Tramontina e Ministério da Cultura. À direita no cartaz, em letras brancas, no sentido horizontal, a frase "Deguste com consciência", numa referência ao cuidado com o beber, presente pela primeira vez.

Considerações finais

As festas temáticas marcam-se por sua forte associação a produtos de destaque na economia local, tendo as tradições do lugar como cenário. A Fenachamp não foge à regra. O produto em destaque, diferencial numa região produtora de vinhos e marca do município de Garibaldi, é o espumante, e tematizá-lo na festa foi decorrência de tal processo.

Garibaldi, como a maioria dos municípios da Região Uva e Vinho, teve sua colonização majoritária por migrantes italianos, mas a forte influência francesa, na origem da fabricação do espumante, se deu pela presença de ordens religiosas daquela nacionalidade. Entretanto, os elementos da italianidade são hegemônicos nos discursos sobre a cultura local, o que se reflete nos elementos presentes nos cartazes. Observa-se nos mesmos a presença da culinária associada à italianidade e de elementos do patrimônio material, para reafirmar a identidade local pelo reconhecimento de monumentos e lugares.

A taça é o elemento recorrente em 11 dos 12 cartazes — ausente só na peça da segunda Fenachamp —, variando apenas o modelo e o destaque dado à mesma e ao ato de brindar, significativo na taça empunhada ou entendido na sua verticalização. Ampliando a alusão, o brinde pode estar associado à hospitalidade e às boas-vindas ao visitante. Outro item recorrente nos cartazes é o brilho, induzindo à ideia de glamour e sofisticação, tradicionalmente relacionada ao consumo do champanha, o que poderia ser considerado como patrimônio imaterial do local, colocado como diferencial na região, marcada pelo vinho e pelo colonial italiano.

Observam-se nos cartazes: a preocupação com a marcação do tempo histórico, através da presença destacada das datas que, em 1998, passaram a fazer parte do nome das festas; elementos da história local, como o Centro Histórico da cidade; as comemorações dos 25 anos da festa; os slogans "Evolução do Champanha" e "100 anos para festejar muita história para contar...", embora o mesmo zelo não apareça na preservação da memória do evento, de maneira mais concreta, como o processo de pesquisa deixa claro. Os signos de memória citados como presentes nos cartazes parecem ser utilizados para validar a festa e transformá-la em *tradição*, mas se contrapõem à ausência de um acervo oficial do evento. Traços de memória estão no Restaurante Fenachamp, localizado junto ao parque, que expõe na entrada os cartazes de todas as edições da festa e material que restou da edição de 2007, que comemorou os 25 anos do evento.

Referências

CLEMENTE, Elvo; UNGARETTI, Maura. *História da Garibaldi*. Porto Alegre: Edipucrs, 1993.

FENACHAMP 2005, s.n.t.. Disponível em: http://www.fenachamp.com/exibe_festa.php?codigo=16. Acesso em 24 mar. 2011.

FENACHAMP 2007, s.n.t.. Disponível em: http://www.fenachamp.com/exibe_festa.php?codigo=17. Acesso em 24 mar. 2011.

FENACHAMP 2009, s.n.t.. Disponível em: http://www.fenachamp.com/exibe_festa.php?codigo=18. Acesso em 24 mar. 2011.

FENACHAMP 25 anos — sua história e sua gente. Garibaldi: Fenachamp, 2007. DVD.

GASTAL, S; MACHIVELLI, M. S. Festa temática: considerações em torno de um novo conceito. In: SEMINÁRIO DA ASSOCIAÇÃO NACIONAL DE PESQUISA E PÓS-GRADUAÇÃO EM TURISMO (ANPTUR), 8, Balneário Camboriú, 2011. *Anais*... São Paulo: Aleph, 2011. Disponível em: http://anptur.org.br/anais2011/pdf/109.pdf. Acesso em: 23 out. 2011.

MIOTTI, V. *CIC de Garibaldi: 1924-2009*. 85 anos de história: a força do associativismo. Caxias do Sul: Educs, 2009.

Morretes, a "Terra do barreado": do início do turismo gastronômico no Paraná

Maria Henriqueta Sperandio Garcia Gimenes

O município de Morretes é hoje referência no turismo gastronômico no estado do Paraná graças à sua associação com o "barreado", prato típico do litoral paranaense e comercializado em muitos restaurantes locais. Este capítulo contribui para uma melhor compreensão da relação entre turismo e gastronomia e, mais especificamente, para a historiografia do turismo do Paraná, abordando o período compreendido entre 1989 e 1992, tendo como foco o desenvolvimento turístico do município de Morretes, litoral paranaense. Este recorte cronológico deve-se ao fato de que foi durante a gestão do prefeito Sebastião Cavagnolli que a cidade assumiu o turismo gastronômico como "vocação" e passou a divulgá-lo intensivamente, terminando por ser associada definitivamente à tradição e à comercialização do barreado. Atualmente, o município tem investido em outros segmentos turísticos, sempre a partir da notoriedade já alcançada pela comercialização do prato nos inúmeros restaurantes locais.

Barreado Morretiano

Preparado no litoral paranaense há centenas de anos, o barreado é feito com carne bovina de segunda categoria (como peito e paleta) cozida longamente com toucinho, cominho e louro em uma panela de barro hermeticamente fechada com uma folha de bananeira e lacrada com uma goma de farinha de mandioca — técnica que batizou o prato.

Figura 1: Panelão de barreado aberto. Fonte: A autora (2008).

Sua origem é repleta de contradições, sendo a versão mais aceita a de que se trata de uma adaptação caiçara do cozido português.[1] Embora historicamente todo o litoral paranaense esteja associado ao preparo do prato, há décadas ocorre uma disputa por sua paternidade entre os municípios vizinhos de Antonina, Morretes e Paranaguá.

O prato deve sua popularidade ao entrudo,[2] pois mesmo "requentado" mantém o sabor, o que levava as mulheres a preparar paneladas para poder brincar o entrudo sem se preocupar com a cozinha.[3] Da mesma forma, o fandango,[4] outra manifestação cultural do litoral paranaense, é intimamente ligado ao preparo e à degustação do prato.[5] As principais características do barreado são a textura e a apresentação da carne, praticamente desmanchada por conta

---

[1] Essas referências podem ser encontradas, entre outros, em Correia, 2002; Pinto, 1983; Roderjan, 1981; e Viana, 1976.

[2] O folclorista Alexandre José de Melo Morais Filho (1979) descreve o entrudo (do latim *introitu*, introdução) como um jogo herdado de Portugal que acontecia no Brasil inteiro três dias antes do início da Quaresma. Consistia em três dias de excessos que antecipavam um período de penitência e constrição. Foi introduzido no país no século XVII e ganhou força no século XVIII.

[3] Ver Correia, 2002; Pinto, 1983; Roderjan, 1981; e Viana, 1976.

[4] Fandango: manifestação cultural popular que reúne dança e música, praticado há centenas de anos no litoral sul de São Paulo e no litoral norte do Paraná, nas cidades de Cananeia, Iguape, Morretes, Paranaguá e Guaraqueçaba. As danças são classificadas em valsadas ou batidas, dançadas em pares, com os homens batendo palmas e tamanqueando. Juntamente com o barulho dos tamancos têm-se a viola e a rabeca, o adufo (ou adufe) e o pandeiro. Era dançado durante o entrudo, em festas familiares (de casamento, batismo etc.) e também durante os mutirões (ou pixirões), ações conjuntas para plantio ou colheita da lavoura, que reunia vizinhos e amigos e tinham no baile do fandango um momento de confraternização. Sobre o assunto, ver: Gramani e Correa, 2006: 21-37; e Rando, 2003: 11-33.

[5] Ver Correia, 2002; Pinto, 1983; Roderjan, 1981; e Viana, 1976.

do longo cozimento, e seus acompanhamentos: farinha de mandioca fina, banana da terra e cachaça (no caso de Morretes, a cachaça de banana). Sua receita, disseminada por meio da tradição oral, possui variações principalmente no que se refere aos temperos adicionados à carne (com destaque para o uso polêmico do tomate, feito em algumas variações[6]), e à forma de preparo, variedade resultante da apropriação coletiva que contribuiu para a perpetuação dessa tradição.

No que se refere à comercialização do prato, não se pode deixar de mencionar três personagens: o português Antonio Alpendre (já falecido), residente em Morretes, a capelista Ieda Siedschlag e o morretiano descendente de italianos Honílson Fabris Madalozo (já falecido). Antonio Alpendre fundou o Hotel Nhundiaquara, que iniciou a oferta comercial do barreado em meados da década de 1940; Dona Ieda promoveu o resgate histórico do barreado no final da década de 1960 em Antonina e foi a principal responsável pela fama do prato na década seguinte; e Honílson Fabris Madalozo fundou o Restaurante Madalazo, primeiro restaurante "de rua" que incluiu o barreado em seu cardápio, responsável também por algumas inovações hoje havidas como "tradicionais".[7] Quem fala da trajetória do sr. Alpendre, já falecido, é sua filha, Maria da Glória Alpendre Silveira.[8] A entrevistada não se lembra do ano exato em que o barreado foi incluído no cardápio; recorda apenas que isso ocorreu já no Hotel Nhundiaquara, entre 1945 e 1950. Sua memória, entretanto, é bastante viva ao relembrar do sucesso alcançado pelo prato: para surpresa de todos, o barreado foi tão bem aceito que passaram até mesmo a atender pedidos para servi-lo em Curitiba e outras cidades.

Décadas depois, foi inaugurado o embrião do maior restaurante da cidade: o Bar e Snooker Madalozo. Em 1966, o alfaiate Honílson Fabris Madalozo entrou no ramo da alimentação, insatisfeito por conta de furtos ocorridos

[6] Os que assumem o uso do tomate dizem que o sabor não é alterado, só a cor é melhorada. Os mais tradicionalistas garantem que a coloração (assim como a consistência) do barreado deve ser produto do longo cozimento em fogo brando e que o uso do tomate é um artifício para mascarar o fato de que o prato foi feito de forma apressada. Outras críticas dizem respeito à possibilidade de o tomate fazer o prato azedar, além da argumentação decorrente de que "se colocou tomate, pode até ser um cozido gostoso, mas não é barreado".

[7] Gimenes, 2008.

[8] Silveira, 2008.

em sua alfaiataria. Quem fala da trajetória do sr. Honílson, já falecido, é sua esposa, Izanete Madalozo, e sua filha, Tânia Madalozo Lafitte.[9]

No final da década de 1960, Dona Ieda Siedschlag percebeu que a tradição do barreado estava enfraquecendo e, juntamente com a amiga Neréa Sarmento, resolveu resgatar o prato e passou a prepará-lo no Clube Náutico de Antonina.[10] Até o final da década de 1980, Dona Ieda foi considerada a figura central do preparo e comercialização do barreado no litoral paranaense (primeiramente comandando a cozinha do Clube Náutico e a partir de 1974 à frente de seu próprio restaurante).[11]

Durante o governo de Emílio Hoffmann Gomes (1973 a 1975), a Paranatur produziu folhetos de divulgação em português e inglês apresentando o barreado, sua história e seu modo de preparo.[12] O barreado era descrito como um prato tradicionalmente preparado e consumido em Paranaguá, Guaraqueçaba, Antonina, Morretes e Guaratuba havia mais de 200 anos. Contudo, não havia indicação de onde a iguaria poderia ser degustada.[13] Merece atenção a elaboração de um folheto exclusivo para a iguaria objetivando sua divulgação em eventos e feiras em que o destino Paraná estivesse presente. Deve-se observar, porém, que somente no final da década seguinte a oferta comercial do barreado ganhou efetivamente status de atrativo turístico.

Morretes, "a terra do barreado"

O prefeito Sebastião Cavagnolli, já falecido, é apontado por morretianos, capelistas e parnanguaras como o grande responsável pelo desenvolvimento do turismo em Morretes e pela associação do município ao prato. O responsável pela área de turismo durante a gestão deste prefeito (1989-1992),

[9] Madalozo, 2008; Laffitte, 2008.

[10] Siedschlag, 2008.

[11] Em 1º de maio de 1974, Dona Ieda abriu seu próprio restaurante, o Cacoan — Campo de Concentração dos Amigos de Antonina (mas que era chamado basicamente de Restaurante da Ieda ou de Barreado da Ieda).

[12] Crédito de pesquisa para Marly Garcia Correia.

[13] Paranatur, s.d.

Orley Antunes de Oliveira Junior, também merece destaque. Orley era comerciante antes de assumir o cargo. Ele relembra que, logo após a posse do prefeito em janeiro de 1989, uma enchente inundou a cidade e destruiu a agricultura, então única base da economia local. Diante da necessidade de recuperar a economia e criar uma alternativa de desenvolvimento para a cidade, Cavagnolli e Orley decidiram investir na atividade turística. O entrevistado comenta:

> Aqui em Morretes, nessa época, não tinha nada. O forte era [em] Antonina. Lá tinha o barreado, tinha o porto de mar, e aqui nada. O [restaurante] Madalozo não tinha essa área da lateral, não tinha a parte de cima. [...] Não tinha o [restaurante] Ponte Velha. Ali ao lado do Maurício [Restaurante Casarão] era uma ruína. [...] Essas lojas de artesanato, não tinha nada.[14]

O entrevistado segue, falando de como surgiu a ideia de divulgar ao máximo a cidade, mesmo diante de poucos atrativos:

> Eu aprendi o seguinte: que a gente precisava divulgar Morretes. [...] Eu cheguei pra ele e disse: "Cavagnolli, nós temos que divulgar o município à exaustão!". E ele disse: "Pois é, mas nós não temos nada, a gente divulga e o povo vem, e daí?". E eu disse "Não tem importância! A gente divulga, desenvolve internamente e o fluxo traz o empresário! Nós temos aqui o [restaurante] Madalozo, na época tínhamos mais uns dois restaurantes. Pra começar essa gente garante a cidade".[15]

A primeira ação de impacto da gestão de Cavagnolli procurou unir uma atividade de lazer do morreteniano e a divulgação do município com a amenização dos problemas causados pela enchente: foi criado o "boia-cross" (descida do rio com boia, mais precisamente câmaras de pneus) ecológico, com premiações para aqueles que conseguissem recolher a maior quantidade de lixo durante o trajeto. Sobre os esforços para que o evento saísse a contento, Orley comenta:

---

[14] Oliveira Jr., 2008.

[15] Ibid.

Daí eu fui na televisão, eu fui na Rede Globo, fui na imprensa. [...] No domingo anterior ao boia-cross, saiu em todos os canais de televisão. Na sexta-feira anterior saiu no *Jornal Nacional* e no dia 28 saiu no *Fantástico*. Para você ter uma ideia da violência que foi a largada do negócio nosso, do tamanho da divulgação que conseguimos! Imediatamente começou a encher a cidade de gente. O boia-cross foi um show! Quatro, cinco toneladas de lixo foram tiradas do Rio. O Boticário entrou no jogo, deu perfume, uns outros prêmios.[16]

Para Oliveira Junior (2008), entretanto, o grande resultado positivo do evento foi a confiança adquirida a partir do sucesso da promoção: "de tanta gente que veio, mostrou para as pessoas que Morretes tinha muito carisma. Mostrou para o próprio prefeito e para a própria cidade, deu aquele sentimento de 'nós podemos! Nós podemos mudar a cidade!'". Nota-se, porém, que a partir do sucesso do primeiro evento, as atenções voltaram-se para o barreado. Divulgar a iguaria amplamente, no Brasil e no exterior, foi a meta eleita para ser perseguida nos anos seguintes:

A gente queria investir no barreado. Então eu comecei a sair pra fazer barreado. Como eu conhecia muita gente em Curitiba, conhecia os jornalistas daqui, então eles ajudavam na divulgação. Na Abav[17] de Fortaleza eu fiz um barreado separado da Secretaria do Estado. A secretaria fez o jantar dela e fui fazendo assim. Durante a gestão nós fizemos barreado em mais de 70 lugares diferentes, dentro e fora do Brasil. Sempre divulgando o barreado de Morretes. Barreado e Morretes, sempre! Todas as minhas camisas tinham a marca de Morretes, porque eu sou apaixonado por essa cidade! [18]

Com o slogan "Morretes, Terra do barreado", Cavagnolli começou a divulgar maciçamente o prato associado à cidade. Um dos materiais promocionais distribuídos nesses eventos era um folheto intitulado "Barreado: prato típico de Morretes", estampando uma panela de barro contendo a iguaria ao lado de uma farinheira. O texto tem apelo turístico claro: "aque-

[16] Ibid.

[17] Abav: Associação Brasileira de Agências de Viagem

[18] Oliveira Jr., 2008.

les que pela primeira vez visitam o Paraná, mais precisamente o litoral paranaense, ficam conhecendo um prato muito gostoso que lhes é completamente novo: o barreado".[19] Ilustrado com imagens da estrada de ferro Curitiba-Paranaguá, de recantos da Graciosa e do Rio Nhundiaquara, o texto relaciona a origem do barreado com os tropeiros[20] e o carnaval e, apesar de abertamente vincular o barreado a Morretes, afirma: "o barreado é um prato muito simples, preparado com carne, toucinho e temperos, típico da cozinha de Morretes, Antonina e Paranaguá [...] hoje, o barreado é servido todos os dias da semana devido à divulgação que passou a ter de uns anos pra cá".[21]

De acordo com Orley, algumas pessoas de Antonina não gostaram da repercussão alcançada na vinculação do barreado a Morretes. Segundo o entrevistado, "Antonina se incomodou, falando que a gente dizia que o barreado era só nosso. A gente não fez nada disso. A gente divulgava Morretes, Terra do barreado, nem questionávamos Antonina. Nosso negócio era Morretes".[22] E reforça: "essa coisa que tem gente de Antonina que fala, que em Morretes teve subsídio da prefeitura pra abrir restaurante, isso nunca aconteceu".

Laurice De Bona, dentre tantos outros entrevistados, fala da importância da gestão do prefeito Sebastião Cavagnolli: "ele transformou a nossa cidade em uma cidade jardim. Aquela rua das Flores ali [...] era praticamente um vaso de flores. Antes era rua Juvenal Carneiro e passou a ser denominada rua das Flores. Então com isso atraiu muitos turistas pra Morretes".[23]

Como ele próprio admite, Orley é uma figura bastante polêmica. Para Joaquim Alcobas, empresário do ramo de alimentação em Antonina, Orley realmente conseguiu associar Morretes ao barreado, mas o fez em detrimento da divulgação de Antonina. Ressaltando que "o barreado no litoral

---

[19] Prefeitura Municipal de Morretes, 1989.

[20] A associação do barreado com o tropeirismo é polêmica, pois os ingredientes utilizados pelos tropeiros eram diferentes (a carne preferida era o charque; o transporte, a conservação e a utilização da carne "verde" era inviável durante os deslocamentos), bem como o tempo necessário para o cozimento do prato e a sua durabilidade depois de pronto eram incompatíveis com o modo de vida dos tropeiros. (Gimenes, 2008). Para tropeirismo, ver Goulart, 1961; e Maia, 1981.

[21] Prefeitura Municipal de Morretes, 1989.

[22] Oliveira Jr., 2008.

[23] De Bona, 2008.

começou mesmo depois da Ieda," o empresário continua: "hoje Antonina é um centro de gastronomia no qual se tem o barreado. Existe o barreado. Mas o mais específico mesmo é Morretes. Porque falou em barreado, todo mundo fala em Morretes, ninguém fala em Antonina."[24] Isso teria ocorrido justamente por conta da atuação de Orley:

> Essa associação com Morretes é porque fizeram um trabalho muito bem feito lá. Bem feito e de cunho até baixo, posso dizer. Na época em que começaram a falar em Morretes, barreado e tal, o secretário de Turismo era o Orley. E eu sempre falei na frente dele e de quem quiser ouvir: ele era um bom secretário. Porque quando ele vendia a cidade de Morretes lá em cima, em Curitiba, no Brasil inteiro, nas agências de turismo, perguntavam pra ele se podia levar um jet ski pra esquiar, se tinha mar e tal, ele falava que tinha há 14 quilômetros da cidade!![25]

Para o empresário, essa estratégia de divulgação das belezas naturais de Antonina como um anexo de Morretes surtiu efeito principalmente porque a gestão pública antoninense se omitiu em relação à organização do turismo na cidade e ao que era divulgado pela cidade vizinha. Ana Eliza Correia de Souza, de Antonina, tem uma opinião semelhante:

> Eles souberam aproveitar melhor. Morretes levou sorte por causa de um secretário de Turismo que teve lá, foi o Orley. Teve um evento, se não me falha a memória, uma Abav, e Morretes chegou com tudo nesse evento. E Antonina não foi nesse evento. O marketing que ele usou lá foi: "Venha a Morretes comer o barreado e a 15 quilômteros desfrute da melhor baía do litoral!". Então ele usou Antonina como quintal da casa dele, não é? Ele foi esperto.[26]

Leônidas de Abreu, dono do Restaurante Albatroz, em Antonina, afirma que, a partir do final da década de 1980, a procura pela cidade, e por

[24] Alcobas, 2008.

[25] Ibid.

[26] Souza, 2008.

consequência o movimento dos restaurantes, inclusive o seu, sofreu uma redução evidente.

> Começou a mudar, a cidade meio que começou a degringolar. Veja, antes, o pessoal passava por Morretes e vinha comer em Antonina. Direto isso acontecia. [...] Daí assumiu um prefeito, o Cavagnolli, e na época, o que ele fez? Ele injetou em Turismo, ele investiu. Quando ele começou a injetar no turismo, ele já colocou esguicho de água colorido no meio do rio, começou a mexer nas ruas, plantar flores, começou a movimentar a cidade.[27]

> O Madalozo, que era do Honílson, começou a crescer ainda mais. E o Orley, que trabalhava pro Cavagnolli, começou a divulgar o barreado como se o barreado fosse de Morretes! [...] Aí eles começaram a injetar no barreado, investir, divulgar, vender, vender, vender a imagem do barreado de Morretes, da Cachaça, o passeio de Boia, o Rio Nhundiaquara e tal.[28]

Com o fechamento do restaurante de dona Ieda e a divulgação intensiva da iguaria promovida por Morretes, na década seguinte o barreado passou a ser vinculado mais a Morretes do que a Antonina, revertendo o quadro que se apresentava na década de 1970. Paranaguá, por sua vez, mantinha uma oferta comercial inexpressiva, mantendo o prato nas residências, e apenas em meados de 1990 passou a divulgá-lo associado ao fandango.

Ainda em 1991, em um release da Assessoria de Imprensa da Paranatur, o barreado era divulgado como sendo o "prato típico do Paraná, saboroso, substancial e um dos mais exóticos do Brasil",[29] apresentando sua origem e receita. No mesmo ano foi inaugurado o Restaurante Panorâmico Ponte Velha, com 150 lugares (desde então o segundo maior[30] restaurante da cidade), localizado bem em frente ao Restaurante Madalozo.

---

[27] Abreu, 2008.

[28] Ibid.

[29] Paranatur, 1991.

[30] O maior restaurante da cidade é o Restaurante Madalozo, com 690 lugares, mais 120 lugares se a sala de espera for convertida em salão (dados de 2008).

Figura 2: Restaurante Ponte Velha e Restaurante Madalozo. Fonte: A autora (2008).

Seu proprietário, Joaquim de Souza Júnior, relata que a demanda crescente que se avolumava às portas do Madalozo foi determinante para a decisão de abrir o restaurante. Sobre a reação da concorrência, comenta: "teve um dos proprietários do Hotel Nhundiaquara que disse assim: 'o que você está na cabeça de montar um restaurante bem na frente do outro, do Madalozo? Você quer matar o homem de preocupação?' [...] É tudo livre concorrência".[31]

Como estratégia de lançamento do estabelecimento, Joaquim adotou uma política de preços agressiva em relação ao principal concorrente, acirrando ainda mais os ânimos junto ao restaurante Madalozo: passou a oferecer o combinado "Barreado + Frutos do Mar" apenas um real mais caro do que o valor do barreado sozinho. A área de restauração, no entanto, crescia e havia espaço para todos. Em agosto de 1992, foi aberto o Restaurante Casarão, com 200 lugares, por Maurício Scucazo dos Santos: Ele comenta:

[31] Souza Jr., 2008.

> Vinte anos atrás o forte do movimento de restaurantes não era em Morretes, era em Antonina, inclusive as pessoas de Morretes saíam daqui pra comer barreado, pra comer nos restaurantes lá. [...] o que nos ajudou muito também, a estrada de ferro, o passeio de trem,[32] sempre o ponto em Morretes, todo mundo que descia a Graciosa[33] e queria ir pra praia obrigatoriamente passava por Morretes, Paranaguá é final de linha.[34]

> O prefeito Cavagnolli era um empresário, não um político, tinha uma visão melhor. E realmente deu uma alavancada no turismo em Morretes na administração dele. Ele que fez esse calçadão, ele que embelezou a cidade, na época isso aqui era uma rua das Flores [...]. Então a gente pode colocar assim como um marco a administração dele.[35]

Em 1992, a gestão Cavagnolli chegou ao fim. Fazendo uma análise do período, Orley comenta que foi a partir de 1990 que a cidade começou realmente a atrair turistas e, com estes, investimentos: "essas pousadas que tem aí hoje na cidade na época eram todas chácaras, que a pessoa, que às vezes nem morava aqui, usava pra se divertir, passar o final de semana".[36] O ex-diretor de Turismo relembra o último ano da gestão, destacando um acontecimento de grande importância para o município:

> Toda essa folia de barreado culminou em Morretes fazendo o jantar de encerramento da Abav do Rio no Scala para mais de 4 mil pessoas [...] Para o jantar, o governador na época colocou a verba lá pra baixo, e eu peguei e falei: eu acho que sei um caminho. E o caminho qual era? Servir barreado. Fazer barreado é relativamente barato e vai ter o glamour de uma grande festa, porque é um prato típico! E nós fizemos o barreado! E foi quase como uma Copa do Mundo encerrar uma Abav, imagina, começamos do zero há quatro anos e

[32] Passeio de trem: realizado pela Estrada de Ferro Curitiba-Paranaguá, inaugurada em 1886. Morretes é uma das paradas (antes da chegada em Paranaguá), o que ocorre em um horário propício para quem deseja almoçar ali.

[33] Estrada da Graciosa: antigo caminho que liga o planalto (Curitiba) ao litoral, hoje é percorrida com finalidade turística por conta de sua paisagem e paradouros.

[34] Santos, 2008.

[35] Ibid.

[36] Oliveira Jr., 2008.

fechar um evento desse porte! E isso praticamente sozinhos, eu mais uns seis, sete loucos daqui.[37]

Segundo Orley, não foi perdida nenhuma oportunidade de divulgar o barreado, e pondera: "essa força de hoje de Morretes no turismo aconteceu porque nessa gestão a gente fez mais de 40 famtours,[38] vinha gente do Brasil inteiro, inclusive do exterior, Argentina, Paraguai, Uruguai, Cuba, Colômbia, Costa Rica, Venezuela, México etc".[39]

Considerações finais

O barreado é uma tradição viva em Antonina, Morretes e Paranaguá, integrando o imaginário dos habitantes e se fazendo presente nas residências e festas comunitário-religiosas, transcendendo o período carnavalesco e ocupando destaque nas mesas dos restaurantes que preparam, servem e divulgam a iguaria para milhares de visitantes todos os anos, o ano inteiro. Não sem conflitos, os três municípios disputam a primazia do "autêntico" barreado, buscando relacioná-lo ao turismo. Contudo, desses três municípios, o mais bem-sucedido é, sem dúvida, ao menos até o presente, Morretes.

Nota-se que a atividade turística teve papel determinante no fortalecimento da tradição do barreado, por promover seu resgate e divulgar a iguaria para além das fronteiras das municipalidades. Este processo tem como divisor de águas a estratégia e a atuação da Prefeitura Municipal de Morretes no período compreendido entre 1989 e 1992, quando começa a ser desenvolvido efetivamente o turismo gastronômico e se abrem novas oportunidades de geração de emprego e renda para a localidade.

[37] Ibid.

[38] Viagens promovidas com o intuito de divulgar e promover um destino turístico junto a operadores de turismo e agências de viagem.

[39] Ibid.

Referências

ABREU, L. G. (Tata). *Entrevista concedida à autora*. Antonina, 26 de março de 2008. MP3, 1h12 min.

ALCOBAS, J. C. *Entrevista concedida à autora*. Antonina, 11 de março de 2008. MP3, 0h36 min.

CORREIA, M. G. *O fandango que acompanha o barreado*. Curitiba: MaxiGráfica, 2002.

DE BONA, L. S. *Entrevista concedida à autora*. Morretes, 9 de maio de 2008. MP3, 1h31 min.

GIMENES, M. H. S. G. *Cozinhando a tradição*: festa, cultura e história no litoral paranaense. 2008. Tese (Doutorado em História) — Programa de Pós-Graduação em História, Universidade Federal do Paraná. Curitiba, 2008.

GOULART, J. *Tropas e tropeiros na formação do Brasil*. Rio de Janeiro: Conquista, 1961.

GRAMANI, D.; CORREA, J. Naquele tempo, no tempo de hoje: um panorama do fandango do litoral norte do Paraná e sul de São Paulo. In: ______; ______; PIMENTEL, A. (org). *Museu vivo do fandango*. Rio de Janeiro: Associação Cultural Caburé, 2006. p. 21-37.

LAFFITTE, T. B. M. *Entrevista concedida à autora*. Morretes, 13 de maio de 2008. MP3, 0h59 min.

MADALOZO, I. I. B. *Entrevista concedida à autora*. Morretes, 13 de maio de 2008. MP3, 0h49 min.

MAIA, T. *O folclore das tropas, tropeiros e cargueiros no Vale do Paraíba*. Rio de Janeiro: MEC/SEC, 1981.

MORAES FILHO, A. J. M. *Festas e tradições populares no Brasil*. São Paulo: Itatiaia, 1979.

OLIVEIRA JR., O. A. *Entrevista concedida à autora*. Morretes, 2 de setembro de 2008. MP3, 0h59 min.

PARANATUR. *Barreado* — o mais saboroso prato do Paraná. Curitiba: Governo do Paraná, s.d. 1 fôlder.

______. *Barreado* — prato típico do Paraná. Curitiba: Governo do Paraná, 1991. 1 fôlder.

PINTO, I. C. *Curso de introdução aos estudos do folclore*. Curitiba: Museu Paranaense/Secretaria da Cultura e do Esporte, 1983.

PREFEITURA MUNICIPAL DE MORRETES. *Barreado, prato típico de Morretes*. Morretes: Prefeitura Municipal de Morretes, 1989. 1 fôlder.

RANDO, J. A. G. Fandango: contextualização histórica. In: BRITO, M. L. S. (org.). *Fandango de mutirão*. Curitiba: Miliart, 2003. p. 11-33.

RODERJAN, R. *Folclore brasileiro*: Paraná. Rio de Janeiro: MEC/SEC/Funarte/Instituto Nacional do Folclore, 1981.

SANTOS, M. S. *Entrevista concedida à autora*. Morretes, 9 de maio de 2008. MP3, 0h24 min.

SIEDSCHLAG, I. *Entrevista concedida à autora*. Matinhos, 4 de setembro de 2008. MP3, 1h42 min.

SILVEIRA, M. G. A. *Entrevista concedida à autora*. Morretes, 8 de maio de 2008. MP3, 0h54 min

SOUZA JR., J. *Entrevista concedida à autora*. Morretes, 27 de maio de 2008. MP3, 1h32 min.

SOUZA, A. E. C. *Entrevista concedida à autora*. Antonina, 13 de março de 2008. MP3, 0h32 min.

VIANA, M. *Paranaguá na história e na tradição*. Paranaguá: Gráfica Vicentina, 1976.

Sobre os autores

Aline Montenegro Magalhães

Historiadora, doutora e mestre em História Social pelo Programa de Pós-graduação em História Social da Universidade Federal do Rio de Janeiro (PPGHIS/UFRJ), coordena a Divisão de Pesquisa do Museu Histórico Nacional, onde exerce, entre outras funções, a de editora dos *Anais do Museu Histórico Nacional* (História, Museologia e Patrimônio). Integrou o quadro docente do Centro Universitário La Salle do Rio de Janeiro (Unilasalle-RJ), onde lecionou disciplinas no curso de História e coordenou o Laboratório de Estudos do Patrimônio Artístico e Cultural (Lepac). É autora, entre outros trabalhos, do livro *Culto da saudade na Casa do Brasil. Gustavo Barroso e o Museu Histórico Nacional (1922-1959)*, publicado em 2006 pelo Museu do Ceará. Coordenou, em 2011, o Simpósio de História e Memória do Turismo, no âmbito do Simpósio Nacional de História da Associação Nacional dos Professores Universitários de História (Anpuh).

E-mail: aline.magalhaes@museus.gov.br

Ana Amélia Rodrigues de Oliveira

Graduada em História pela Universidade Estadual do Ceará e mestre em História Social pela Universidade Federal do Ceará, tendo sido orientada pelo professor Régis Lopes. Ingressou como estagiária no Museu do Ceará em 2003, sendo indicada para coordenar o Núcleo Educativo da mesma instituição em 2006, função que exerceu até abril de 2010. Tem trabalhos publicados em algumas revistas de circulação nacional, como a *Museologia e Patrimônio*, da Uni-Rio, e os *Cadernos do Ceom*, sempre discutindo questões relacionadas a museus e patrimônio. É autora do livro *Juntar, separar, mostrar. Memória e escrita da história no Museu do Ceará (1932-1976)*, publicado pela Coleção Outras Histórias, em 2009. Atualmente é doutoranda em História Social pela Universidade Federal do Ceará (bolsista Funcap).

E-mail: ameliahistoria@bol.com.br

André Barcelos Damasceno Daibert

Professor assistente do Departamento de Turismo na Universidade Federal de Juiz de Fora (UFJF). É graduado em turismo pela mesma instituição, e mestre em Bens Culturais e Projetos Sociais pela Fundação Getulio Vargas (FGV). Atualmente cursa doutorado em Planejamento Urbano e Regional pela Universidade Federal do Rio de Janeiro (UFRJ) e participa como pesquisador do Grupo de Estudos do Território e de História Urbana do Instituto de Pesquisa e Planejamento Urbano e Regional da mesma universidade (GESTHU/Ippur/UFRJ). Principal publicação: Narrativas e imágenes del turismo en Petrópolis, Brasil, a principios del siglo XX, na revista *Estudios y Perspectivas en Turismo*, v. 20, p.190-212, 2011.

E-mail: abddaibert@yahoo.com.br

Bianca Freire-Medeiros

Professora associada da Escola de Ciências Sociais e História do Centro de Pesquisa e Documentação de História Contemporânea do Brasil da Fundação Getulio Vargas (Cpdoc/FGV). Bolsista de Produtividade do CNPq, tem mestrado em Sociologia pelo Instituto Universitário de Pesquisas do Rio de Janeiro (Iuperj) e doutorado em História e Teoria da Arte e da Arquitetura pela Binghamton University/SUNY (Nova York). Seu livro mais recente, *Touring Poverty*, foi publicado na série Advances in Sociology da Routledge em 2013.

E-mail: Bianca.freire.medeiros@fgv.br

Celso Castro

Bacharel em Ciências Sociais pela Universidade Federal do Rio de Janeiro (1986), mestre (1989) e doutor (1995) em Antropologia Social pelo Museu Nacional/UFRJ. Desde 1986 é pesquisador do Centro de Pesquisa e Documentação de História Contemporânea do Brasil (Cpdoc) da Fundação Getulio Vargas, do qual é, desde janeiro de 2005, diretor e, desde março de 2008, professor titular. Atua no ensino de graduação e pós-graduação da FGV e dirige a coleção Nova Biblioteca de Ciências Sociais, da editora Jorge Zahar. Tem experiência nas áreas de Antropologia e História do Brasil, atuando principalmente no estudo dos militares na sociedade e na história brasileiras. Também tem trabalhos publicados na área de Teoria da Cultura e Turismo e Ciências Sociais. Coordenou, em 2011 e 2013, o Simpósio de História e Memória do Turismo, no âmbito do Simpósio Nacional de História da Anpuh.

E-mail: celso.castro@fgv.br

Dalila Müller

Professora adjunta da Faculdade de Administração e de Turismo da Universidade Federal de Pelotas (UFPel), no Rio Grande do Sul, e coordenadora do Curso de Bacharelado em Turismo. É mestre em Turismo pela Universidade de Caxias do Sul/RS e doutora em História pela Universidade do Vale do Rio dos Sinos (Unisinos), onde defendeu, em 2010, a tese *Feliz a população que tantas diversões e comodidades goza: Espaços de Sociabilidade em*

Pelotas (1840-1870). Escreve sobre a história do turismo e da hotelaria, principalmente em Pelotas. Publicou artigos e capítulos de livros sobre o lazer, a hotelaria e o turismo em Pelotas.

E-mail: dmuller@ufpel.edu.br.

Dirceu S. M. Marroquim

Mestrando em História pela Universidade Federal de Pernambuco (UFPE), atualmente está vinculado à Pró-reitoria de Extensão da Universidade Federal Rural de Pernambuco (UFRPE). Vem desenvolvendo pesquisas referentes à História do Turismo no Recife e suas relações com o patrimônio. É integrante da Associação dos Amigos do Museu da Cidade do Recife e, junto com outros pesquisadores, faz parte do grupo de estudo em Metodologia da História, "Terça com Tobias".

E-mail: dirceu_marroquim@yahoo.com.br

Hernán Venegas Marcelo

Nascido em Santa Clara, Cuba, em 1975, é professor adjunto I do Curso de História–América Latina da Universidade Federal da Integração Latino-Americana (Unila), em Foz do Iguaçu, Brasil. É licenciado em História pela Universidade de Havana (1998), mestre em Ciências Pedagógicas pela Universidade Pedagógica de Las Villas, Cuba (2002), mestre em Gestão Turística pela Universidade de Havana-Universidade de Barcelona (2005), doutor em História Social pela Universidade Federal Fluminense (UFF, 2011). Tem experiência no ensino e pesquisa nas áreas de História da América Colonial-Europa Moderna e em História do Patrimônio e do Turismo. É pesquisador colaborador do Laboratório de História do Turismo (HIS TUR, UFF). Seus trabalhos têm sido publicados em revistas de Cuba, Brasil e Espanha e em anais de eventos nacionais e internacionais. Filiado à Associação Nacional dos Professores Universitários de História (Anpuh) e à Associação Nacional de Pesquisa e Pós-Graduação em Turismo (Anptur), e membro do Conselho Editor da Revista *SURES*, da Unila.

Atualmente se dedica à pesquisa em História do Turismo e do Patrimônio em países do Cone Sul da América.

E-mail: hernan.venegas@unila.edu.br

Isabella Perrotta

Designer com doutorado em História pelo Cpdoc/FGV. É professora de História do Design, na Escola Superior de Propaganda e Marketing do Rio de Janeiro, e sócia-diretora da Hybris Design. Atua com projeto, pesquisa e curadoria, sendo sua principal área de interesse a visualidade carioca. É autora dos livros: *O perfil do Rio: grafismos de representação de uma cidade naturalmente gráfica* (Rio de Janeiro: Sextante, 1998); *Tipos e grafias* (Rio de Janeiro: Senac-Rio; Viana & Mosley, 2005); *Victor Burton* (Rio de Janeiro: Viana & Mosley, 2006). O texto aqui apresentado é parte da sua pesquisa para o doutoramento em História, intitulada "Desenhando um paraíso tropical: a construção do Rio de Janeiro como um destino turístico".

E-mail: Isabella@hybris.com.br.

João Henrique de Oliveira Christovão

Mestre em História Social em 2011 pela Faculdade de Formação de Professores da Universidade do Estado do Rio de Janeiro (FFP/Uerj) com a dissertação *Do sal ao sol: A construção social da imagem do turismo em Cabo Frio*, é graduado em História (1993) e tem especialização em História do Brasil (2005) pela Universidade Federal Fluminense (UFF). É professor das redes municipais do Rio de Janeiro e de Cabo Frio, e desenvolve projetos de extensão em parceria com o Instituto Federal Fluminense (IFF) envolvendo a história, o turismo e o patrimônio cabo-friense. Participou do livro e da exposição sobre a vida do fotógrafo cabo-friense Wolney Teixeira de Souza com o aritgo "Imagens que contam histórias: o acervo fotográfico de Wolney Teixeira de Souza" (In: TRINDADE, Mauro (org.). *Wolney Teixeira, o sal da terra*: fotografias da Região dos Lagos 1930-1970. Rio de Janeiro: Documenta Histórica, 2011).

E-mail: joaochristovao1@gmail.com

Julia O'Donnell

Julia O'Donnell é doutora em Antropologia Social pelo Museu Nacional (UFRJ) e professora do Centro de Pesquisa e Documentação de História Contemporânea do Brasil (Cpdoc) da Fundação Getulio Vargas (FGV). Atualmente coordena o Laboratório de Estudos Urbanos (LEU) e desenvolve trabalhos na interface entre a antropologia e a história. É autora de *De olho na rua: a cidade de João do Rio* (Rio de Janeiro: Zahar, 2008).

E-mail: julia@fgv.br

Leila Bianchi Aguiar

Professora do Programa de Pós-graduação em História, do Departamento de História, e pesquisadora do Núcleo de Documentação, História e Memória — Numem — da Universidade Federal do Estado do Rio de Janeiro (UniRio). Graduada em História pela Universidade Federal Fluminense (UFF), mestre em História Social pela Universidade Federal do Rio de Janeiro e doutora em História Social pela Universidade Federal Fluminense, trabalhou em diversos projetos de pesquisa do Instituto do Patrimônio Histórico e Artístico Nacional (Iphan) e como consultora da Unesco / recém-doutora para o Programa de Especialização em Patrimônio (PEP — mestrado profissionalizante do Iphan). É autora de trabalhos nas áreas de preservação do patrimônio cultural e turismo e orienta dissertações no PPGH da Uni-Rio na linha de pesquisa Cultura, poder e representações.

E-mail: leilabianchiaguiar@gmail.com

Maria Henriqueta Sperandio Garcia Gimenes

Bacharel em Turismo, especialista em Planejamento e Gestão do Turismo, mestre em Sociologia e doutora em História pela Universidade Federal do Paraná. Tem como principais temas de pesquisa Turismo Cultural, Turismo Gastronômico, História da Alimentação e Consumo Contemporâneo (turístico e alimentar), e possui diversos artigos e capítulos de livros nessas áreas. Em 2011 realizou um estágio pós-doutoral na Universidade de Vigo, Campus Ourense (Galícia, Espanha), onde estudou o turismo gastronômico — em especial o consumo em restaurantes sob o viés da economia da experiência. Atualmente é professora adjunta do Curso de Turismo da Universidade de São Carlos, Campus Sorocaba.

E-mail: mariegimenes@gmail.com.

Mariana Schwaab Machiavelli

Mestranda e bacharel em Turismo pela Universidade de Caxias do Sul. Atuou na área pública, na Secretaria Municipal de Turismo de Garibaldi, tendo participado da organização de eventos (destacando a Fenachamp 2007) e de roteiros turísticos. Atuou também na Associação Rota dos Espumantes, integrando a Comissão de Programação da Fenachamp 2009.

E-mail: mariana.turismo@yahoo.com.br

Priscyla Christine Hammerl

Docente do eixo Hospitalidade e Lazer do Instituto Federal Farroupilha — campus São Borja (RS). É graduada em Turismo pela Universidade Estadual Paulista (Unesp), especialista em Metodologia do Ensino Superior pelas Faculdades Integradas Norte do Paraná (Unopar — Londrina/PR), mestre em Hospitalidade pela Universidade Anhembi Morumbi, pesquisadora bolsista da Fundação de Amparo à Pesquisa do Estado de São Paulo (Fapesp) e da Coordenação de Aperfeiçoamento de Pessoal de Nível Superior (Capes), e doutoranda em Desenvolvimento Regional pela Universidade de Santa Cruz do Sul (Unisc).

E-mail: priscylahammerl@sb.iffarroupilha.edu.br

Susana de Araujo Gastal

Possui graduação em Comunicação Social pela Pontifícia Universidade Católica do Rio Grande do Sul (PUCRS, 1974), mestrado em Artes Visuais pela Universidade Federal do Rio Grande do Sul (UFRGS, 1995) e doutorado em Comunicação Social pela PUCRS (2002). Atualmente é professora doutora adjunta 3, pesquisadora e orientadora do Mestrado em Turismo da Universidade de Caxias do Sul (UCS). Tem experiência nas áreas de Comunicação, Cultura e Turismo, com ênfase em Jornalismo Especializado em Cultura, atuando principalmente nos seguintes temas: comunicação, pesquisa em turismo, pós-modernidade, imaginário, turismo cultural e história do turismo e das viagens. Coordenou o NP Comunicação, Turismo e Hospitalidade da Intercom, entre 2005 e 2008; coordena o GT Produção Simbólica do Semintur. Foi diretora científica da Associação Nacional de Pesquisa e Pós-Graduação em Turismo (Anptur) no biênio 2009-2011. Coordenou em 2013 o Simpósio de História e Memória do Turismo, no âmbito do Simpósio Nacional de História da Anpuh.

E-mail: sgastal@terracom.br

Valeria Lima Guimarães

Doutora em História Comparada e autora da tese "O turismo levado a sério: discursos e relações de poder no Brasil e na Argentina (1933-1946)", defendida na Universidade Federal do Rio de Janeiro (UFRJ); mestre em História Social pela mesma instituição; especialista em Turismo pela Universidade Católica de Brasília; bacharel em Turismo pela UniverCidade; bacharel e licenciada em História pela UFRJ; guia de turismo especializada em atrativos culturais. É professora adjunta do curso de Turismo da Universidade Federal Fluminense e do curso de Licenciatura em Turismo do Consórcio Cederj. Principais publicações na área de turismo: *O trem do samba:* uma festa da cultura popular carioca (Prêmio Riotur, 2008) e *História e Turismo* — volumes 1 e 2, em parceria com Luiz Alexandre Mees (Consórcio Cederj, 2009). É líder do grupo de pesquisa Laboratório de História do Turismo (His Tur), cadastrado no CNPq.

E-mail: valeria@turismo.uff.br

Impresso nas oficinas da
SERMOGRAF - ARTES GRÁFICAS E EDITORA LTDA.
Rua São Sebastião, 199 - Petrópolis - RJ
Tel.: (24)2237-3769